# 小学校 図画工作科教育法

編著 山口喜雄・佐藤昌彦・奥村高明

大泉義一・川路澄人・清田哲男・竹内晋平
長瀬達也・西園政史・西村徳行・畑山未央
藤井康子・降籏　孝 共著

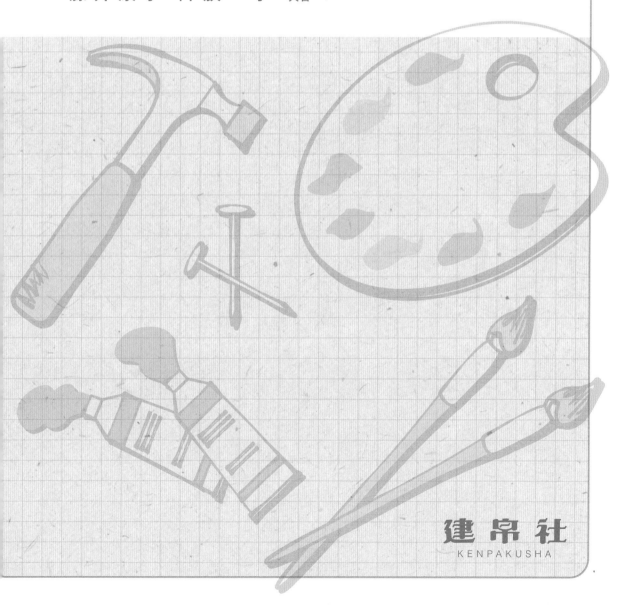

建帛社
KENPAKUSHA

# はしがき

　「変化する社会への対応」が学校教育，そして美術教育に求められてきました。その際，現代の先端にあった二人の先達の見方が参考になります。

　丸山真男は，1961年刊『日本の思想』（岩波新書）のなかで，基底に共通した伝統がなく，最初から専門に分化した閉鎖的な日本社会を「タコ壺文化」と比喩して，基底に「共通の広場」がある西洋文化との相違を際立たせました。美術教育にも，絵画・彫塑・デザイン・工芸・鑑賞という専門領域があり，ともすれば「タコ壺文化」に陥りやすい現実があります。専科制度がある地域を除き，図画工作は美術を専門としない小学校教師が授業を担当するため「共通の広場」を必要とします。

　また，「創造性」というと美術や芸術分野の用語と思い込みやすいですが，対極にある科学でも重視しています。1949年日本人ではじめてノーベル賞を受賞した湯川秀樹は「創造性と自己制御」（『創造的人間』筑摩叢書，1966年刊）において，物理学の創造性の問題を核兵器の例示で人間世界への影響を考える自己抑制の重大性を述べています。図画工作学習においても多様な創造的体験が子どもたちの生涯に及ぼす影響を深慮した授業が大切です。

　さて，2017（平成29）年3月に学習指導要領が改訂され，本書もそれに準拠しています。しかし，それを金科玉条として思考停止に陥らないように留意する必要があります。ルールの押しつけになっては本末転倒ですので，その授業がなぜ必要なのか，どのような子ども像が求められているかなど，背景にある理念や願いは何かを考える姿勢が求められています。そして，図画工作科だけにとらわれず，この教科をよりよく発展させるためには教育全体から検討することも視野に入れておくことが重要です。

　本書は，建帛社刊行の『初等教育図画工作科教育の研究』（1979年），『小学校図画工作科教育の研究』（1993年），『小学校図画工作科指導の研究』（2000年），『小学校図画工作科の指導』（2010年）の系譜を受け継ぐ5冊目です。それらは各期における小学校図画工作科教育の指針となってきました。本書においても，授業者一人一人が小学校図画工作科の指導に責任をもつことができるように，過去・現在・未来を俯瞰して，今後の指針となる内容に編集いたしました。本書の内容を自身の経験や考えに照らして，自分の言葉や行為に責任をもつ，このことは子どもの前に立つ指導者としての要と思われます。

　本書『小学校図画工作科教育法』は，読者の立場を考慮した編集をいたしました。教員養成大学の学部生には，基本事項，図・表・写真，用語解説で理解しやすくしました。教職大学院生には，沿革，社会・文化状況あるいは理論との関連，関連論文紹介で多彩な活用方法を提示しています。小学校教諭には，新しい視点に立った学習指導案例，多様な授業実践例，言語活動の例示等で授業化しやすく

いたしました。指導主事には，初任研・研修会での指導や活用が可能な構造，各章関連の代表的著書解題が有効です。大学教員には，全15回の授業に添う章立て，研究視点の明示，国内や世界の動向の把握をしやすくしました。さらに，「共通の広場」としてそれぞれの立場が相互にはたらくようご活用いただければ幸甚です。不十分な点にお気づきの場合は忌憚のないご叱正を賜りたく，よろしくお願い申し上げます。

　末筆ですが，ご多用な時期に本書編集の趣旨をご理解いただき創造性と熱意の溢れる寄稿をしてくださった共編著者各位，ならびに本書への資料提供等のご協力いただきました皆様に深謝申し上げます。また，本書刊行に多大なご理解とご支援を賜りました建帛社会長の筑紫恒男氏，ならびに編集担当をはじめ，関係各位に感謝の意を表します。

2018年3月
編著者を代表して
山口喜雄

# 目　次

## 第14章　国内外の美術教育研究の動き

## 第15章　世界的・社会的視野での図画工作研究

# 第1章　図画工作科教育のベース

## 1．人類にとっての造形活動と図画工作

### （1）歴史資料は造形の表現史

　類人猿から進化する過程，さらに有史以降も，人類は造形活動を通して，礫石器→打製石器→骨角器→弓矢→磨製石器→土器→金属器などの利器を創造的に発達させて生存を守り，生活を豊かにしてきた。生活用具から神殿や巨石墳墓に至るまで多様な造形方法は，各地の家族・部族・民族・国家など諸々の集団内で受け継がれてきた。様々な歴史資料に掲載された遺跡・遺構・遺物は造形の表現史でもあり，造形を抜きに人類の歴史は語れない。また，パルテノン神殿（図1－1）をはじめ歴史的な建造物や造形作品には芸術美が備わっている。

図1－1　アテネのパルテノン神殿　世界遺産，紀元前5世紀建造

### （2）図画工作は未来の造形・美術文化を形成する教科

　図画工作は，自分らしい気持ちや意図をもとに〈描き・つくる〉という「表現」，あるいは創造された造形作品の形・色・材質感の部分や総体から〈感じとり・伝え合う〉という「鑑賞」を相関的に学ぶ教科である。両者の学習をあわせて造形活動といい，造形言語能力がそれらと深い関係がある。聞き・話し・読み・書くという言語によるバーバル・コミュニケーション能力が大切であるように，造形言語を含む非言語のノンバーバル・コミュニケーション能力も車の両輪のように人間形成にとって必要不可欠である。子どもたち一人一人が図画工作を通して獲得する造形言語能力の発達の集積が，人類の未来における豊かな造形・美術文化を形成する基盤となる。

図1－2　アテネ，129区国立小学校4年生の図画工作（プリンティング）の授業参観（2014）

　現代的学校教育が施行されている国々では，図画工作は日本と同様に必修教科である（図1－2）。しかし，小・中学校での学習指導が不十分だと，「絵は苦手，人前で描くのも見られるのも嫌い」との忌避の感情，「受験科目にないから，図画工作や美術は才能がある人がやればよい」との軽視の傾向を生じさせやすい。そのため，図画工作科教育のベース（表1－1）を理解することが大切である。

表1－1　図画工作科教育のベースとなる三つの用語

| ■美術 | ■図画工作 | ■造形 |
|---|---|---|
| 「美術*」は芸術を意味する明治の新語で，1873（明治6）年にウィーンで開かれた万国博覧会に明治政府が参加した際，音楽，絵画，彫刻，詩などをさす語として造語された。<br>参考）青木茂，酒井忠康：美術，岩波書店，1989，pp.402-407<br>*現在は視覚芸術の意で用いている。 | 1872（明治5）年の学制で教科名は上等小学「幾何学罫画大意」，1881年に「図画」となり，目標は「眼及手ノ練習ヲ主トシ」であった。1886年に「手工科」設置，1941年「工作」となり，戦前の図画と工作は別教科であった。<br>参考）山形寛：日本美術教育史，黎明書房，1967，pp.12-16，pp.449-751 | 文字通り形造ることで，用や美の秩序や価値を求めてつくられたもの，色や形あるものでつくったり，表したりするこという。造形性は物的材料の表現，空間が存立の基盤，触覚・運動感覚も含み視覚を主軸とする。<br>参考）真鍋一男退官記念論集：現代造形・美術教育の展望，1992，pp.10-18 |

## 2．小学生が大好きな図画工作の課題

### （1）「好き」25年間総合ランキング1位は図画工作

　民間大手の教育研究所が1990〜2015年に大都市（東京23区内）・地方都市（四国県庁所在地）・郡部（東北地方）の約2,500名の小学5年生を対象として行った調査の「好きな教科・活動ランキング」を表1−2に示した。その結果は，75.8〜86.6％が図画工作を「とても好き」および「まあ好き」と回答し，常に1〜3位であった。25年間全5回の総合ランキングでは，1位が図画工作，僅差で2位体育，3位家庭であった。

**表1−2　小学生の「好きな教科・活動ランキング」**
**■5年生の好きな教科は過去25年間どう変化したか？**　　　　「とても好き」+「まあ好き」（％）

|  | 1990年 | 1996年 | 2001年 | 2006年 | 2015年 |
|---|---|---|---|---|---|
| 1位 | 体育 79.4 | 図画工作 86.5 | 図画工作 83.6 | 体育 84.9 | 家庭 90.2 |
| 2位 | 図画工作 75.8 | 家庭 82.7 | 体育 81.6 | 家庭 84.3 | 図画工作 86.5 |
| 3位 | 理科 71.4 | 体育 80.9 | 家庭 79.6 | 図画工作 79.1 | 体育 83.1 |
| 4位 | 家庭 67.8 | 理科 71.3 | 音楽 69.7 | 理科 68.5 | 英語活動 77.6 |
| 5位 | 音楽 57.6 | 音楽 62.2 | 理科 68.2 | 総合 67.0 | 理科 75.2 |
| 6位 | 国語 52.2 | 国語 61.0 | 総合 61.0 | 音楽 66.8 | 総合 74.4 |
| 7位 | 算数 51.8 | 算数 53.1 | 算数 55.6 | 算数 62.8 | 音楽 71.5 |
| 8位 | 社会 50.9 | 社会 51.4 | 国語 54.7 | 国語 53.4 | 算数 68.4 |
| 9位 | | | 社会 49.6 | 社会 48.0 | 国語 58.5 |
| 10位 | | | | | 社会 55.6 |

参考）木村治生編：第5回学習基本調査DATA BOOK，ベネッセ教育総合研究所，2016，p.27
調査月 1990年9〜10月　1996年5〜6月　2001年5〜6月　2006年6〜7月　2015年6〜7月
5年生 2,578名　2,666名　2,402名　2,726名　2,601名

### （2）図画工作好き2位90％だが，大切さは9位75％

　同様の調査は地方公共団体でも行われ，宇都宮市は2006年から在籍小学生全員を対象に多項目のアンケート調査を続けている。表1−3に2016年の29,104人への調査結果を両項目並置で集約した。

　その中の「次の教科などの学習は，好きですか」と「次の教科などの学習は，将来のために大切だと思いますか」の項目の対比では，図画工作は深刻な結果を示している。生活・道徳・学級活動他を除き，総合・英語活動を含む全10種の「好きな教科」等における図画工作の順位と百分比は，1年から6年の順に1位92.3，2位89.6，2位90.6，1位92.6，3位88.9，4位85.7，小学校全体で体育1位90.4，僅差で図画工作が2位90.0，家庭3位88.7である。調査結果は，前記の民間調査と近似である。けれども，3〜6年生対象の「将来のために大切だと思いますか」では，正反対の結果が示された。図画工作は，74.8％の支持を得たが，

小学校全体で「大切」と思う教科の下から2番目である。ちなみに算数1位98.1，国語2位97.8，家庭3位96.9，最下位音楽72.8である。つまり，図画工作を小学生の90％が好きだが，相対的に「大切さ」を感じていないことになる。両報告書には順位結果の記載のみで，理由等の分析は示されていない。

**表1－3　その教科学習は好きか，その教科は将来のために大切かアンケート結果**

| 教科など | 小1 | 小2 | 小3 | | 小4 | | 小5 | | 小6 | | 全体 | |
|---|---|---|---|---|---|---|---|---|---|---|---|---|
| | 好き | 好き | 好き | 大切 | 好き | 大切 | 好き | 大切 | 好き | 大切 | 好き | 大切 |
| 国　語 | 78.4 | 74.4 | 78.7 | 96.5 | 75.9 | 97.6 | 74.8 | 98.3 | 73.8 | 98.9 | 76.0 | 97.8 ② |
| 社　会 | — | — | 74.6 | 95.7 | 76.4 | 96.6 | 69.3 | 95.7 | 75.5 | 92.4 | 73.9 | 95.1 |
| 算　数 | 77.9 | 76.6 | 83.6 | 97.6 | 80.3 | 98.4 | 72.7 | 98.2 | 75.7 | 98.4 | 77.8 | 98.1 ① |
| 理　科 | — | — | 89.6 | 87.5 | 91.6 | 88.4 | 85.6 | 82.3 | 76.5 | 81.7 | 85.8 | 85.0 |
| 音　楽 | 88.7 | 85.4 | 83.6 | 78.6 | 85.1 | 76.9 | 82.5 | 67.2 | 80.2 | 68.4 | 84.2 | 72.8 |
| 図画工作 | 92.3 | 89.6 | 90.6 | 78.2 | 92.6 | 77.6 | 88.9 | 71.2 | 85.7 | 72.2 | 90.0 ② | 74.8 |
| 体　育 | 92.1 | 91.7 | 91.7 | 91.1 | 90.8 | 90.6 | 89.9 | 89.3 | 86.5 | 90.3 | 90.4 ① | 90.3 |
| 家　庭 | — | — | — | — | — | — | 91.2 | 96.5 | 86.3 | 97.3 | 88.7 ③ | 96.9 ③ |
| 生　活 | 90.3 | 96.0 | — | — | — | — | — | — | — | — | 93.2 | |
| 道　徳 | 75.5 | 75.6 | 79.2 | 90.3 | 82.1 | 91.4 | 79.9 | 88.7 | 79.0 | 90.2 | 78.6 | 90.1 |
| 学級活動 | 87.7 | 89.6 | 88.7 | 85.0 | 91.1 | 87.5 | 89.5 | 84.1 | 89.8 | 85.2 | 89.4 | 85.9 |
| 総合的な学習 | — | — | 84.3 | 86.7 | 87.6 | 90.4 | 85.5 | 86.9 | 88.8 | 88.8 | 86.6 | 88.2 |
| ことばの時間 | 85.9 | 83.2 | 85.8 | 92.1 | 87.6 | 93.7 | 85.0 | 92.6 | 85.1 | 92.9 | 85.4 | 92.8 |
| 英会話の時間 | 89.4 | 88.8 | 90.1 | 96.1 | 89.4 | 96.2 | 86.2 | 95.5 | 84.0 | 95.8 | 88.0 | 95.9 |

※教科および生活・総合的な学習・英会話の時間と教科を含む。全体欄の①②③は順位を示す。
参考）宇都宮市教育委員会：学習内容定着度調査 学習と生活についてのアンケート実施結果報告書，2017年3月
2016（平成28）年12月14日調査，p.40。調査対象：宇都宮市の全ての小学1～6年29,104人

## 3．図画工作を「好き」になる二つの主因

### （1）授業は子どもたちに対する「教師の愛情表現」

「好きな教科」の上位に小学生が図画工作を選んだ，前掲両報告書が明記していない理由を考えてみたい。「授業」とは一般に，系統的に学問や技能を教え授けることをさす。図画工作の「授業は，子どもたちに対する教師の愛情表現である」と，『新しい学力観に立つ図画工作の授業の工夫』（図1－3）に明記されている。そして，「子どもたちの豊かな学習活動を支えるのは教師の豊かな愛情であり，豊かな姿勢や構えといえます」と記し，子どもたち一人一人のよさや可能性を広げ，学習活動を楽しみながら展開するため，次に要約を示す七つの「教師の豊かな姿勢や構え」を例示している。教師の愛情表現が図画工作学習の中心に位置づけられ，子どもたちの「好き」を支えてきたといえる。

①　子どもたち一人一人（以下，一人一人）が，自分らしい希望や夢，豊かな

図1－3　新しい学力
観に立つ図画工作の授
業の工夫
文部省：小学校図画工
作指導資料，1995，p.71

課題や意図をもつように温かい支援や共感に努める。題材設定やその提案の際に，一人一人の経験やそれに基づいた思いなどを尊重する。

② 一人一人が自分のよさや可能性を生かす場を広げ，一人一人の発想や構想，創造的な技能の試みに期待し，受けとめられる柔軟な姿勢や構えで，心理的物理的にも可能な限り場や機会を広げる。

③ 一人一人が自分のよさや可能性を生かし，本来の旺盛な新しいことにチャレンジする冒険心，様々な思いつきの試みを安心して行える雰囲気を大切にする。一人一人の人生を尊重する態度，愛情ある共感の姿勢が鍵になる。

④ 一人一人が，自分のよさや可能性を生かすゆとりと適切なチャンスづくりのかけがえのない場をつくるように心がける。すばらしいよさや可能性が発揮されたら，それを温かく受けとめられる心と時間のゆとりをつくる。

⑤ 一人一人が学び，不思議に思い，確かめ，自分の表現や試みを温める場や機会をつくる。自分で試みて成功し，学んだことは再度確かめたいと思う。実際に試みることで，自分のよさや可能性を発揮することにつながる。

⑥ 一人一人のよさを感じ素直に学ぶとともに，一人一人の立場に立って共感する。おとなの経験や考えや規準で子どもたちの発想・構想・表現・試みをみないで，一人一人の思いの側に立ち，よさを感じ，共感する。

⑦ 一人一人が自分の思いや考え方，発想や構想，表現のよさが好きになるように学習指導を工夫する。子どもが自分のよさに気づき，自信をもち，自分を素直に好きになれる教師の心からの共感こそが評価の姿勢といえる。

### （2）体験を通して「英知」を身につける図画工作

**図1-4　参考文献**
松本巌：小学校教材・教具の活用−図画工作，帝国地方行政学会，1970

　子どもたちが図画工作を好きになる要因はもう一つある。教材のとらえ方が，他教科と異なることである。教材は，地方教育行政の組織及び運営に関する法律第21条に「六　教科書その他の教材の取扱いに関すること」と示されている。また，学校教育法第34条2項「前項の教科用図書以外の図書その他の教材で，有益適切なものは，これを使用することができる」とあり，「保護者の経済的負担について考慮して選定しなければならない」との通達も出ている。つまり，教材はモノで，安価なことが求められている。

　図画工作は，物的条件としてのモノの多様な見方やとりあげ方が他の教科と異なる。具体的なモノをこれまでの概念を越えてとらえ直し，モノに働きかけ，モノを変容させる学習活動の体験を通して英知（wisdom）を身につけさせる教科である。図1-5は小石によるその実践例の一部である。

## 4.「大切」と思われない四要因と改善策

　p.3の表1-3「その教科は将来のために大切かアンケート結果」で，小学生が「好き」な教科の上位であった図画工作が，相対的に「大切」と思う順位が小

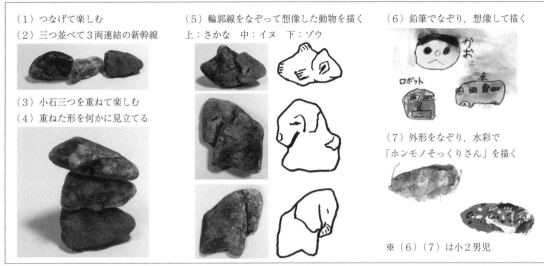

（1）つなげて楽しむ
（2）三つ並べて3両連結の新幹線

（3）小石三つを重ねて楽しむ
（4）重ねた形を何かに見立てる

（5）輪郭線をなぞって想像した動物を描く
　上：さかな　中：イヌ　下：ゾウ

（6）鉛筆でなぞり，想像して描く

かお
ロボット
車

（7）外形をなぞり，水彩で
「ホンモノそっくりさん」を描く

※（6）（7）は小2男児

図1-5　「小石」教材をつかった多様な題材の可能性

学1年時設定の10教科中全体の9位に降下していた。20年間余に宇都宮大学で筆者が担当した図画工作受講学部生と栃木県免許状更新講習受講教員の合計2,500名余りのうち，所定の受講を通して「図画工作は嫌い・苦手」が「嫌でなくなった」や「好きになった」との記述に基づき四要因とその改善策を集約する。

## （1）授業者の学習者に対する「態度」

　造形表現が得意な人で図画工作が好きでない人は，特別な場合を除き少ないであろう。大切なのは困っている学習者たちへの態度[*1]である。ところが，勤務状況の悪化を理由に図画工作の授業中に「課題」を提示しておいてテストの丸つけをする，余白があると本人の表現意図を聞かずに「端まで塗りなさい」，展覧会入賞のために表現内容を変更させるなどの態度は，嫌悪への一途となる。大賞を受賞しても，学習者の作品に授業者が手を加えた場合は「自分の作品とは思えないので，嬉しくなかった」との悔恨の記述が数多くみられた。学習指導は，日本国憲法第13条の「個人として尊重される」の精神と不可分である。

　逆に，笑顔で明るく楽しそうに語る姿，表わせずに困ったときに気軽に質問しやすい雰囲気，思うように表現できていないときに声をかけてヒントや簡単な方法を提示してくれる配慮，下手だとコンプレックスを感じている表現でも部分的なよさを指摘されるなど，学習過程での授業者の良好な態度により，不得手な人でも図画工作に興味を感じるようになったとの感想が多数あった。

## （2）造形表現が得意な人のための教科という誤解

　図画工作は上手・下手を重視し，造形表現が得意な人のための教科であると誤解し，「将来，画家やデザイナーになるわけでないから」と自分を納得させ，「息抜きの時間」にしていたという人も少なくない。

　この改善には，誰もが不得意さから抜け出せる題材設定が求められる。学級の

*1　関心・意欲・態度
関心：ある対象への積極的選択的な心構え，感情
「何かな」
「面白そうだな」
意欲：選択した一つを目標とする能動的意志活動
「ちょっとやってみようかな」
態度：事物に対する心の構え・考え方・行動傾向
「この考え方で生活していく」
参考）広辞苑 第六版，岩波書店，2008
※「　」内は筆者が耳にした子どものことば

一人一人の造形表現能力に応じた学習目標の設定と伝達，多様な表現方法をわかりやすく提示し教え，表現過程での悩みや願いへの応答，鑑賞活動での表現の全体や部分のよさへの学習者間の認め合い，授業者からの賛辞などで，「自由に表していいんだ」や「表現も鑑賞も楽しい」へと変容した。

小4（上：男児　下：女児）作品，1997
図1-6　隅田川桜橋

### （3）「うまく描けない」悩み

「うまく描きたい」と思うが，すぐに挫折した経験があるという人はかなり多かった。次の二つの実践例は学部生や教員にとって有効な理解につながった。

写生大会当日に大風のため途中で中止になり，翌週の図画工作授業で「思い出せない部分は，感じた自分が決めて描けばいい」と助言すると，大風で印象が強くて自信をもって描けたと小4男児は語った。また，「隅田川に浮かんでいた船，そらに飛行機のような雲があったのも自分が想像して描いていい」と伝えると楽しそうに描いた女児もいた（図1-6）。

同じ表現対象でも子どもそれぞれが興味・関心をいだく内容が異なる。上の五重塔は，高く力強い堂々とした形に興味を感じて描いたと3年男児が語った。下の作品は白黒写真では判別しにくいが，五重塔の朱色や背景の色彩に関心をよせて，何度も着彩を重ねた深い美しさが感じられる（図1-7）。後者の男児に微妙な色彩表現が素敵と伝えると，次時から色彩への興味が増した。一人一人のよさや持ち味の素敵さ励ますことが，図画工作が「好き」を深化させる。

上：形に興味を感じた小3男児。下：色彩に関心をよせた小3男児
図1-7　浅草寺

＊2 教科書の民主化
論文「1947年 教育の難題」の中で，ドイツと日本では教科書は「幼い子どもにファシズムの精神を浸透させるために利用された」とある。
参考）波多野完治監訳：ワロン選集 下，大月書店，1983，pp.211-225

### （4）「真似はダメ」の真相

小学生期に，教科書掲載作品や級友の作品を「真似をして表現してはダメ」と指導され，思うように描けなくなった人が相当数存在した。この制限の真相は，1945（昭和20）年以前の教科書掲載作品を模して描く「臨画」に由来すると考えられる。臨画は，西洋美術文化摂取の一環として1871（明治4）年刊の教師用図画指導書『西画指南』（図1-8左）にはじまり，1910（明治43）年の国定図画教科書『新定画帖』（図1-8中）に引き継がれ，太平洋戦争中の1942（昭和17）の文部省編『初等科圖畫二男子用』（図1-8右）には戦車や兵士が描かれた「演習」ほか軍事色が強まった。敗戦直後1945年10月に連合軍司令部は，軍国主義の目的のものを教科書から削除する政策を発表し，いわゆる「墨塗教科書」が現出した。また，国連のユネスコが日本の全科教科書の民主化を進めた歴史もある＊2。そのため，臨画のもつ非創造性や手本内容の軍国主義を排除するために「真似はダメ」との認識が広まった。創造的で民主主義的な美術教育が実践されるようになっても，「認識」が形骸化され70余年を経ても残存していると推察される。

師の教えを受け習う「真似ぶ」が，「学（まな）ぶ」となったことはよく知られており，日本文化自体も基層としての縄文文化から，7世紀以降の中国・朝鮮などの大陸文化，15世紀の南蛮文化，19世紀の西洋文化などを取り入れ，模倣する過程で独自の発展を遂げたという見方が一般的である。この文脈から，少なく

| 西画指南 | 新定画帖 | 初等科圖畫 |
|---|---|---|
|  | |  |
| 日本初の教師用図画指導書，左は表紙，右は「絵を習う図」。第1図線から第61図の花へ次第に複雑な形へと進む。[1871／明治4年] | 第5學年男生（ママ）用文部省1904〜05年日露戦争後に刊行の国定教科書で第6図「砲弾」，他にカラーの「蝶」「色図」や「位置の取方」「模様」も掲載。[1910／明治43年] | 初等科圖畫 二 男子用太平洋戦争下の図画教科書で18頁の題材名は「演習」，「防空演習」「隣り組」の他に「やさい」「友だちの顔」など平時の題材も。[1942／昭和17年] |

**図1−8　明治初期から昭和初期の図画工作教科書**

ない受講生に「素敵と感じたら真似をしてもいいけれど，自分らしい何かをプラスして表したいですね」と促すと，造形表現の楽しさを安心して味わえるようになったとの感想が返ってきた。

## 5. 図画工作「不要論」日米での歴史的な経験

　小学生が図画工作を大切と思わなくなる背景には，実社会における風潮も影響している。学歴社会といわれ，受験科目が主要教科とよばれて久しい。「主要」でない教科に図画工作は含まれている。第二次世界大戦後の日米両国での教育制度に関連する二つの経験から図画工作学習が子ども期にかけがえのないことを知り，その重要性を理解することが大切である。

### （1）造形感覚の陶冶は科学技術の基礎

　1951（昭和26）年版学習指導要領図画工作は描画・色彩・図案・工作・鑑賞の5指導内容とされ，音楽が表現・鑑賞の2指導内容であったのとは対照的であった。1957（昭和32）年，文部省が1958（昭和33）年版学習指導要領改訂にともなう授業時数削減を新聞紙上に発表した。それが発端となり，音楽・図画工作教育関係者が反対運動を興した。日本美術教育連合と全国図画工作教育連盟は，合同で図画工作振興対策委員会を組織し，戦前から二教科であった図画と工作を図画工作の一教科として確立して，その学習内容を明確化することで時間数確保の推進を図った。同年12月14日には，両団体が合同し東京の永田町小学校にて図1−9のスローガンを掲げて「図画工作教育全国決起大会」を開催し，「教育課程の改訂に当たって，図画工作科を重視しよう」という宣伝用パンフレットを1ヶ月後に配布した。その結果，小学校では内容も時間数も現状を維持できたが，中学校の教科名は図画工作科を改め「美術」とし，内容は芸術性創造性を主とした表現や鑑賞に限定され，生産技術的な学習内容を移譲して「技術科」が新設された。

| 1957年「図画工作教育全国決起大会」スローガン |
| --- |
| 中学のコース別教育反対，図画工作科必修の確保と時間の増加，美的情操の教育こそ道徳の基盤，デザイン教育なくして産業の振興なし，造形感覚の陶冶は科学技術の基礎 |

### 図1-9　教育課程の改訂に当たって、図画工作科を重視しよう

出典）中村亨：日本美術教育の変遷，日本文教出版，1979，p.331
写真）社団法人日本美術教育連合：日本美術教育総監 戦後編，グラビア頁

### 表1-4　各年度版の小学校学習指導要領図画工作科「目標」の変遷

| 西暦元号年 | 各年度版学習指導要領 図画工作科の目標 | 学年ごとの年間授業時数 | | | | | | |
| --- | --- | --- | --- | --- | --- | --- | --- | --- |
| | | 1 | 2 | 3 | 4 | 5 | 6 | 合計 |
| 1947 昭和22 (試案) | 一　自然や人工物を観察し，表現する能力を養う。<br>二　家庭や学校で用いる有用なものや，美しいものを作る能力を養う。<br>三　実用品や藝術品を理解し鑑賞する能力を養う。 | 105 | 105 | 105 | 70〜105 | 70 | 70 | 525〜560 |
| 1951 昭和26 (試案) | （1）個人完成の助けとして<br>a　絵や図をかいたり，意匠を創案したり，物を作ったりするような造形的創造活動を通して，生活経験を豊富にし，自己の興味・適性・能力などをできるだけ発達させる。<br>b　実用品や美術品の価値を判断する初歩的な能力を発達させる。<br>c　造形品を有効に使用することに対する関心を高め，初歩的な技能を発達させる。<br>（2）社会人および公民としての完成への助けとして<br>a　造形的な創造活動，造形品の正しい選択能力，造形品の使用能力などを，家庭生活のために役だてることの興味を高め，技能を発達させる。<br>b　造形的な創造活動，造形品の選択能力，造形品の使用能力などを，学校生活のために役だてることの興味を高め，技能を発達させる。<br>c　造形的な創造活動，造形品の選択能力，造形品の使用能力などを，社会生活の改善，美化に役だてるための関心を高め，いくらかの技能を養う。<br>d　人間の造形活動の文化的価値と経済的価値についての，初歩的な理解を得させる。<br>e　美的情操を深め，社会生活に必要な好ましい態度や習慣を養う。 | 音楽・図工で総時間870時間の15〜20%1／2換算 | | 音楽・図工で総時間970時間の15〜20%1／2換算 | | 音楽・図工・家庭で総時間1050時間の20〜25%1／2換算 | | |
| | | 65〜87 | 65〜87 | 73〜97 | 73〜97 | 70〜80 | 70〜80 | 416〜542 |
| | | ※小数点以下切り捨て | | | | | | |
| 1958 昭和33 (告示) | 造形活動を通して，美的情操を養うとともに，造形的表現の能力をのばし，技術を尊重し，造形能力を生活に生かす態度を育てる。このため，<br>1　形の構成や色を考えて表現し鑑賞することにより，造形的な美の感覚の発達を図る。<br>2　絵であらわす，彫塑であらわす，デザインする，工作する，鑑賞することにより，造形的に見る力や構想する力をのばす。<br>3　造形活動に必要な初歩的な技法を理解させるとともに，造形的に表現する技能を育てる。 | 102 | 70 | 70 | 70 | 70 | 70 | 452 |

| 年 | 内容 | | | | | | | |
|---|---|---|---|---|---|---|---|---|
| 1968<br>昭和43 | 造形活動を通して，美的情操を養うとともに，創造的表現の能力をのばし，技術を尊重し，造形能力を生活に生かす態度を育てる。 | 102 | 70 | 70 | 70 | 70 | 70 | 452 |
| 1977<br>昭和52 | 表現及び鑑賞の活動を通して，造形的な創造活動の基礎を培うとともに，表現の喜びを味わわせ，豊かな情操を養う。 | 68 | 70 | 70 | 70 | 70 | 70 | 418 |
| 1989<br>平成元 | 表現及び鑑賞の活動を通して，造形的な創造活動の基礎的な能力を育てるとともに表現の喜びを味わわせ，豊かな情操を養う。 | 68 | 70 | 70 | 70 | 70 | 70 | 418 |
| 1998<br>平成10 | 表現及び鑑賞の活動を通して，つくりだす喜びを味わうようにするとともに造形的な創造活動の基礎的な能力を育て，豊かな情操を養う。 | 68 | 70 | 60 | 60 | 50 | 50 | 358 |
| 2008<br>平成20 | 表現及び鑑賞の活動を通して，感性を働かせながら，つくりだす喜びを味わうようにするとともに，造形的な創造活動の基礎的な能力を培い，豊かな情操を養う。 | 68 | 70 | 60 | 60 | 50 | 50 | 358 |
| 2017<br>平成29 | 表現及び鑑賞の活動を通して，造形的な見方・考え方を働かせ，生活や社会の中の形や色などと豊かに関わる資質・能力を次のとおり育成することを目指す。<br>（1）対象や事象を捉える造形的な視点について自分の感覚や行為を通して理解するとともに，材料や用具を使い，表し方などを工夫して，創造的につくったり表したりすることができるようにする。<br>（2）造形的なよさや美しさ，表したいこと，表し方などを工夫して，創造的に発送や構想をしたり，作品などに対する自分の見方や感じ方を深めたりすることができるようにする。<br>（3）つくりだす喜びを味わうとともに，感性を育み，楽しく豊かな生活を創造しようとする態度を養い，豊かな情操を培う。 | 68 | 70 | 60 | 60 | 50 | 50 | 358 |

　新設美術科の授業時間は第2・3学年が必修1時間，新設の選択美術1時間と併せて週2時間で運用，実情は削減で工作工芸的な学習内容が姿を消した。以後の図画工作の授業時数は表1－4に示したように削減の過程にある。この決起大会スローガンは21世紀にも通用する図画工作学習の大切さを的確に示している。

## （2）諸感覚を目覚めさせる図画工作

　目先の効率性に傾斜すると，人間にとって本質的に重要なことでも地味な内容であると軽視されやすい。軍事費に莫大な予算を配分せざるを得なかった東西冷戦下の1970年代，大不況に遭遇したアメリカは教育予算の大幅削減に踏み切り，緊急を要しない教育内容の切り捨てを断行した。当時の政府や市民には，ソビエト連邦が人類初の人工衛星「スプートニク1号」の打ち上げに成功した1957年のスプートニク・ショックの記憶が新しく，科学教育の振興を優先せざるを得なかった。そのため芸術教育不要論が強まり，「お遊び」や「お飾り」と思われやすい美術の教育課程縮小に事態が急転した。納税者が政治へのチェックや示威行為

を実行する気風が強いニューヨーク市の小学校では，図工専科教員の99％を削減するに至った。その結果，「学校が灰色になった」という証言を本書の前身に宮脇理は，表1−5の事例を記載した。

　2008年9月に米国名門投資銀行リーマン・ブラザーズが破綻したリーマン・ショックにより世界的金融危機が発生して歴史的な大不況となり，2018年現在の企業による芸術・文化援護活動であるメセナは多様化しつつも規模は縮小している。日本では一度「不要」とされた制度の復活はほぼあり得ないが，アメリカでは日本と異なり，一度不要とした図工専科教員を復活させたという。1977年に当時40歳の実業家ロックフェラー4世（John Davison "Jay" Rockefeller IV　1937〜）を座長に芸術・教育・マスコミ・勤労者・芸術愛好者・政府など広い分野から構成された審議会が，次の芸術教育の調査研究報告書（表1−6）を作成した。

　図画工作の排除は子どもたちのための学校を「灰色」にした。その復活で，子どもの心の表現であることを理解した授業者による図画工作学習は，子どもの諸感覚を目覚めさせ個人の発達の基礎になるとの，歴史的に試された報告内容を忘れてはならない。

**表1−5　ニューヨーク市の二氏の報告**

| ■ 1970年代 図工専科教員99％削減で「学校が灰色になった」という証言 | |
|---|---|
| ■ ニューヨーク市イーストハーレム地区公立第108小学校ジエン・ブリル先生<br>「予算カットの直撃は致命的でしたね。子どもたちがどんなに影響を被ったことか，それは大変なものでした。普通の先生でピアノを弾ける人は余りいませんから，音楽の授業がなくなり，歌も歌えなくなってしまいました。特に低学年の生徒はかわいそうですね。子どもたちは絵や音楽を通して，よその国のことを学ぶのですから，これはお手上げですよ。」 | ■ ニューヨーク市学校美術同盟ドロシー・エバンス女史<br>「ニューヨーク市の小学校では，図工の先生（専科）の99％を失い，中・高等学校でもかなり削減されました。教育行政の側では美術を主要学科でないと考える向きが多いので，この分野での予算削減は，ほかにくらべて2倍以上にもなりました。芸術の町と言われ，芸術に負うところの多いニューヨーク市でさえこんなありさまなのです。この予算カットに抗議して，同市の主だった芸術団体が集まり，教育長あてに手紙を出しましたが，結局はなしのつぶてでした。」 |

出典）宮脇理：小学校図画工作科教育法，建帛社，1985，p.5

**表1−6　正しく指導された芸術は個人の発達の基礎となる**

| 1977年Coming to Our Senses（芸術教育の調査研究報告書） |
|---|
| 「（前略）審議会は，読み書き，算数などの基礎教育を支持していないわけではないが，正しく指導された芸術は，個人の発達にとっては正に基礎となるものであるとしている。なぜならば，芸術は他のどんな科目よりも，子どもたちの諸感覚を目覚めさせるのに役立つからであり，目覚めた諸感覚は学習のパイプ役を果たすものであるとしている。 |

出典）宮脇理：小学校図画工作科教育法，建帛社，1985，p.6

## 6．21世紀の二大危機を救う図画工作学習

### （1）二大危機「地球の破局と人類滅亡」

　「人類はあと100年以内に滅亡し，21世紀は人類最後の世紀になる」可能性が，巨大隕石の落下や大型の核事故あるいはヒトラー型指導者の出現や全面核戦争な

どを想定しない場合でさえ十分あり得る，極めて深刻な事態が進行しているという警鐘を，先端的な科学者たちが1980年代から発していたと『ジオカタストロフィ』（図１−10）に記されている。物質的な要因では，人口・食糧・エネルギー・環境など山積する諸問題が「地球の破局（Geo-Catastrophe）」へと近づけており，温室効果ガス・オゾン層破壊，酸性雨，砂漠化，熱帯雨林の破壊などの生存環境の悪化は，「ゆとりと快適性」の現水準を維持しつつ人類の存続を不可能にするという[1]。また，心理的要因である政治・経済・社会に関わる問題は，種としての「人類の減亡」をも招きかねない。ベルリンの壁が崩壊した1989年を契機に冷戦構造の一方の極の消滅にもかかわらず，世界の各地では紛争やテロが絶えない。2011年の東日本大震災による福島原発事故や，2018年の核兵器先制使用論なども加わり，究極的な二大危機「地球の破局と人類減亡」は増大している。そのクリアーは，学校教育の最重要課題といえよう。

　そこで想起されるのが，1990年代に全米ベストセラーのエコロジー入門書『子どもたちが地球を救う50の方法』（図１−11）[2]である。「わたしたちが捨てるもののうち，どのくらいのものがリサイクルできるか？　①ゼロ，ゴミはゴミさ②ほんの少しだけ　③半分／答え③」と「50の方法」がクイズ形式で記されている。平易で印象的に覚えて実行できるとの意図から解答は既に用意されており，子どもはその答えに従うという知覚習慣を強化する結果となっている。未知の課題を自分の思考で創造的に解決するという志向性を培えないのが同書の限界である。その「限界」に何人の日本の子どもが，そして保護者や教師が気づくであろうか。受験競争下の子どもたちには，見知らぬ人の幸福や地球の破局を心配するより，自分を優先せざるを得ない状況が幼児期から青年期まで常に存在する。

図１−10　ジオカタストロフィ

1）坂田俊文監修：ジオカタストロフィ　下巻　人類減亡のシナリオ，ＮＨＫ出版，1992，pp.107〜227

図１−11　子どもたちが地球を救う50の方法

2）アース・ワークスグループ編：子どもたちが地球を救う50の方法，ブロンズ新社，1990

### （2）二大危機を克服する図画工作科の目標

　前出の表１−４に1947（昭和22）年の学習指導要領（試案）以降に８回改訂された図画工作科の目標の変遷を一覧にした。第１学年から第６学年までの年間授業時総数は，1947年版の最多560単位時間から，最新2017（平成29）年版の最少358単位時間へと63.9%に減少した。前述した図画工作科の授業時数削減反対運動があった直後の1958（昭和33）年版以前と以後の違いは明白である。前者の目標は実用主義的な観点から育成したい能力や態度が具体的に記されている。後者の目標の文字数は1977（昭和52）年版の53字，2008（平成20）年版73字，2017（平成29）年版299字で，〈喜び・造形・創造・情操〉の四つの熟語が共有されている。「喜び」とは，にこにこすること，うれしい気持ちを指す。「造形」表現の特性は「①物的材料による，②空間に成立する，③視覚によってとらえられる表現」と定義でき，《造形要素と二つの造形特性》は図１−12のように整理できる。「創造」とは，従前にない新しいものをつくりだすこと，「情操」とは，芸術的・文化的・社会的価値などを備えた複雑で高次な感情をさす。つまり，「表現したい主題を自己決定し，様々な材料を使い，今までになかった芸術的な価値が感じられるものをつくりだし，自分や内外の子どもや美術家

図１−12　造形要素と二つの造形特性

出典）真鍋一男：ベーシックデザイン　平面構成，美術出版，1995，p.113

の作品をみて，うれしい気持ちになること」が図画工作学習である。小学生期から安価な材料での表現や失敗も生かして表現できる喜びを体験することは，「地球の破局」を回避する方法を考案する創造性の基礎を培う。学級の友だちや外国の子どもたちの作品のよさや美しさを鑑賞する異文化理解の体験は，小学生期から美術文化による豊かな国際性を育み平和の礎になる。教師は，授業開始時に学習目標を，終了時に何を学べたかを伝える。その過程で，子どもが図画工作を将来のために大切な教科であると感じるであろう。

| 学習指導案 5年 | わたしボクってこんな人 ～A(2) 絵や立体，工作に表す～ | 指導者：山口喜雄 |

### 1．題材設定の理由

　本題材は，児童が本授業以前に獲得した絵の表現能力を発揮して「自己紹介」を行う活動である。Ｂ4判の画用紙に，パス類・色鉛筆・水彩絵の具などから自分の表現に適した画材を選んで，「自分らしさ」を動き・ひかり・位置・方向・数量など造形の「適否条件性」を駆使してに表していく。

　児童は3・4年時に造形的なよさや面白さ，表したいこと，表し方などについて考え，豊かに発想や構想をしたり，身近にある作品などから自分の見方や感じ方を広げたりすることに取り組んできた。5・6年時には絵に表す活動を通して，感じたこと，想像したこと，伝え合いたいことから，表したいことを見つけることや，形や色，構成の美しさなどの感じを考えながら，「自分らしさ」という主題を創造的に表すことに発展させていく。さらに，自らが味わった絵に表現する喜びを，友だちの作品の鑑賞活動を行うことで，互いの表現の喜びを共有できるようにする。また，友だちの形や色，構成などの多様な表現に興味をもち，幅広い造形的な見方を身につけて，楽しく豊かな生活を創造しようとする態度も培う。

　そして，年度はじめの図画工作の授業で担当学級の児童一人一人の願いや人柄，そして絵の表現能力や発達課題を把握し，以後の図画工作指導や学級経営に反映させられる好題材である。

### 2．題材の目標と評価規準

#### （1）本題材の目標

　　自分らしさを造形性豊かに発想して絵に表すことを楽しみ，互いの作品鑑賞を通して多様な表現の面白さを味わおうとする。

#### （2）題材の評価規準

| 知識・技能 | 思考力・判断力・表現力等 | 学びに向かう力 |
|---|---|---|
| 造形的な視点を意識してこれまでの自分らしさの感覚や行為を振り返り，画材や用具を活用して，表し方などを工夫して創造的に表そうとする。 | 自分を表す造形的なよさや美しさ，表し方などを創造的に発想して絵に表し，友だちの作品鑑賞を通して自他の見方や感じ方を深めようとする。 | 自分らしさを絵に表現する喜びを味わうとともに，鑑賞活動を通して形や色などに興味をもち楽しく豊かな生活を創造しようとする態度を養う。 |

### 3．主な用具・材料

　教師：アイデアスケッチ用上質紙，Ｂ4判画用紙

　児童：自分の表現に適したパス類・色鉛筆・水彩絵の具セット（パレット・筆・水入れ）

### 4．指導計画（全4時間）

| 【活動Ⅰ】「自分らしさ」の多様な表し方を知る　　　　　　（1時間）<br>・「自分らしさ」という主題を知り，「自分らしさ」とは何かを考える。<br>・動き・ひかり・位置・方向・数量など視点を知り，画面構成を考える。 | ・自分らしさに関し一人一人に発言させ，好き嫌いや感じ，家族やペット，趣味や将来の夢などを板書する。 |

【活動Ⅱ】「自分らしさ」を創造的に発想し表現する　　（２時間）本時
・上質紙に気に入った描画材でアイデアスケッチをいくつか描く。
・アイデアスケッチを基に構成を工夫して画用紙に描く。
・描いたら時々作品から離れて「自分らしさ」を確かめながら仕上げる。

・自分らしい色や配色の濃淡，表したい好みや雰囲気に合わせて，描画材をパス・色鉛筆・水彩絵の具から選び，筆致も工夫する。

【活動Ⅲ】表現した作品を見せ合いステキさを互いに語り合う（１時間）
・４人グループで，互いに作品を見せ合いながら自分の表現意図を語る。
・４人が互いに本人が気づかなかった造形表現のステキさを伝え合う。
・学級全体で，この学習で感じたこと気づいたことを発表し記録する。

・自分がこれまでに表したことがない形や構成，色や配色，動きや光の表現などに気づき，発表し合うことで互いのよさを認め合う。

## ５．本時の展開

目標：自分の性格や生活を見つめ，「自分らしい」形や色，構成を工夫して表そうとする。

| 子どもの主な思考や学習活動 | 教師のかかわり |
|---|---|
| 【前時まで】<br>・「自分らしさ」という主題や多様な表し方をワークシートにことばでメモし，アイデアスケッチをいくつか描いた。友だちが発表した「自分らしさ」を造形的に表現する工夫を知って，よいと感じたことばや表現方法をとりいれたり，新たに付け加えたりして，楽しみながらアイデアスケッチの表現を工夫した。 | |

自分らしい色や形・構成を選ぶ

（10分）

自分ならどんなものをつくろうかな。

**好きなものから**
「私はピアノ演奏が好きだからピアノの形，好きな曲の楽譜から考えてみようか。」

**家族やペットから**
「飼っている犬と家の周りを散歩している自分や笑顔の家族全員を描こうかな。」

**趣味やスポーツから**
「サッカーで，この間シュートが決まった瞬間のボールの動きを描きたいな。」

**将来の夢から**
「パイロットになって，空から見えるヨーロッパとかイースター島を描いてみる。」

・気軽に描けるようにアイデアスケッチ用の上質紙を配布して，前時に描いた実際の1/4サイズの四つからもっとも「自分らしさ」を感じるアイデアスケッチを選ばせる。

ミニ鑑賞で主題の形や色を工夫する

友だちは「自分らしさ」どう工夫しているのかな。
友だちのステキさも見てみたいな。

（15分）

動き・ひかり・位置・方向・数量など造形表現の多様な視点を知り友だちのよさに気づく

白や青の大小のハートで構成を工夫したね。

周りを黒く描いて中を明るく強調してるね。

・ミニ鑑賞を４人グループで行い，互いに工夫した表現を発表させる。各グループを回って，学級全体に友だちの作品のステキさを発表したい数人に声をかけておく。動き・ひかり・位置・方向・数量などを工夫したステキさを発表させる。

自分らしさを素直に楽しく描く

友だちの作品がヒントになっていろいろ工夫ができたよ。
「自分らしさ」を思いきって表現したい！

・表現に悩んでいる子どもと対話して，本人が表現したい主題に適したいくつかの表現方法を提案して，自己決定させる。

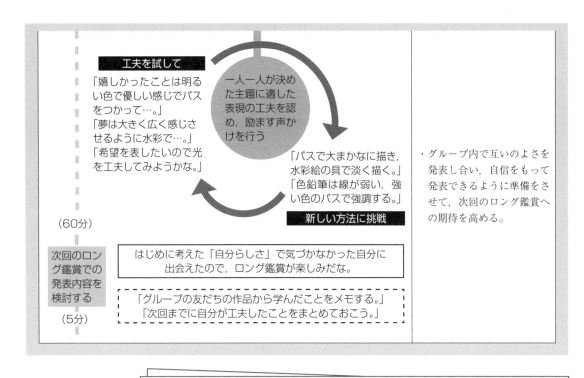

**工夫を試して**

「嬉しかったことは明るい色で優しい感じでパスをつかって…。」
「夢は大きく広く感じさせるように水彩で…。」
「希望を表したいので光を工夫してみようかな。」

一人一人が決めた主題に適した表現の工夫を認め，励ます声かけを行う

「パスで大まかなに描き，水彩絵の具で淡く描く。」
「色鉛筆は線が弱い，強い色のパスで強調する。」

**新しい方法に挑戦**

・グループ内で互いのよさを発表し合い，自信をもって発表できるように準備をさせて，次回のロング鑑賞への期待を高める。

（60分）

次回のロング鑑賞での発表内容を検討する

はじめに考えた「自分らしさ」で気づかなかった自分に出会えたので，ロング鑑賞が楽しみだな。

「グループの友だちの作品から学んだことをメモする。」
「次回までに自分が工夫したことをまとめておこう。」

（5分）

---

**発展的実践への手立て**

　初授業で「自分を伝える絵」を描き自己紹介をするという表現と鑑賞の授業を行う際に，各学級や子どもの造形表現能力の状況に応じた三つの指導例を示す。

**A学級　■担当教師の題材観をほぼ理解できている**

(1)画用紙サイズをB3かB4，表現画面を横長か縦長を自己決定させる。

(2)「自己紹介をするつもりで気軽に描いてみよう」と語る。

(3)好きな描画材料（パス類，カラーペン，色鉛筆，水彩など）で表そう。

**B学級　■一人一人に発言力はあるがアイデアが豊かでない**

(1)「自分」をどう表せるか，一人一人の意見を発表して！」と呼びかける。

(2)各自の意見を板書，「ワァ～こんなに表現方法が…，君はどう描くかな」と語る。

**C学級　■絵が苦手な子どもが多い**

(1)黒板に示したけど，「サカナ」を描いても大きさ・位置・数で感じが変わるね。

(2)黒板のア～カをヒントに，サカナを自分の好きな形に置き換えて描いてみよう！

ア 中央に大きく描くと,自信・威張ってる感じがするね

イ 三匹右上にと一匹左下，孤独とか淋しい感じ…

ウ 上に斜めだと空気不足で夏，外が気になる

エ サカナ二匹を斜めに描くと，追いかける，恋する秋…

オ 小さい一匹が下に，動きたくない感じ，冬の様子も…

カ 行列に近づく一匹，仲間に入れて，春の小川

## 1．21世紀における図画工作教育の原点

　21世紀における図画工作教育の原点は，1952（昭和27）年の《創造美育協会宣言》にあると斯界では一般化している。発起人は，美術教育著者の久保貞次郎・北川民次・湯川尚文・室靖・水木育男，教育学者の宗像誠也・周郷博，美術評論家の滝口修造，画家の瑛久ら21名。図２−１に示したキーワードは心理学・創造力・個性の三つで，それらに関係が深い用語が「発達」である。

1）山本鼎：自由畫教育，復刻版，黎明書房，1982，pp.3-11，p.55

### （1）自由画教育運動の先見性と限界

　同宣言の文頭にある自由画教育運動は，1919（大正８）年４月に長野県上田村（現在の上田市）の神川小学校で開催された第１回児童画展覧会を発端に展開された。「不自由画の存在に対照」し，「模写」という不自由画のために「個性的表現が塞がれてしまう」不自由さから救うために画家の山本鼎（1882−1946）が提唱した運動の名称である[1]。

　図画教育は，「感情を豊かにし，趣味を高尚に」する「美的情操の教育」であると鼎は記述した。「美術教育とは，愛を以て創造を処理する教育である」との明言も残し，「創造力」という語を多用していた。その11年後に刊行された『少年少女自習画帖４』[2] の共編者のはしがきに，「繪を描くことは，ずいぶん面白いものです。その上，たいへん為になります。物の形や色のとりあわせの美しさをハッキリと知ることが出來，それにつれて，気持ちよく品のよい人柄が養はれてゆくものです」と人間形成の一端としての描画の効用を記した。他方，「この畫帖は，唯これを見，これをお手本にして描くばかりでなく，これを見たり，描いたりすることによって，ほかのものまで，上手に描けるやうになって下さるこ

2）板倉賛治・山本鼎・後藤福次郎共編：『少年少女自習画帖4』，1930，大日本雄辯會講談社，はしがき（引用文は記載旧字体とした）

創造美育協会編：創美年鑑─年譜と資料，1978，p.7

### ■ 創造美育協会宣言　1952年5月

　自由画運動が大正８年，山本鼎らによって興された。自由画の精神はそのころの図画教育界に新鮮な気風を吹き込んだ。それから30余年も過ぎた今日，私たちの国の美術教育はどんなに進歩をしたろうか。欧米ではこの間に，新しい心理学の光に照らしつつ美術教育は絶えず前進し，大きな発展を遂げている。日本では最近全国あるいは地方児童画展など，はなやかな脚光をあび，うわべでは躍進をとげたとさえ見える。

　しかし，実際は，欧米の進んだ国では常識となっている児童の生れつきの創造力を励まし育てるという原則でさえも，確立どころかまだ一般に知られていないありさまではないか。児童の創造力を伸ばすことは児童の個性を鍛える。児童の個性の伸長こそ新しい教育の目標だ。

　私たちは，今から古いやりかたに根本的な反省を加え，新しい美術教育を築きあげようと決心した。全国の考えを同じくする諸君，いっしょに手を取って困難と戦い，より自由創造美育協会編な美術教育の大道を切り開こうではないか。（後略，綱領と発起人21の氏名も略）

**図2−1 新しい美術教育の目標**

とを望んでゐるのです」という実用主義の側面とともに，「目と手の巧緻性」を
めざしていた当時の図画教育観もあわせもっていた。

《創造美育協会宣言》に示された「新しい心理学の光に照らしつつ」，「児童の
創造力を伸ばすことは児童の個性を鍛える。児童の個性の伸長こそ新しい教育の
目標だ」ということををふまえ，「発達」を多角的に検討したい。

## （2）言語活動による価値の創造過程で生まれる文化

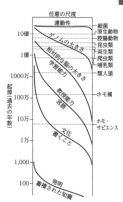

**図2－2　進化過程におけ
る文化と，文化に関連した
諸特性の発達を示す模式図**
参考）J. T. ボナー（1920
～, Bonner, John Tyler),
八杉貞雄訳：動物は文化を
もつか，p.222

「指導計画の作成に当たっては，形や色，イメージなどの〔共通事項〕を
視点に，図画工作科で育てようとする資質や能力を具体的に育成するような
言語活動の充実を工夫することが重要である」と，文部科学省は2008（平成
20）年に図画工作においても言語活動の充実を掲げた。ここで図画工作にお
ける言語活動に関し，生物の進化過程からとらえ直しておきたい。

個人と個人は言語活動で相互理解する。言語活動とは言語によって情報を
伝える行動をさす。文化は，人間の精神活動を通して生活を高める新たな価
値を創造する過程で生まれる。J. T. ボナーは進化生物学による著書『動物
は文化をもつか』で，「文化は遺伝的な方途ではなく，むしろ行動的方途に
よって伝達される」と述べ，「進化過程における文化と，文化に関連した諸
特性の発達を示す模式図」（図2－2）を掲げた。豊かな教授能力に支えら
れた「言語」によって量と質の高い情報伝達が円滑に進展する。さらに「書
くこと」により，時代を越えて文化の伝達を可能にする。その図下の最高段
階に科学上の「発明」がある。「発明」やその下の「蓄積された知識」は，
美術教育文化における表現や研究の集約としての作品や論文等にあたると考
えられる。図画工作で例示すると，①モノ＝物質的文化：材料・作品等，②ルー
ル＝制度的文化：技法・様式等，③こころ＝精神的文化：面白さ・喜び・主題等
の三つに大別できる。この三つの美術教育文化を言語活動で教師が学習者に伝え
活動へと導く場が授業である。

## （3）造形能力を左右する学習機会と時代の感性

学校教育制度の有無やあり方が，美術教育文化や個人の造形表現力を左右する。
インターネットや日常で「造形本能」という用語を見聞きすることがある。野生
の育ちで造形能力が形成されたか否かを考えてみたい。

**＊1　アヴェロンの野
生児**：フランスの医師
ジャン・イタール
（Jean Itard, 1774-
1838）による。古
武彌正訳，福村出版，
1975，pp.84-104
（原著1894年，全
122頁）

まず，1799年に仏のアヴェロンの森で発見された推定11～12歳，野生育ちの
少年との約6年間を著したイタール著『アヴェロンの野生児』＊1には，初歩的な
再教育の過程において，1音節の言葉を聞き，表情の変化をせずに簡単な言葉の
理解や触覚，味覚などの「感覚機能の成長」が記録されている。しかし，記号や
文字の高度な理解などの「知的機能の成長」は困難と記され，造形表現について
は触れていない。造形創造は，さらに高度な能力と考えられる。

類似の著作にゲゼルの『狼にそだてられた子』がある。推定12歳の「狼に育て
られた」女児二人のうちカマラの知能の発育が，発達心理学と精神医学の立場か

ら見て「順を追って連続的に回復した事実」[3]と記されている。詳細は省くが，この著作には批判的な諸説が多く，参考にできない。しかし，「訳者のことば」には，1972年に「戦後27年ぶりに，元日本兵横井庄一さんがグアム島で発見された」話がカマラと対比的に記されている。日本の敗戦を知らず，1915（大正４）年生まれで小学校卒業後に洋服の仕立て屋で身に付けた技能で生活用具を創造して1944（昭和19）年から28年間を孤独に生き抜いた詳細は，当時のニュースや本人の著作から知ることができる。誕生直後からの野生の生活に対し，教育と職業による造形など能力の違いは明白である。

　次に，1960年頃に本多勝一らが調査したニューギニア高地人の村でのルポルタージュをあげる[4]。その村では，新石器時代の紀元前8500年頃にパレスチナで現れたとされる磨製石器（図２−３）を使用しており，彼らは１万年前と変わらない生活をしていたことになる。20世紀中期までは，原始的生活をしている秘境が存在していたのである。本多ら以前には近代文明と未接触で学校制度も印刷画像もない村で，「絵や彫刻に類するものは，歌の豊かさに比べると貧弱きわまる。ゼロと言ってもいい」，「家の板壁に，人間らしい形をしたネンドの絵をみたことがある程度だ」と記述した。その村の子どもから中高年までの男女による描画の中で，「最も"鑑賞に堪える作品"を描いた」のはナゴヌという８歳男児であった。その「ブタ・木・人」（図２−４）は，21世紀日本で一般的に見られる幼児期の表現を想起させる。これは，必修教科図画工作・美術の受講を抜きにしては，美術教育文化が社会にも個人にも豊かに享受され得ない好例といえる。

　文部省は1872（明治５）年７月に，教育の目的を個人のための立身・治産・昌業においた実利主義の「被仰出書（おおせいだされしょ）」を発表し，８月に「学制」を頒布した。当初の上等小学科の教科名は，あらまし図形や線が描けるという意の「幾何学罫画大意（けいがたい）」であった。その前年初秋に英人ロベルト・スコットボルン著の小冊子をもとに，文部省助教の川上寛（冬崖）纂訳（さんやく）で日本最古の教師用図画教科書『西画指南』（図２−５）が刊行され，図画教育普及の準備がなされた。第１章でも述べたが，明治初年から第二次大戦終結の1945（昭和20）までの70年間余は，手本の絵を忠実に模写する「臨画」とよばれる学習方法で，概して「服従」の感性に傾斜していて，20世紀後半以降に重視している児童一人一人の思いを重視する表現学習とは全く異なっていた。題材名「銃」は1943（昭和18）年刊の国定教科書『初等科圖畫四男子用（ずが）』に掲載された臨画手本であり，見て描くことで兵士になる心構えを形成される。「兵士」は同じ年の『師範圖畫本科用巻１』の臨画手本で，教員養成期からその心構えを強化され，小学生を指導する心構えを形成していた。50年後の『図画工作４』には，副題「自分らしく」と表紙に付され，１・２頁見開きで半世紀前には敵対関係にあった日米の著名な「おばあさんがかいた絵」が掲載された。「モーゼスおばあさん」（Anna・M・R・Moses，1860-1961）は働く農民や田園生活風景などを描いた米国の国民的画家，「丸木スマおばあさん」（1875-1956）は動植物や村の年中行事などを描いて1951（昭和26）年日本美術院展に初入選，1953年に院友に推挙された画家である。「70さいをすぎてから，絵

3）A・ゲゼル：狼にそだてられた子，生月雅子訳，家政教育社，1967，p.101，p.140（原著1941年，全143頁）

4）文・本多勝一，写真・藤木高嶺：ニューギニア高地人，朝日新聞社，1964，p.228

**図２−３　磨製石器**
左から「石ノミ」「石斧」「みがかれる前の石斧」（前掲書 4），グラビア頁）

**図２−４　ニューギニア高地人８歳男児の絵**
ナゴヌがマジック・インキで描いた画。左から「ブタ」「木」「人」（前掲書 4）p.228）

**図２−５　西画指南**

をかきはじめた」と二人の共通点が記され，「人はだれでも，すなおな心と，やる気があれば，どんどんのびる力があるものですね」と結び，高齢化と絵画表現の原点を明示している。さらに，21世紀初年刊『図画工作5・6㊤』には，水墨画家ジム・ハサウェイの「和紙と墨で表す豊かな心の世界」と題するメッセージを掲載した。アメリカ生まれで「油絵を描いて」いたが，1989（平成元）年に「日本にきて和紙のやわらかさに出会い，私がかきたかった心の世界がこれでかけると思いました」と国際化の契機を語り，さらに「うまくかくことよりも大切なのは，たのしむことだ」と造形表現の本質を伝えている（図2－6）。

　例示した各教科書の題材を学校教育課題で要約すると，「銃」は軍国化，「おばあさんがかいた絵」は高齢化，「和紙と墨で表す豊かな心の世界」は国際化といえる。つまり，教育制度の目的は学校教育課題に連動し，図画工作のあり方が決定され，教科書内容は時代の感性[*2]を体現していた。

*2「感性」の定義：
対象・事象・物事からの刺激を感じとり，その中から価値を判断し認識する心性（心の働き）で，時代あるいは国や民族により異なる。
山口喜雄：豊かな感性を培う芸術を通した教育と発達課題，月刊兵庫教育，2006年10月号，pp.6-9

| 「銃」 | 「兵士」 | じぶんらしく | ゆめをかたちに |
|---|---|---|---|
| 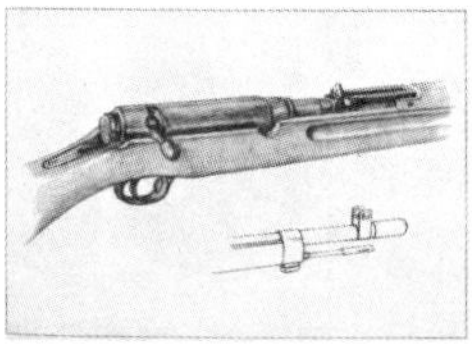 |  |  |  |
| ●『初等科圖畫四男子用』文部省，太平洋戦争下の国定の図画教科書でp.11の題材名は「銃」，「防空演習」「隣り組」の他に「海邊」「教室」ほか平時の題材も。[1943／昭和18年] | ●『師範圖畫本科用巻1』文部省，p.9，コンテ素描，〔2尺×1.25尺〕鶴田吾郎筆。「従軍画家トシテ南支ニ」行く船中にて描いた速写。[1943／昭和18年] | ●『図画工作4』日本文教，1993，副題「自分らしく」，p.1，題材名「おばあさんがかいた絵」70歳すぎて本格的に絵を描いた二人，米国のモーゼスと日本の丸木スマを紹介。 | ●『図画工作5・6㊤』開隆堂，2001，pp.4-5，題材「ゆめをかたちに」で米国人のジム・ハサウェイが描いた水墨画とメッセージ「和紙と墨で表す豊かな心の世界」を掲載。 |

**図2－6　明治初年からの図画工作**

## 2．発達の概念と「個性」の形成

### （1）「発達（development）」概念と現代学校教育の三つの問題点

　ここでは，図画工作学習を通した「個性」の形成に深く関係する「発達」の概念を，心理学と哲学におけるそれぞれの観点を知り，整理する。

　一般に，哲学とは世界や人生などの究極の根本原理を客観的理性的統一的に理解しようとする学問，心理学とは人間文化を研究対象とする人文科学で，人間や動物の意識内の働きの過程や経験的具体的な意識や精神現象を研究する学問である。発達（development）とは否定語（dis）と包む（velop）の合成語であり，年齢の進行で子どもが潜在的にもっていた可能性が次々に現れ，顕著な構造的・機能的・行動的変化の過程をいう。概して，成長は個体の発育にともなう系列的

で量的な増大の変化をさし，発達は質的な変容をさす。

　現代の学校教育で子どもたちの発達を妨げている三つの問題点がある*3。現前する環境の事物や事変を認知する感じ方，その結果としての環境に対する行動様式を知覚習慣という。少子化や経済の長期的閉塞状況は受験競争を激化させ続け，重用されている客観テストは即席で暗記型の勉強志向となり，自らの思考を停止させて〈「解答」に合わせる知覚習慣〉を形成する。それに対し，図画工作は自らの発想や構想から創造的な造形表現や他者の表現のよさや美しさを感じとって次時の創造的な表現に生かす学習である。二つめは授業中に教室にいても心が学習に向いていない〈授業内欠席〉であるが，第１章で述べたように子どもにとって主体的かつ創造的な学習なので，25年間総合ランキング「好き」な教科で図画工作は１位であった。しかし，不得意と感じる子どもへの配慮ある十分な指導が大切になる。三つめは学業成績を上げるために自らの創造的な表現を回避して担当教師が好む「表現」や指示に従う〈表の成績主義〉，「将来，画家やデザイナーにならないから」と自分らしい表現を放棄する〈裏の成績主義〉である。総じて，人間形成としての図画工作教育と自覚して授業に取り組むことを教師は求められている。

＊3　現代教育の三問題点
1．「解答」に合わせる知覚習慣
2．授業内欠席
3．表と裏の成績主義

参考）宮脇理・山口喜雄・山木朝彦〈感性による教育〉の潮流，国土社，1993, pp.127-129,133-134,139-142

### ■「発達 Development（英）」の概念

| ■ 哲学事典 | ■ 心理学事典 |
| --- | --- |
| 発達の語源をたどってみると，dis（否定語）とvelop（包む）の合成語であることがわかる。包みをひらいて中身をさらけだすという意味で，個体内に潜在する可能性が，発達過程において次々に顕現するというのが本来の意味である。不完全な状態からより完全な状態へ展開 evolve する進の意味をふくみ，定向進化説 orthogenetic theory で主張されている顕現の原理 unfolding principle を中軸として発展した概念である。今日では本来の語義にとらわれず，多義的に発達の意味が問われている。発達を簡潔に定義すれば，年齢が進むにしたがって人間に生ずる顕著な構造的，機能的ないし行動的変化の過程であるということができる。〔平凡社，1971, p.1103〕 | 身心の形態や機能の成長的変化を，発生的な連関において考察する場合に用いられる概念。したがって成長 growth と発達とはきわめて接近した概念で，時には同義的に用いられることもある。ただ成長は個体の発育に伴なう変化を系列的に，とくに量的な増大において，記述する場合により多く用いられ，発達はこのような成長的変化を，完態 completestate への過程として形態的にまた機能的に分化 differentiate し，複雑化 complicate し，統合化 integrate する連関において考える場合に，より多く用いられる。〔平凡社，1957, pp.551-552〕 |

表2－1　二つの事典における発達概念

## （2）図画工作を通した「感性」による教育の意義

　2017（平成29）改訂学習指導要領図画工作は，知性と一体化して創造性を育む「感性」を重視している*4。その感性をどのように高めたらよいかを小此木啓吾著『こころの進化』*5と宮脇理ほか著『〈感性による教育〉の潮流』*3を関係づけて示したのが図2－7である。人間が自然環境に適応し，生存のために不可欠な法則を〈現実原則〉といい，そのもとで人間は誕生した瞬間から生きていく。人間社会はテクノロジーによって現実原則に支配される領域を徐々に克服し，狭めてきた。操作通りに作動することを〈操作原則〉といい，機械の中で育つと現実の様々な場面で人間も操作ができると思い込む特性が強まる。乳児は泣くことで親に代行させ，欲求を満たしながら外界に適応していく。図画工作の授業では安

＊4　「感性」の重要性：「感性」は，様々な対象や事象を心に感じ取る働きであるとともに，知性と一体化して創造性を育む重要なものである。参考）文部科学省：小学校学習指導要領解説図画工作編 平成29年6月，2017, p.10

＊5『こころの進化』

自我心理学の小此木啓吾（1930-2003）の著書。参考）CBSソニー出版，1982，pp.34-35，49-54，103-111，196-216

**ソフトな自我**
「どのような状況にも対応できる」
根としての確かな自分をもち，変化する
社会に対して多様な自分を使い分けられ
る柔軟性と統合力のある新しい自我

感性に影響を与える諸「原則」と
ソフトな自我への過程
【本図作成の参考文献】
◆小此木啓吾『こころの進化』CBSソニー出版，1982
◆宮脇理・山口喜雄・山木朝彦『〈感性による教育〉の潮流』，国土社，1993

**理 想 自 我**
「このような自分でありたい」
よい自己イメージを保とうとする自我

**感性による
教育**

自分らしさの形成，自他のよさの認め合い，異文化理解，社会との調和，想像力や創造力・豊かな感性の形成

〜〜〜〜〜〜〜〜〜（古い教育観の限界）〜〜〜〜〜〜〜〜〜

**自 我 理 想**
「〜すべきだ」
（禁止の超自我の分家）
入力を基にめざす自己像

**受験教育による
執行原則
の部分的な強化**

答えに合わせようとする知覚習慣（思考停止と画一化を促進する）および表裏の成績主義（偏差値偏重による教育と品性の遊離）

※執行原則が相対化されると自我理想で行動されない

**禁止の超自我**
「〜してはいけません」
（執行原則から派生）
親・教師などから入力され形成・強化されていく

**執 行 原 則**

集団生活を営むために従わなければならないルール（社会道徳，法律，習慣，決まり等）および実際の執行状況

※代行者の持つ特性を獲得しながらも「感性」が培われていく

**外 在 自 我**
乳児は泣いて代行者＝親を操作し欲求を満たしながら外界に対応していく

**操 作 原 則**

関係が希薄な親の代わりに操作通りに作動する機械の中で育つことで，現実の様々な場面で操作ができると思い込む特性が強まる

**欲　　　　求**
人間も動物なので当初は
本能に従って生きている

**変化しつつある
現実原則**

人間は科学技術を進歩させて現実原則に支配される領域を徐々に克服し狭めてきた（医学の進歩→延命，飛行機，電話，エアコン他　直接→間接の体験へ）

**誕　　　　生**
人間はもっとも弱い動物

**現 実 原 則**

人間が自然環境に適応し，生存のために不可欠な法則（不変の法則：人間は必ず死ぬ，飲食せずに生きられない，眠らなければならない）

**図2-7　感性による教育の役割**

全で楽しく学習させるために教師は，約束事を提示し守らせる。そのために教師自身が実行する具体的な内容を〈執行原則〉という。約束事は子どもの中に「〜してはいけません」という〈禁止の超自我〉を形成する。〈「解答」に合わせる知覚習慣〉や〈表の成績主義〉が態度化された子どもは創造性を後退させ，教師の指示に従う過程で「〜すべき」という自我理想を身につけてしまう。ここまでが古い教育観の限界といえる。

　自分らしさの形成，自他のよさの認め合い，異文化理解，社会との調和，想像力や創造力を豊かに培う感性による教育は，よい自己イメージを保とうとする自我で「このような自分でありたい」という〈理想自我〉を子どもたち一人一人に形成する。図画工作学習は様々な教材（物質的文化）を用いて，多彩な表現技法（制度的文化）を体験し，一人一人の主題や表現意図（精神的文化）の自分らし

い表現や他者の造形活動や作品からそのよさを感じとる学習である。小此木が提示した「根としての確かな自分をもち，変化する社会に対して多様な自分を使い分けられる柔軟性と統合力のある新しい自我」という〈ソフトな自我〉は，図画工作学習のなかで楽しみながら自然に形成される。教師にこの自覚があれば，人間形成としての図画工作の授業が可能である。

## （3）豊かな「個性」を培う言語と造形言語による学習

「個性」に関し梶田叡一著『真の個性教育とは』*6をもとに概括する。梶田は個性とは他人と違う言動，自己主張の強さ，目立つなど「外見上のことではない」と明言し，「その人の実感と納得と本音の世界，その人なりの見方，考え方，感じ方の世界，に関わるもの」と概念を示した。そして，個性を育てるための次の三つの課題を提示した。

第一は，「内面世界の意義に気づき，それを大事にしていく姿勢を持つ」重要性を説き，「教師の期待を読み取ることがいくらうまくなっても，本当の学習にはならない」と断言した。

第二は，「一人ひとりの内面世界そのものが不断に耕され，深まって行くのでなくてはならない」ので，「子どもの実感や納得や本音そのものを変容させる」には「豊かな体験性を持つ授業が望まれる」と加えた。

第三に，「実感・納得・本音を自分のことばで表現する」子どもを育てることが大切で，「たどたどしい発言に耳を傾ける忍耐強さ，あいまいなものが少しずつはっきりしていくのを待つことのできる寛容さ」を教師に身につけてほしいと強調した。

けれども，梶田は造形言語には触れていない。中野久夫著『芸術心理学入門』[5]は，「芸術創造と無意識」や「神経症と創造性」など文学や絵画から芸術心理学を解説する入門書である。同書中「Ⅱ夢と芸術とのつながり」において，「自我の未成熟な子供に特徴的な思考様式」にもふれ，夢と芸術がつながりをもつ著名画家の作品について述べており，子ども期の造形言語を用いた夢の表現や後年の芸術表現に通じることが想起できる。芸術としての文学の基礎であるところの言語，芸術としての美術の基礎であるところの造形言語，この両者の発達を関係的に促す教育が「真の個性教育」につながるといえよう。

「個性的であるとは，豊かで強靱な独自の内面性を持つことであり，個性の教育とはそうした内面性の形成を目指し，一人ひとりの現に持つ内面世界を十分に踏まえて教育することである」と梶田は結び，「極論すれば，学校の先生は，一人ひとりの子どもの個性の発現の邪魔をしないでいただければそれでいい。そして，一人ひとりの個性が十分に発揮できる活動の場づくりにこそ工夫をこらしていただきたい」と教師のあり方を明確に示した。

図画工作は，子どもたち一人一人が自分らしい造形言語を駆使して「実感や納得や本音」を表す学習で，教師の適切な授業設定や学習指導によって，「内面世界そのものが不断に耕され，深まって行く」のを子どもが自覚したときに楽しさ

＊6　真の個性教育とは

教育心理学の梶田叡一（1941～）の著書。国土社，1987, pp. 12-22, 184-185

5) 中野久夫：芸術心理学入門，造形社，1970, pp.21-36

や喜びが実感される。そして，当初のたどたどしい言語と造形言語を一人一人が自分らしく発達させていくのを支援する学習でもある。

　次に言語と造形言語関係づけて個性を育てる図画工作の指導過程を示す。
　1）子どもたちが理解でき，やる気を引き出す題材名と学習目標を明示する。
　2）興味が湧く表現材料・用具や安全を考慮した造形活動の場を設定する。
　3）一人一人に造形表現の前に，意図や主題を自分らしい言葉で書かせる。
　4）それぞれの表現意図や主題に適した多様な表現方法や技法を提示する。
　5）造形表現活動の過程で一人一人のよさを発見して認め，励まし続ける。
　6）造形表現の過程で困っている一人一人に適切な助言や提案を行う。
　7）完成した造形作品のよさや面白さを互いに学び合う鑑賞活動を行う。
　8）本題材学習で何が学べたか，何が今後に生かせるかを明確に伝える。

## 3．子どもの造形活動の発達

### （1）子どもの造形表現の発達研究

　本書の前身に新井哲夫がまとめた「子どもの発達と造形活動」は，子どもの造形表現を理解するのに必読の内容である。作例や詳細は同書に譲るが，19世紀末から20世紀初頭にかけて子どもの描画に関する研究が多数公刊された。その中からリュケ「造形表現における発達の道筋の解明」（『子どもの絵』原著：Le Dessin Enfantin, 1927），ローウェンフェルド「描画の発達研究」（『美術による人間形成』原著：Creative and Material Growth, 1947）を相対化させ俯瞰できるように全体像を示した（表2−2）。新井が「発達研究の成果と課題」の中であげた次の諸点は，学習指導の指針として把握しておきたい。

　①これまでの発達研究は子どもの描画表現の変化と心身の発達との関連を描画の形態（＝表現形式）上の変化から跡づけた。②発達段階の区切り方や各段階の命名の仕方，暦年齢との対応など基本的には共通している。③発達の過程にはいくつかの画期が存在する。④「なぐり描き（スクリブル，錯画，偶然の写実性）の段階」，「図式的な描画（知的写実性，様式化）の段階」，「再現的な描写（視覚的写実性，写実主義）の段階」に至る順序性がある。⑤発達は直線的なものではなく，前段階の部分的な残滓や一時的な後退もみられる。⑥生活環境の影響や個人差によって発達に大きな差異が生じる。⑦リュケの研究は小学校高学年以降の描画の特色である意識的な表現の問題はふれていない。

　ここで海外児童画[*7][*8]が二つの研究のどの段階かを考えてみよう。

＊7　プールの中
イタリア6歳女児。第47回世界児童画展金賞

＊8　バスでドライブ
インド7歳男児。第47回世界児童画展金賞
参考）第47回世界児童画展CD-ROM，2017年所収

### （2）現代日本の子どもの造形活動の発達事例

　リュケは1927（昭和2）年のフランス，ローウェンフェルドは1947（昭和22）年のアメリカでの研究であった。二つの研究には2歳未満の描画や幼児の鑑賞に

**表2−2　リュケとローウェンフェルドによる子どもの描画の発達研究（抜粋・要約）**

| ■ 造形表現における発達の道筋の解明<br>リュケ（Georges Henri Luquet, 1876-1965, 仏） | ■ 描画の発達研究<br>ローウェンフェルド（Viktor Lowenfeld, 1903-61, オーストリア生れ，米） |
|---|---|
| リュケの児童画研究の特色は，子どもの自然発生的な描画の特質をあるがままの姿から捉えようとした点にある。方法も子どもの描画を観察し，表現の意味や内容を読み解く等きわめて素朴なもので，子どもの描画に対する深い愛情に裏づけられた観察を通し，描画の内的な意味や構造がよく捉えられている。 | ローウェンフェルドの研究で注目すべき点の一つは，様式からの離脱に積極的な意義を見いだしていることである。様式からの離脱には「(1) 重要な部分の誇張，(2) 重要でない部分や抑圧された部分の軽視や省略，(3) 情緒的に重要な部分の象徴の変化」の三つの根拠があり，それは子どもの個人的な経験や情緒に基づいた創造的な変形であると指摘する。 |

**第一段階「偶然の写実性」**

手の運動や線の痕跡などに喜びを感じて行われる線描から，描線の中に偶然に現実の事物との類似性を見いだして満足感を覚えたり，類似性をさらに補強しようと試みはじめる。

**第二段階「出来損ないの写実性」**

子どもが自分の描画能力を自覚し，写実的であろうとして描きながらも，運動機能の未熟さや注意力の減退などの原因によってそうなり得ない時期で，特徴として絵を構成する要素間の相互関係に対する配慮の欠如であり，比例関係や位置関係などの無視あるいは誤りという「総合能力の欠如」をあげる。

**第三段階「知的写実性」**

写実性は，大人の場合，対象の視覚像との類似が問題である（＝視覚的写実性）のに対し，子どもの絵では，見えない部分も合わせ，対象のすべての要素を描くことが課題となる。子どもの絵の知的写実性が，対象の視覚像そのものではなく，対象について子どもが認識しているすべての要素を可能限り描き記そうとするものであるという意味で，〈表現する事物の本質的な要素をできるだけ多く，可能な限り細大もらさず，おのおのの特徴的な形，いわば『その物自体』を保存しながら描く〉という特質を指摘し，この時期に見られる独特の表現方法をあげている。最も単純なものは，ものが重なったり遮蔽されたりしている場合，その部分を分離したうえで，もとの形をはっきり描くという方法である。また，見えない部分を描くための方法として，見えないはずの内部を透けて見えるように描く「透明画法」（レントゲン画，X線画）がある。さらに，やや手のこんだ方法としては，高い位置から見下ろしたように描く「擬似瞰図法」（鳥瞰図法）や，動物の脚や車輪などを上下，左右など必要に応じてあらゆる方向に展開して描く「擬展開図法」（展開図法）などがある。しかも，子どもはこのような表現方法を単独で使うだけでなく，一つの絵の中で併用することもあり，リュケはこれを「視点の混合」とよんでいる。この他にも，継続的な出来事や時間的な変化を一つの画面に描き入れる「絵物語」がある。リュケは，こうした多様な表現方法によって特徴づけられる知的写実性の段階を「児童画の黄金時代」と形容し，その表現力の豊かさを称賛している。

**第四段階「視覚的写実性」**

多少ともぎこちない点があるものの，透視図法的な遠近法に従うことが特色であると述べている。そして，このときを境に，子どもは絵に関して大人の仲間入りをすることになるという。この段階以降は，個々人の絵の違いは特殊な訓練の有無による技術的な熟練度の差にすぎないものであり，大抵の大人たちは生涯10歳から12歳の子どもの絵とたいして変わらないおおまかな絵しか描けないで終わる，と述べている。

**「なぐり描きの段階」自己表現の最初の段階（2歳〜4歳）**

「なぐり描き」は運動感覚的な経験で，手足の動作をうまく調整できない「未分化」から，徐々に動作を統御できるようになった段階の「経線（制御されたなぐり描き）」，腕全体の運動により表現される「円形なぐり描き」，動作と想像的な経験とが結びつき始める「なぐり描きへの注釈」へと発達，この発達のプロセスは，動作を介した「運動感覚的思考」から，絵画を介した「想像的思考」への変化を意味している。

**「様式化前の段階」再現への最初の試み（4歳〜7歳）**

なぐり描きの最後の段階で生じた動作と想像的経験との結びつきが強まるにつれて，徐々になぐり描きの運動感覚的意味が薄れ，対象の再現への要求が強まって「形態の意識的創造」がはじまり，やがては子ども自身の個人的な型（「様式」schema）を確立するに至るが，様式確立以前の段階では，形態象徴を絶えず変化させながら，新しい形態概念をつくり上げ，形態象徴を豊富にしていく。ものとものとの相互関係（空間関係）にはほとんど無頓着だが，価値判断によってある程度条件づけられる。

**「様式化の段階」形態概念の成立（7歳〜9歳まで）**

描画の個人的な型（様式）が確立する時期で，ある対象の様式は子どもが最終的に到達したものであり，その対象に対する子どもの知識（＝子どもを能動的に特徴づけたものを再現したものとなる。例えば，人間の様式は試行錯誤しながら獲得し，何度も繰り返して使われる形態概念である。様式化は空間関係にも及び，「基底線」（base line）とよぶ一つの象徴で表現され，上下関係に基づく画面秩序が形成される。この段階の特色として，「基底線」の他に「折り重ね（folding over）」「展開図法」と「X線画」（透明画法）をあげている。

**「写実主義の芽生え」ギャング・エイジ（9歳〜11歳）**

ローウェンフェルドの意味する「写実」は，「様式」が対象の一般的な特徴の類型化である運動，距離，光，雰囲気などによって生じる変化に影響されながら現実を再現しようとする傾向のことであり，「写真的方法で自然も模写しようとすること」ではない。従来の様式的表現が対象の個別的な特徴（細部）を描写するにはふさわしくないことに気づき，子どもが自分の創作力に対してはじめて動揺する時代という。原因は，子どもが対象の外観を気にして細部に気づくようになっても，それを表現できる力が身についていないため，表現がぎこちなくなることにある。しかし，ぎこちなさはあっても，部分部分の表現は前段階と比べて明確になり，全体から分離されてその意義を失うことはない。空間の再現も，基底線に見られる象徴的表現からいっそう写実的な表現へと変化し，「重なり合い（overlapping）」を理解するようになることは，立体的な空間概念の形成に至る第一歩であると指摘している。

**「擬似写実主義の段階」推理の段階（11歳〜13歳）**

青年期の危機への準備段階であるという点に大きな意義がある。青年期の危機の最も重要な特徴は，想像活動が無意識的なものから批判的意識的なものへと変化することで，この変化に適切に対処するためにどのような準備を行うかが重要な課題となる。描画ではじめて製作過程より完成品を重視するように注意の転換が行われなければならないという。創作経験において「視覚的刺激」により強く反応する者（視覚型）と「主観的経験」により強く反応する者（触覚型）の相違が徐々に明らかになる時期である。

**「決定の時期」創作活動における青年期の危機（13歳〜17歳）**

自己表現の子どもらしい無意識的な制作の方法も，また意識的な方法ももたず，創作に対する自信を失う子どもが多いことから創作活動における危機として特徴づけられる。この時期は「視覚型」あるいは「触覚型」という創造のタイプが顕著になる時期でもあり，それぞれの創造の型に適した美術教育が必要である。青年期の危機を防ぐ方法として，一つは，できるだけ多様な実例について作者の経験内容と美術作品との関係をさぐり，経験内容の相違が芸術的表現を決定していることに気づかせ，子どもが対象の機械的な模倣に陥らないようにする。作者の表現意図と完成作品との関係に着目させ，機械的な〈模写〉と意図的な〈表現〉の違いに気づかせ，青年期における鑑賞活動の重要性を指摘した。また，適切な「刺激」を与え，表現において何が本質的なのかを気づかせ，機械的な模写に陥らないようにする。例えば，重い荷物を運ぶ労働者を表現するのに困難を感じている子どもに，発問によって，重い荷物を運ぶ際の身体的な感覚や体の動きを想起させ，想像力を活性化し，表現に必要な本質的要素に気づかせる指導である。対象を表面的に捉えるのではなく，自分自身の身体感覚を通して内側を捉えさせる。

参考）新井哲夫：『小学校図画工作科指導の研究』，建帛社，2000，pp.15-34（子どもの発達と造形活動）

は触れていない。ここでは，現代日本文化のもとで育った子どもの活動や「作品」（図2−8）をみながら子どもの造形活動の発達をとらえてみる。

　現代日本では0歳児から保育園に通い，保育園での生活に造形活動の時間もあり，その参観時に自らスクリブルする姿①を筆者が撮影した。保育者が0歳女児に「それな〜に」ときくと犬の意の「ワンワン」と答えた。手指等の運動機能の発達と周囲の描画行為への模倣が結びついた結果，描画への命名も覚えた語彙からの思い付き，あるいは保護者や保育者の誘導的な言葉がけの復唱も考えられる。

　公園の地面に小学生が大きく描いた花の絵に見入る2歳男児②は，小紙片に描いていた自身の日常と比較にならない大きな線描をつぶやき見入っていて，後の鑑賞の前体験とみることができる。

　3歳女児が描いた「おかあさん」③は，笑顔と胴と足が描かれており，腕が描かれていない二頭身でありリュケが名付けた「出来損ないの写実」そのものである。

　同じ女児が4歳で描いた「ウサギさんのさんぽ」④には，ローウェンフェルドがいう基底線が描かれ，「ものとものの関係」の理解が進み，社会性の芽生えが感じられる。一方，多数階の家の外窓とともに室内の一部が描かれていてレントゲン画といわれる発達段階を示している。

　小学1年女児が描いた「なつにみつけたあーキレイ」⑤は，海の広さと山の高さ，主題である母鳥が巣で待つ子鳥に餌を運ぶ愛情を精一杯描こうとした作品である。視点の統一が未発達のため，旅先で見た広い海を上から，波は横から，高い山は横から，山頂付近の鳥は上からというように，風景を視点の混合で描いたことがわかる。

　縦6×横9センチの小画面に0.2ミリペンで小3男児が描いた「思い出のキャンプファイヤー」⑥は，燃え上がる炎を囲んで踊った楽しさを主題に描かれてい

① 0歳女児スクリブル

② 2歳男児の「鑑賞」

③ 出来損ないの写実
「おかあさん」3歳女児

④ レントゲン画法と基底線 4歳

⑤ 視点の混合 小1女

⑥ 展開図法 小3男

**図2−8　現代日本における子どもの造形活動発達の事例**

①②参考）山口喜雄他共編：小学校図画工作科の指導，建帛社，2010，p.5，③④同一女児1985年前後，⑤なつにみつけたあーキレイ，1994年，⑥初等教育研究会：教育研究 1994年10月号，不昧堂出版，p.42

る。向こう側は正面から，手前側は後から級友を描いている。けれども，人物が入れ替わる部分が思うように表現できず，境界の二人が頭を左右に寝たようになったが，横からのみ描いた他の同級生の表現とは異なり，より発達した空間表現に挑戦した秀作であった。

### （3）空間表現の発達と人間形成

　村瀬千樫は描画の発達を「空間表現」の発達として研究した。幼稚園４歳児から中学３年まで11学年2,631人を対象に８項目の絵画表現能力調査を行い，1984（昭和59）年に「絵画表現における空間表現に関する研究」にまとめた。その中で空間表現の発達が捉えやすい設問「円い池の周りに木が10本立っています」の各段階を図示，ここでは本質が理解しやすくなるよう表現を単純化した概念図を図２－９に付す。

　次の数値は，１～６段階ごとの百分率でなく，幼・小低・小中・小高・中学それぞれの学年内の数値で，％記載は特徴的な学年のみ記する。代表的パターン（Ｐ）１は「幼～中学」の割合で幼児22.9％，小低9.3％，中学4.5％で興味があり意味がわかったものを空間を意識せずに並べている。Ｐ２で多数は幼29.4％，小低56％，池の線を基底に展開図的表現で11視点である。Ｐ３では展開図的に逆さに描くことに抵抗を感じ，下の４本を立たせる表現へと発達した。Ｐ４になると中心から外へ向かう展開図的表現から脱却して木が立った感じに描けて池と木10本の視点が統一されたが，木の生え際が池の手前で重なりを描けない。Ｐ４を描いた割合は小中26.9％，小高36.8％，中学30％となり発達の幅が５年前後もある。木の生え際まで意識して描けないが，池と木の重なりに気づいたのがＰ５で，小高17.1％，中学26.3％であった。概念図には十分に図示できていないが，Ｐ６は遠近法による円い池，木が池の周りから生えて，向こう側の木が細い線で小さめに，手前の木は太い線で大きめに「空気遠近法」を意識して描かれ，幼と小低は0％，小中0.7％，小高5.4％と少なく，中学も15.9％に留まっている。教師が子ども理解を深め，故意にではなく，子ども自身が気づき発達する指導が大切である。

**図２－９　「円い池と10本の木」表現発達の概念図**

参考）村瀬千樫：絵画表現における子どもの空間表現に関する研究，教育美術1984年8月号，p.20

### （4）人間形成としての図画工作の学習指導

　描画や空間の発達の順序性と同様に，宇都宮襄治は子どもの「発達のすじ道とその節」を図式化して示した（図２－10）。幼～１・２年（小低）は，内言を獲得し一対一の情緒性を求めてくる〈話しことば〉期なので，授業でも一対多ではなく一対一の接し方を重視する。３・４年生（小中）は不特定多数への社会的言語を意味する〈書きことば〉を理解できる時期で，考えて行動する９歳の節の前

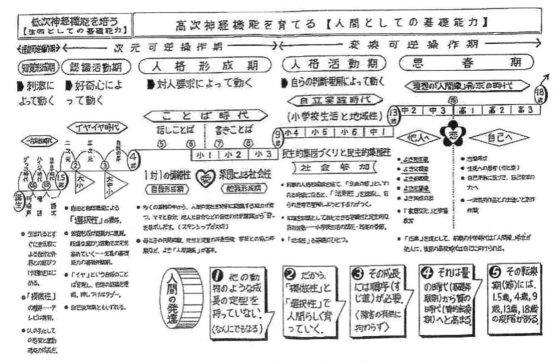

**図2−10　発達のすじ道とその節**

参考）宇都宮襄治：『お母さんのための子どもの発達講座』，花伝社，1986，pp.204-205（原作図：山口喜雄）

**図2−11　版画学習での発達過程**

参考）山口喜雄：『ベーシック造形技法』，建帛社，2006，p.7（1974年実践）

後にあたり，図画工作での創造的な表現に適している。5・6年（小高）は自らの判断・理解で動ける自立実践の〈人格活動期〉なので，題材の学習目標を提示したら教師は見守り，認め励ます対応が適している。表2−2で示したリュケとローウェンフェルドの発達研究とも対照したい。

　版画の下絵（図2−11）を見て学年を推定できるであろうか。一見3・4年生の表現のように感じられるであろうが，同一の中学3年男子の下絵3作品と木版画の1ヶ月間の軌跡である。授業者は指導力が不十分な初任の筆者で，子どもの造形表現の発達の可能性を実感した好例である。積極的態度に支えられ，下絵の過程で表現したい主題，お爺さんと鬼の空間認識を深めた。版画では求めに応じて彫刻刀の使い分けや技法を伝え，刷り上がりの喜びを共有した。図画工作・美術の表現の発達には子ども自身の表現したい主題と意欲を引き出し，表現の悩みの相談に応じ励まし，表現の喜びへの共感が大切である。

### （5）21世紀に生きる力を育む図画工作・美術

　立体表現の発達に関しては，『造形教育事典』の立体による心象表現を概括した「彫塑」[*9]が参考になる。白沢菊夫は，人間の進化過程の中心をなした物をつくる「手の働き」，物と三次元空間の実在性を培い「身の回り」の創造から「人間と物との空間関係の認知と的確安全な適応能力を備え」，個人生活から快適な都市空間創造のために立体表現学習の重要性を説いた。同書には1989（平成元）年版学習指導要領の目標・内容，幼から高までの指導の要点も概説され，20世紀

末からの30年間の制度と指導の発達を鳥瞰できる。

　豊かな個性と造形表現の発達は，どのような「21世紀に生きる力」を子どもたち一人一人に培うことができるかを次にまとめた。『教育美術』1996年１月号*10の特集記事に，教育美術賞や全国教育美術展に応募し受賞した61名が「21世紀に生きる力」を執筆した見出しで，20余年を経ても色褪せていない。

　自らが発達して疑問や関心が生じたら，本章に例示した諸文献の講読を薦める。

### 造形表現の発達で培う「21世紀に生きる力」とは

１．主体的に学ぶ力　２．思考力　３．想像力　４．創造力　５．表現力
６．意欲と自信　７．創造性　８．感性　９．愛情　10．生きがい

＊９　彫塑：白沢菊夫「彫塑表現の意義」(『造形教育事典』，建帛社，1991，pp.322-327)，宮坂元裕「幼・小・中・高の目標及び内容」(同pp.328-331)，白沢菊夫・本田貴侶「幼・小・中・高の内容と指導の要点」(同pp.332-341)

＊10　21世紀に生きる力をはぐくむ(副題)

参考) 特集：美術教育の新しい展開，『教育美術』1996年１月号表紙，教育美術振興会，pp.29-83

---

**発展的実践への手立て**　　子どもの造形表現の発達を研究する三方法

子どもの造形発達研究方法には児童画展鑑賞，授業研究，論文・著書の三つがある。

**（1）全国的世界的な児童画展の鑑賞**

本章で理解し疑問に感じたことを子どもたちが表現した実際の作品から研究する。

(1)《全国教育美術展》（公財）教育美術振興会，2017年応募国内約12万点

(2)《世界児童画展》（公財）美育文化協会，2017年応募国内4万8千・海外4万7千点*11

(3) 全児童生徒野外展示：愛知県岡崎市おかざきっ子展，神奈川県相模原市造形さがみ風っ子展

**（2）研究会における先端的な小学校の授業研究**

実際の授業における教師の学習指導や子どもたちが学習活動に取り組む姿から研究する。

(1) 全国造形教育連盟大会，各地区ブロック造形教育連盟大会，各公立図画工作研究会・研修会

(2) 筑波大学附属小学校，お茶の水女子大学附属小学校，東京学芸大学附属の四小学校などでの公開授業研究会

(3) 各道府県所在の国立大学附属小学校，各県市地区開催の公開授業研究会

**（3）国内の論文・著書による専門的研究**

子どもの造形発達に関する美術教育関係の学会投稿論文や著書から研究する。下記は一例。

(1) 造形教育事典，建帛社，p.169-191，1991：大勝恵一郎他，造形能力の発達と性差

(2) 美術教育学第10号，p.175-185，1989：新井哲夫，描画の発達と「主題」意識（−「主題」意識に基づく描画発達の検討−）

(3) 幼児造形教育論，建帛社，1987：林　健造，副題（三系論を中心として）

国内外の著作は本文中に多数紹介したので，ここでは繰り返さない。

＊11　最高のお母さん：マレーシア6歳男児。第47回世界児童画展外務大臣賞

参考) 第47回世界児童画展CD-ROM，美育文化協会，2017年，表紙

# 第3章 学習指導要領の発展と図画工作

## 1. 学習指導要領の意味

### (1) 学習指導要領の必要性

＊1 「学習指導要領等は，教育基本法に定められた教育の目的等の実現を図るため，学校教育法に基づき国が定める教育課程の基準であり，教育の目標や指導すべき内容等を示すものである。各学校においては，学習指導要領等に基づき，その記述のより具体的な意味などについて説明した教科等別の解説も踏まえつつ，地域の実情や子供の姿に即して教育課程が編成され，年間指導計画や授業ごとの学習指導案等が作成され，実施されている。」『幼稚園，小学校，中学校，高等学校及び特別支援学校の学習指導要領等の改善及び必要な方策等について（答申）』中央教育審議会，2016年12月

＊2 1950（昭和25）年に教育課程を審議する教育課程審議会が設置される。中央省庁等改革に伴い，2000（平成12）年に廃止され，2001（平成13）年から生涯学習審議会，大学審議会等と統合された中央教育審議会となる。

学習指導要領[1]は，全国のどの地域で教育を受けても一定の水準の教育を受けられるようにするため，学校教育法等に基づき文部科学省が定める各学校の教育課程編成の基準である。その是非については様々な議論があり，「学習指導要領は不要だ」「教育の創意工夫を妨げている」などの声もある。同様の意見は，告示を行う文部科学省内や審議会の委員から聞くこともある。それは様々な議論をもとに学習指導要領の改訂が行われていることを示す一端であろう。

学習指導要領は，ほぼ10年ごとに改訂され，その過程は文部科学大臣の中央教育審議会[2]への諮問から始まる。中央教育審議会での審議は概ね2年程度で，教育課程の改善の方向，教育内容，時数の取扱いなどまで多岐にわたる。中央教育審議会の組織は，教育制度分科会，大学分科会など複数の分科会で構成される。教育課程について審議するのは初等中等教育分科会で，その部会の一つが教育課程部会である。教育課程部会には，教育課程企画特別部会，小学校部会，各教科等に関するワーキンググループなど様々な会議体が設けられる。小学校図画工作科が議論されるのは芸術ワーキンググループ[3]で，中・高美術や音楽，書道などと一緒に検討される。それぞれの教科ごとの協力者が集まり，学習指導要領や解説書の詳細が議論されるのは，さらにその下部組織となる。

中央教育審議会から各教科等の話し合いまで，どの会議も相互に情報を交換しながら行われ，かつ世論の動向も配慮されながら進む。今，社会から何が求められているのか，子どもの成長に何が大切なのかなど根本的な議論を踏まえて進んでいく。議論の多くはホームページ等で公開され，新聞やテレビなどの報道も並行して行われる。2008（平成20）年の改訂が学力論争によって注目されたことは記憶に新しい。その過程で，前述の意見も出てくる。どの会議の議論も「学習指導要領はあってしかるべし」という地点からは始まっていない。様々な議論の結果，学習指導要領は必要であるという結論に達し，現時点で最善と思われる形が提供されていると考えるのが妥当だろう。ここから，留意事項が導き出せる。

一つには，学習指導要領を金科玉条としないことである。「学習指導要領にこう書いてあるから」という意見は，法的には妥当であろう[4]。ただ，それによって思考停止に陥ったり，ルールの押し付けになったりしては本末転倒である。学習指導要領とは何か，なぜ必要なのか，どのような子ども像が求められているのかなど，背景にある理念や願いは何かなどから考える姿勢が求められる。

　二つには，図画工作科だけにとらわれないことである。図画工作という教科は学習指導要領等から成立しており，改訂の途中には図画工作の必要性も議論される。教科は常に教育課程全体との関係で成立しており，図画工作の変遷も，図画工作の歴史だけではなく，当時の社会状況や時代の要望などが反映している。教育全体から図画工作科について検討する姿勢が重要であろう。

### （2）学習指導要領の構造

　学習指導要領の構造は，法的に整備された1958（昭和33）年以来大きく変わっていない。2017（平成29）年版で述べれば，前文*5の後に「第1章総則」「第2章各教科」と続き，図画工作科は「第2章各教科」の第7節に示される。各教科等は「第1 目標」「第2 各学年の目標及び内容」「第3 指導計画の作成と内容の取扱い」の三部構成になっている。

　「第1 目標」は教科目標である。教科の性格や担うべき役割，その目指すところが総括的に示されている。図画工作の基本的な性格は，表現や鑑賞など子ども自身の活動を通して，一人一人の資質や能力を育てようとする。平成29年の学習指導要領においても，表現や鑑賞の活動を通して「知識及び技能」「思考力，判断力，表現力等」「学びに向かう力，人間性等」を育成することが示されている。

　「第2 各学年の目標及び内容」では各学年の目標と内容が示される。各学年の目標は，教科目標や学年の発達を踏まえて具体的に示される。各学年の内容は，「A表現」「B鑑賞」の領域と造形遊び，絵や立体などから示されていたが，平成29年版からは資質・能力から示されている。

　「第3 指導計画の作成と内容の取扱い」は，指導計画を作成したり，内容を取り扱ったりする際の留意事項を示している。時数の配分や，取り扱う材料や用具，〔共通事項〕の内容などの詳細が示されており，教育課程の編成や指導案の作成において実際的な影響がある。ただし，各学年の内容の後に，内容の取扱いや指導上の留意事項などを示す場合もある。例えば昭和33年の小学校学習指導要領図画工作は各学年の内容の後に「指導上の留意事項」を示している。平成29年版の中学校学習指導要領美術も同様の方法をとっている。

　なお，教科の時数は学校教育法施行規則に示されている。

## 2．学習指導要領の歴史的変遷（昭和22年〜平成20年）

　1947（昭和22）年から2008（平成20）年までの図画工作学習指導要領の目標や内容，時数等の変遷について，当時の時代状況や社会の要請などを踏まえた上で概観する。

### （1）昭和22年版学習指導要領（試案）（1947年）

　1947（昭和22）年5月3日に日本国憲法が施行され，教育基本法や学校教育法の制定，学校教育法施行規則がそれに続く。極端な国家主義を排除するとともに，

＊3　教育課程部会の組織構成は随時変更されるが，2008（平成20）年当時は芸術専門部会とよばれた。

＊4　学習指導要領の法的な根拠は，学校教育法第33条「小学校の教育課程に関する事項は，第29条及び第30条の規定に従い，文部科学大臣が定める」，学校教育法施行規則第50条「小学校の教育課程は，国語，社会，算数，理科，生活，音楽，図画工作，家庭及び体育，の各教科（以下この節において「各教科」という。），特別の教科である道徳，外国語活動，総合的な学習の時間並びに特別活動によつて編成するものとする」同第52条「小学校の教育課程については，この節に定めるもののほか，教育課程の基準として文部科学大臣が別に公示する小学校学習指導要領によるものとする」。

＊5　平成29年版は前文が加えられ，新学習指導要領等を定めるに当たっての考え方，理念などを明確にしていることが特徴である。

＊6 「試案」が付いた理由には複数の説がある。急いで作った文字通り「試しの案」だったとする説。GHQ指導の下での策定した「仮の計画」という説。教育は地方が創意工夫しながら実施するべきという地方分権の意味での「試案」という説。告示ではなく，法的拘束力を持たない「試案」であるという説などである。その後，1952（昭和27）年のサンフランシスコ講和条約によって主権回復がなされ，戦後復興を果たした日本では，国民生活や義務教育の水準の向上が強く求められる。学校教育法施行規則の制定により，昭和33年版学習指導要領は法的拘束力を持つに至り，「試案」という文言が消える。

6・3制や学校制度，教育の機会均等など戦後教育の基本的な枠組みが形成される。教科課程の基準としての「学習指導要領（試案）＊6」が発表され，画一的だった教育の生気を取り戻すために，地域や学校の実態に応じて様々な工夫が行われる。

明治以来の「図画」「手工」は，戦時下の「芸能科図画・工作」を経て，新しい教科「図画工作」として示される。昭和22年版の「はじめのことば」では「図画工作の教育がなぜ必要か」として，「1 発表力の養成」「2 技術力の養成」「3 藝術心の啓培」「4 具体的・実際的な活動性の助長」が示されている。

第1章「図画工作科の目標」に示されている目標は三つである。

---

1．自然や人工物を観察し，表現する能力を養う。
2．家庭や学校で用いる有用な物や，美しいものを作る能力を養う。
3．実用品や藝術品を理解し鑑賞する能力を養う。

---

三つの目標の下に，「形や色に対する鋭敏な感覚」「創作能力」「自然美の理解」「科学的・研究的・実践的態度」「豊かな美的情操」などが示されており，子どもの能力育成が教科の目的であることが強調されている。

目標を踏まえた内容は，各学年の図画工作指導として，第1学年から第6学年それぞれに8〜11程度の単元が示されている。例えば第1学年では「単元1記憶・想像による描画」「単元2写生による描画」「単元3粘土による表現」「単元4いろ」「単元5形集め」「単元6紙工」「単元7材料があり，その利用法を考えて作る」「単元8目的がきまり，材料や組み立て方を考えて作る」である。

なお，図画工作の評価の観点としては，1948（昭和23）年に図画工作科の学籍簿の評価項目として「鑑賞」「表現」「理解」が示されている。

## （2）昭和26年版学習指導要領（試案）改訂版（1951年）

昭和22年版学習指導要領は短期間に作成され，教科間の関連が図られていないなどの問題があった。そこで使用状況調査，実験学校による研究などを経て，1951（昭和26）年に道徳教育の導入，配当授業時数の比率の提示，自由研究の解消などを含む「学習指導要領一般編（試案）改訂版」が示される。

学習指導要領は，小学校図画工作と中学校図画工作で分けて述べられる。図画工作の目標は小・中・高を通じた「図画工作科の一般目標」とそれぞれの学校段階の目標で示される。併せて「各学年の図画工作指導」については指導書に移されている。「図画工作科の一般目標」は以下である。

---

1．造形品の良否を判別し，選択する能力を発達させる。
2．造形品を配置配合する能力を発達させる。
3．造形的表現能力を養うこと。
4．造形作品の理解力，鑑賞力を養うこと。

---

1〜4のそれぞれには，「形や色に対する感覚を鋭敏にすること」「造形品の用

と美との関係を理解すること」など，より詳細な下位目標が示されている。

　この一般目標を受けて，「小学校における図画工作科の目標」が下記のように設定されている。

---

### 1．個人完成の助けとして

a 絵や図をかいたり，意匠を創案したり，物を作ったりするような造形的創造活動を通して，生活経験を豊富にし，自己の興味・適正・能力などをできるだけ発達させる。

b 実用品や美術品の価値を判断する初歩的な能力を発達させる。

c 造形品を有効に使用することに対する関心を高め，初歩的な技能を発達させる。

### 2．社会人および公民としての完成への助けとして

a 造形的な創造活動，造形品の正しい選択能力，造形品の使用能力などを，家庭生活のために役だてることの興味を高め，技能を発達させる。

b 造形的な創造活動，造形品の選択能力，造形品の使用能力などを，学校生活のために役だてることの興味を高め，技能を発達させる。

c 造形的な創造活動，造形品の選択能力，造形品の使用能力などを，社会生活の改善，美化に役だてるための関心を高め，いくらかの技能を養う。

d 人間の造形活動の文化的価値と経済的価値についての，初歩的な理解を得させる。

e 美的情操を深め，社会生活に必要な好ましい態度や習慣を養う。

---

　着目したいのは，「造形的創造活動」という文言である。図画工作科において「絵や図をかいたり，意匠を創案したり，物を作ったりする」ことは「創造活動」であり，その活動を通して能力等を培う。教科の根幹的な考えであり，現在も変わらない。

　内容は「1．描画」「2．色彩」「3．図案」「4．工作」「5．鑑賞」の5領域で，学年ごとの指導目標と指導内容が表に整理されている。例えば，第1学年の「工作」での指導目標は「1　紙・粘土・その他身近にある使いやすい材料を使って遊びのために必要なものを作り活動性と表現欲とを満足させ生活経験を豊富にする。」などで，指導内容は「1．簡単な色紙入れの袋，手紙さしといったような実用的なものを紙で作る」である。

　図画工作科の授業時数について，第1～3学年は全体の9％，第4～6学年は10％とされており，上学年の比率が高くなっている。他教科では例えば音楽は1年9％，2～3年8％，4～6年7％，国語は1年32％，2年29％，3～4年28％，5～6年19％などで図画工作が大変重要視されていたことが分かる。

　なお，図画工作の評価の観点とその趣旨は，1955（昭和30）年に「表現（描画，工作，図案）」「鑑賞」「理解」の3観点が示されている[7]。

＊7　文部省「小学校，中学校および高等学校の指導要録の改訂について（通達）」，1955

## （3）昭和33年版学習指導要領（1958年）

戦後復興を果たした日本において，国民の生活水準の向上や国際社会での地位向上は国民的な目標であった。教育においては，生活単元学習や経験主義に対する批判が起こり，各教科のもつ系統性の重視など義務教育の水準の維持向上が求められた。1958（昭和33）年の教育課程審議会[*8]は，具体的な改訂の方針として「道徳の時間の開設」「国語科及び算数科の内容の充実と指導時数の増加」「最低基準の明確化と年間における指導時間数の明示」などを示す。ちょうど戦後復興から高度成長期に入ろうという時期であり，内容の充実，基準の明確化などが一層求められた。

図画工作についても目標と内容の明確化，工作教育不振の改善充実，基礎的技能の重視などが示される。大きく変化したのは小学校と中学校での科目の位置づけで，中学校図画工作は「美術科」に改められ，図画・彫刻・デザイン・校正の分野は引き続き「美術科」が担当するが，木工や金工，製図などの内容は「技術科」が受け持つことになる。小学校図画工作は，中学校の美術科と技術家庭科の技術分野に平等に接続する位置づけとされ，この枠組みは現在も変わらない。

なお，1958（昭和33）年8月には「学校教育法施行規則」の一部が改正され，試案という文言が消え，学習指導要領は法的拘束力を持つ[*9]。

文章で示されていた試案とは異なり，昭和33年版学習指導要領は現在のような短い文章で端的に示され，文言の意味や詳細などは少し遅れて発行される各教科の「指導書」で解説される[*10]。

図画工作の目標は以下である。

> 1．絵をかいたりものを作ったりする造形的な欲求や興味を満足させ，情緒の安定を図る。
> 2．造形活動を通して，造形感覚を発達させ，創造的表現の能力を伸ばす。
> 3．造形的な表現や鑑賞を通して，美的情操を養う。
> 4．造形的な表現を通して，技術を尊重する態度や，実践的態度を養う。
> 5．造形活動を通して，造形能力を生活に生かす態度を養う。

特に目標1は，指導の出発点や基底であり「常に指導の根底に考慮されなければならない」とされている。児童のつくりだす喜びや興味・関心を重視する姿勢などは現代においても同様であろう。

内容については，例えば第1学年は「（1）絵をかく」「（2）版画を作る」「（3）粘土を主材料として，いろいろなものを作る」「（4）模様を作る」「（5）いろいろなものを作る」となっている。それぞれの時間配当は（1）～（3）を45％，（4）10％，（5）45％である。第6学年は「（1）心の中にあるものを絵で表現する」「（2）外界を観察しながら，それを絵で表現する」「（3）版画を作る」「（4）彫塑を作る」「（5）デザインをする」「（6）役にたつものを作ったり，構成の練習をしたりする」「（7）機構的な玩具・模型の類を作る」「（8）作品を鑑賞する」となっている。それぞれの時数の配当は（1）～（4）を35％，（5）

[*8]　教育課程審議会は答申の基本方針として「文化・科学・産業などの急速な進展に即応して国民生活の向上を図り，かつ，独立国家として国際社会に新しい地歩を確保するためには，国民の教育水準を一段と高めなければならない。」と述べている。

[*9]　前掲*4参照。

[*10]　「小学校図画工作指導書」は1960（昭和35）年発行。各学校が教育課程や学習指導などを考える際に，学習指導要領と解説書を参考にするスタイルが確立する。

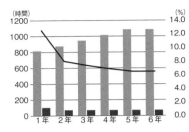

| 学　　年 | 1年 | 2年 | 3年 | 4年 | 5年 | 6年 | 計 |
|---|---|---|---|---|---|---|---|
| 総　時　数 | 816時間 | 875時間 | 945時間 | 1015時間 | 1085時間 | 1085時間 | 5821時間 |
| 図画工作時数 | 102時間 | 70時間 | 70時間 | 70時間 | 70時間 | 70時間 | 452時間 |
| 対総時数比率 | 12.5% | 8.0% | 7.4% | 6.9% | 6.5% | 6.5% | 7.8% |

**図3－1　昭和33年版学習指導要領における授業時数**

**表3－1　昭和33年版学習指導要領における評価の観点**

| 絵をかく・版画を作る | 美しく創造的に絵をかいたり，版画を作ることができる。 |
|---|---|
| 彫塑を作る | 美しく創造的に彫塑を作ることができる。 |
| デザインをする | 美しく創造的にデザインをすることができる。 |
| ものを作る | 美しく創造的にいろいろなものを作ることができる。 |
| 鑑賞する | 造形作品の美しさを鑑賞することができる。 |

（小学校児童指導要録及び中学校生徒指導要録について（通達），文部省，1961 ）

20%，（6），（7）40%，（8）5%である。工作的な表現が4割以上を占めるようになっていることがわかる。

　授業時数については図3－1に示す通りで，図画工作は，第1学年は102時間，第2〜6学年は70時間で音楽と同じになる。

　なお，図画工作の評価の観点とその趣旨は，1961（昭和36）年に表3－1のように通達されている[11]。絶対評価を加味した5段階相対評価である。

＊11　文部省「小学校児童指導要録及び中学校生徒指導要録について（通達）」，1961

### （4）昭和43年版学習指導要領（1968年）

　日本は高度経済成長期に入り，国民生活や所得は大幅に向上する。同時に地域による学力差も目立つようになる。旧ソビエト連邦が打ち上げた人工衛星によるスプートニク・ショックによる「教育内容の現代化」もあり，国民の基礎教育という観点から基礎学力の充実が急務となる。1965（昭和40）年の教育課程審議会への諮問は，人間形成の上で調和のとれた教育課程の編成を求め，教育内容の質的向上，創造性に富み建設的意欲に満ちた国民の育成を目指すことが述べられている。

　これを受けた1968（昭和43）年の学習指導要領では「基本的な知識や技能の習得」「健康や体力の増進」「正しい判断力や創造性」「豊かな情操や強い意志の素地を養う」「時代の進展に応ずる」などが方針となる。具体的には算数に集合を導入するなど教育内容の充実が図られ，授業時数も量的なピークを迎える。図画工作内容についても領域の整理，統合，基本的事項の精選，内容の示し方についてのいっそうの明確化が示される。

　図画工作の目標は以下である。
　造形活動を通して，美的情操を養うとともに，創造的表現の能力をのばし，

> 技術を尊重し，造形能力を生活に生かす態度を育てる。このために，
> 1. 色や形の構成を考えて表現し鑑賞することにより，造形的な美の感覚の発達を図る。
> 2. 絵で表す，彫塑で表す，デザインをする，工作をつくる，鑑賞することにより，造形的に見る力や構想する力を伸ばす。
> 3. 造形活動に必要な初歩的な技能を理解させるとともに，造形的に表現する技能を育てる。

＊12 平成29年版も似た構成である。

　目標は，「総括的目標」を掲げて教科の基本的性格を明確にし，次に「このため」という接続詞を用いて具体的活動に即した「具体的目標」で構成される＊12。

　内容は，「A絵画」「B彫塑」「Cデザイン」「D工作」「E鑑賞」という五つの領域が示される。それぞれの領域に配当する時数は，「A絵画及びB彫塑40％」「Cデザイン15％」「D工作40％」「E鑑賞5％」である。

　授業時数は昭和33年版（図3-1）と変化はない。

＊13 文部省「小学校児童指導要録及び中学校生徒指導要録の改訂について（通知）」，1971

　なお，図画工作の評価の観点とその趣旨は，1971（昭和46）年に通知されている（表3-2）＊13。「あらかじめ各段階ごとに一定の比率を定め児童を機械的に割り振ることのないように留意すること。」とし，絶対評価を加味した相対評価である。

**表3-2　昭和43年版学習指導要領における評価の観点**

| 絵　画 | 美しく創造的に絵をかいたり，版画にすることができる。 |
|---|---|
| 彫　塑 | 美しく創造的に彫塑を作ることができる。 |
| デザイン | 美しく創造的にデザインすることができる。 |
| 工　作 | 美しく創造的に工作することができる。 |
| 鑑　賞 | 身近な造形品や美術作品の美しさを楽しく味わうことができる。 |

（小学校児童指導要録及び中学校生徒指導要録の改訂について（通知），文部省，1971）

### （5）昭和52年版学習指導要領（1977年）

　1973（昭和48）年に高等学校進学率は90％を超え，社会は高学歴化が進行する。受験戦争や校内暴力が報道で取り上げられ，学習内容の未消化が問題視される。児童生徒の学習負担の適正化や「教育内容をしっかり身につけさせるともに，ゆとりのあるしかも充実したものとすること」などが教育の課題となる。1976（昭和51）年の教育課程審議会答申は，「人間性豊かな児童生徒を育てること」「ゆとりあるしかも充実した学校生活が送れるようにすること」「国民として必要とされる基礎的・基本的な内容を重視するとともに児童生徒の個性や能力に応じた教育が行われるようにすること」という三つのねらいが示される。

　1977（昭和52）年の学習指導要領では，各教科等の指導内容の精選，集約化，内容の整理統合などが行われる。図画工作では，領域の整理統合，内容の精選に加え，低学年においてより総合的な造形活動が行われるようにすることが示される。

　図画工作の目標は以下である。

> 表現及び鑑賞の活動を通して，造形的な創造活動の基礎を培うとともに，表現の喜びを味わわせ，豊かな情操を養う。

　教科の目指すところを総括的に示している。表現や鑑賞の活動を通して学ぶという教科の基本的な性格や学習が「創造活動」であるとする定義，情操の涵養など，これまで目標で示されていたことが一文にまとめられている。

　内容は「A表現」と「B鑑賞」に整理統合され，「A表現」は「絵画」「彫塑」「デザイン」「工作」で構成される。「A表現」には「造形的な遊び」が登場する。第1学年と第2学年の内容は「（1）造形的な遊びをする」「（2）絵や立体で表す」「（3）使うものをつくる」と示される。中学年は「（1）絵で表す」「（2）立体で表す」「（3）使うものをつくる」，高学年は「（1）絵で表す」「（2）彫塑で表す」「（3）デザインしてつくる」となる。内容の配当に関しては工作の配当が4割を下回らないようにする配慮が継続している。

　授業時数については図3−2に示す。

　なお，図画工作の評価の観点とその趣旨は，1980（昭和55）年に表3−3のように通知された[14]。観点別学習状況の評価が導入され，各教科において「関心・態度」が，評価項目として示された観点の最後に位置づけられる。

＊14　文部省「小学校児童指導要録及び中学校生徒指導要録の改訂について（通知）」，1980

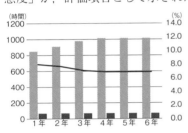

| 学　年 | 1年 | 2年 | 3年 | 4年 | 5年 | 6年 | 計 |
|---|---|---|---|---|---|---|---|
| 総時数 | 850時間 | 910時間 | 980時間 | 1015時間 | 1015時間 | 1015時間 | 5785時間 |
| 図画工作時数 | 68時間 | 70時間 | 70時間 | 70時間 | 70時間 | 70時間 | 418時間 |
| 対総時数比率 | 8.0% | 7.7% | 7.1% | 6.9% | 6.9% | 6.9% | 7.2% |

**図3−2　昭和52年版学習指導要領における授業時数**

**表3−3　昭和52年版学習指導要領における評価の観点**

| 表現の能力 | 絵・彫塑 | 感じたことや想像したことなどをもとに，内容豊かに平面に表したり，立体で表したりすることができる。 |
|---|---|---|
| | デザイン・工作 | 飾る，伝える。使うなどの目的や条件を考えて美しくデザインしたり，つくったりすることができる。 |
| 鑑賞の能力 | | かいたりつくったりしたものの良さや美しさ，自然の美しさなどを味わうことができる。 |
| 造形に関する関心・態度 | | 材料，色，形などに関心をもち，積極的に造形活動をしようとする。また，根気強く作品を完成しようとする。 |

（小学校児童指導要録及び中学校生徒指導要録の改訂について（通知），文部省，1980）

## （6）平成元年版学習指導要領（1989年）

　昭和52年版以降も社会の変化は進み，科学技術や経済の進歩だけでなく，情報化，国際化，高齢化，価値観の多様化など今では当たり前となった現象が広がり始める。1984〜1987（昭和59〜62）年にかけて内閣に設置された臨時教育審議会は「個性重視の原則」「生涯学習体系への移行」「変化への対応」などを提言し，

教育課程審議会は,「豊かな心をもち, たくましく生きる人間の育成」「自ら学ぶ意欲と社会の変化に主体的に対応できる能力の育成」などを提言する。

　1989（平成元）年の学習指導要領の改訂では, 自ら学ぶ意欲と社会の変化に主体的に対応できる能力の育成が重視され, 基礎的・基本的な内容の指導の徹底や, 個性を生かす教育の充実などが目指される。図画工作では, 改善の基本方針として「造形的な創造活動の重視」「手を十分に使った創造活動の喜び」などが強調され, 改善の具体的方針では,「工作的内容の指導を重視」「材料をもとにした造形遊びを重視」などが示される。

　小学校図画工作の目標は以下のように能力の育成が鮮明になる。

> 表現及び鑑賞の活動を通して, 造形的な創造活動の基礎的な能力を育てるとともに表現の喜びを味わわせ, 豊かな情操を養う。

　内容は「造形遊び」が中学年まで発展する。第1〜4学年の「A表現」は「（1）造形遊び」「（2）絵や立体に表す」「（3）つくりたいものをつくる」, 第5・6学年は「（1）絵に表す」「（2）立体に表す」「（3）つくりたいものをつくる」となる。その他, 高学年において鑑賞を独立して扱える配慮事項が加わる。

　授業時数は, 低学年生活科の導入で社会や理科, 国語など一部教科に変更があったが, 総時数, 図画工作の時数は昭和52年版（図3-2）と同様である。

　図画工作の評価の観点とその趣旨は, 1991（平成3）年に表3-4のように通知され[*15], 国語と生活科を除くすべての教科が「関心・意欲・態度」「思考・判断」「技能・表現」「知識・理解[*16]」の4観点となる。

**表3-4　平成元年版学習指導要領における評価の観点**

| 造形への関心・意欲・態度 | 自分の思いをもって, 進んで表現や鑑賞の創造活動を楽しみ, 表現の喜びを味わおうとする。 |
|---|---|
| 発想や構想の能力 | 感じたことや考えたことなどをもとに, 想像力を働かせて自分らしい発想をして, よさや美しさなどを考え, 豊かな表現の構想をする。 |
| 創造的な技能 | 表現の意図に応じて創造的な技能や造形感覚を生かす。 |
| 鑑賞の能力 | 造形作品などに親しみ, そのよさや美しさなどを感じ取ったり, 味わったりする。 |

（小学校児童指導要録, 中学校生徒指導要録並びに盲学校, 聾学校及び養護学校の小学部児童指導要録及び中学部生徒指導要録の改訂について（通知）, 文部省, 1991）

### （7）平成10年版学習指導要領（1998年）

　すでにベルリンの壁は崩壊し, バブル経済の崩壊によって景気が後退するなど, 日本は政治, 経済の面から変革期を迎える。教育においては, いじめの深刻化, 高齢化, 少子化, 環境破壊などの問題が次々と浮上していた。1996（平成8）年の中央教育審議会答申では, ゆとりの中で「生きる力[*17]」を育むことを重視する提言が行われる。「生きる力」という概念と, 自ら学び主体的に問題解決や探究活動に取り組む子ども像は, その後の教育課程の改善における重要な理念とな

*15　文部省「小学校児童指導要録, 中学校生徒指導要録並びに盲学校, 聾学校及び養護学校の小学部児童指導要録及び中学部生徒指導要録の改訂について（通知）」, 1991

*16　図画工作・音楽の「知識・理解」は「鑑賞の能力」に対応する。

*17　「生きる力」とは,「いかに社会が変化しようと, 自分で課題を見つけ, 自ら学び, 自ら考え, 主体的に判断し, 行動し, よりよく問題を解決する資質や能力」「自らを律しつつ, 他人とともに協調し, 他人を思いやる心や感動する心などの豊かな人間性」「たくましく生きるための健康や体力」。

っていく。

　1998（平成10）年の学習指導要領の改訂は，完全週5日制の円滑な実施[*18]，年間総授業時数の削減，各教科の教育内容の厳選，総合的な学習の時間を導入，選択教科の時間増などが行われる。図画工作では，「感性を育て，造形的な創造活動の基礎的な能力を伸ばす」「楽しく描いたりつくったりする創造活動を促す」「鑑賞の充実」などが示される。

　小学校図画工作の目標は以下である。つくりだす喜びを味わうことが資質能力の育成につながることを強調されている。

> 表現及び鑑賞の活動を通して，つくりだす喜びを味わうようにするとともに造形的な創造活動の基礎的な能力を育て，豊かな情操を養う。

　内容は第1・2学年，第3・4学年，第5・6学年とまとめて示される。造形遊びが高学年まで発展し，「A表現」は「（1）造形遊び」と「（2）絵や立体に表したり，つくりたいものをつくる（高学年は工作に表す）」の2分野となる。内容の取扱いで，児童や学校の実態に応じて，地域の美術館などを利用することが示される。美術館の教育普及活動に与えた影響は大きく，美術鑑賞教育が着目されることとなる。

　授業時数は図3－3の通りで，図3－2と比較すると総時数，図画工作の時数ともに大きく減少した。総時数の削減と並んで総合的な学習の時間の導入が行われたため，全ての教科は一律に削減されている。時数の大幅な削減は「準備の時間がない」「図工好きが減った」など様々な反響を呼ぶ。

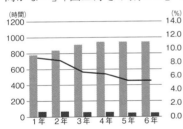

| 学　年 | 1年 | 2年 | 3年 | 4年 | 5年 | 6年 | 計 |
|---|---|---|---|---|---|---|---|
| 総時数 | 782時間 | 840時間 | 910時間 | 945時間 | 945時間 | 945時間 | 5367時間 |
| 図画工作時数 | 68時間 | 70時間 | 60時間 | 60時間 | 50時間 | 50時間 | 358時間 |
| 対総時数比率 | 8.7% | 8.3% | 6.6% | 6.3% | 5.3% | 5.3% | 6.7% |

**図3－3　平成10年版学習指導要領における授業時数**

**表3－5　平成10年版学習指導要領における評価の観点**

| 造形への関心・意欲・態度 | 自分の思いをもち，進んで表現や鑑賞の創造活動を楽しみ，つくりだす喜びを味わおうとする。 |
|---|---|
| 発想や構想の能力 | 感じたことや考えたことなどをもとに，想像力を働かせながら自分らしい発想をし，よさや美しさなどを考え，豊かな表現の構想をする。 |
| 創造的な技能 | 表したい思いや意図に応じて創造的な技能を働かせたり，造形感覚を生かしたりしながら表し方を工夫する。 |
| 鑑賞の能力 | 造形作品などに関心や親しみをもち，そのよさや美しさなどを感じ取ったり，味わったりする。 |

（小学校児童指導要録，中学校生徒指導要録，高等学校生徒指導要録，中等教育学校生徒指導要録並びに盲学校，聾学校及び養護学校の小学部児童指導要録，中学部生徒指導要録及び高等部生徒指導要録の改善等について（通知），文部科学省，2001）

＊18　学校週5日制は，1992（平成4）年9月から月1回，1995（平成7）年4月からは月2回，2002（平成14）年度から完全学校週5日制となる。

＊19　学習指導要領
の目標の実現状況を観
点ごとに評価すること。

＊20　「評価規準の
作成，評価方法の工夫
改善のための参考資料
―評価規準，評価方法
等の研究開発(報告)
―」，2002

学習指導要領の改訂に伴い2001（平成13）年に指導要録の改善通知が出され，「目標に準拠した評価＊19」の考え方が明確になる（表3-5）。その具体的な方法や事例については2002（平成14）年に国立教育政策研究所教育課程研究センターが示している＊20。

## （8）平成20年版学習指導要領（2008年）

平成10年版学習指導要領改訂は，すぐに学力低下の批判を受ける。特に，2003（平成15）年国際学習到達度調査（PISA）の順位が下降すると，学力論争が盛んになる。多くの識者は教え込みの大切さを指摘し，百ます計算ブームが起きる。2003（平成15）年には，発展的な内容を可能にする学習指導要領の一部改正が行われ，2005（平成17）年には文部科学大臣から教育課程の基準全体の見直しについての諮問が出る。その後，2006（平成18）年教育基本法が改正され，2007（平成19）年には学校教育法等の一部も改正される。

平成20年版の改訂は，「ゆとり」か「詰め込み」かの二項対立を乗り越えることが目指される。学校教育法第30条2項に示された学力の三要素「知識及び技能」「思考力・判断力・表現力等」「主体的に学習に取り組む態度」を重視し，知・徳・体のバランスのとれた「生きる力」の育成に変化はないことが確認される。各教科等の目標や内容は，資質や能力の観点から見直され，習得・活用・探究という学びの過程の中で思考力・判断力・表現力等を高める言語活動が重視され，総授業時数も増加に転じる。結果的に学力論争は終結する。

図画工作では，改善の基本方針として「造形的な創造活動の基礎的な能力を育てること」「小学校図画工作科，中学校美術科において領域や項目などを通して共通に働く資質や能力を整理し，〔共通事項〕として示すこと」「自分の思いを語り合ったり，自分の価値意識をもって批評し合ったりするなど，鑑賞の指導を重視すること」などが示される。

小学校図画工作の目標は以下である。子ども一人一人の感覚や感じ方などを一層重視するために，新たに「感性を働かせながら」が加えられる。また各学年の目標は，4観点にそって明確化される。

> 表現及び鑑賞の活動を通して，感性を働かせながら，つくりだす喜びを味わうようにするとともに，造形的な創造活動の基礎的な能力を培い，豊かな情操を養う。

内容に大幅な変更はないが，〔共通事項〕が示され学習指導要領の内容が4観点にそって整理される。また鑑賞が創造活動であり，知識・理解だけでなく思考力・判断力に関する内容を含むことが明確にされる。

授業時数は図3-4の通りで，総授業時数が増加する。図画工作の時数は変化がないため，総時数との比率は相対的に下がる。

評価の観点及びその趣旨については，2010（平成22）年に指導要録の改善通知が示され，学力の三つの要素と評価の観点が整理される（表3-6）。国立教育

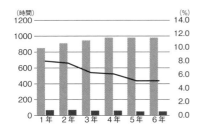

| 学　年 | 1年 | 2年 | 3年 | 4年 | 5年 | 6年 | 計 |
|---|---|---|---|---|---|---|---|
| 総時数 | 850時間 | 910時間 | 945時間 | 980時間 | 980時間 | 980時間 | 5645時間 |
| 図画工作時数 | 68時間 | 70時間 | 60時間 | 60時間 | 50時間 | 50時間 | 358時間 |
| 対総時数比率 | 8.0% | 7.7% | 6.3% | 6.1% | 5.1% | 5.1% | 6.3% |

図3－4　平成20年版学習指導要領における授業時数

表3－6　平成20年版学習指導要領における評価の観点

| 造形への関心・意欲・態度 | 自分の思いをもち，進んで表現や鑑賞の活動に取り組み，つくりだす喜びを味わおうとする。 |
|---|---|
| 発想や構想の能力 | 感じたことや材料などを基に表したいことを思い付いたり，形や色，用途などを考えたりしている。 |
| 創造的な技能 | 感覚や経験を生かしながら，表したいことに合わせて材料や用具を使い，表し方を工夫している。 |
| 鑑賞の能力 | 作品などの形や色などから，表現の面白さをとらえたり，よさや美しさを感じ取ったりしている。 |

（小学校，中学校，高等学校及び特別支援学校等における児童生徒の学習評価及び指導要録の改善等について（通知），文部科学省，2010）

政策研究所教育課程研究センターは2011（平成23）年に具体例を示す[21]。

## 3．平成29年版学習指導要領の改訂の主な内容

### （1）三つの柱で明確化された「社会に開かれた教育課程」

　学習指導要領の改訂は，その時点での成果と課題を検証しながら，改訂後に展開される教育や学校のあり方，社会を見据えて検討する作業である。戦後は教育の基本的な枠組みが形成され制度的な整備が進んだ。工業化という社会的な目標が目指されたときには，基礎的・基本的な知識や技能を重視した。高度成長期が終焉を迎え，急激に変化する社会が到来すると，それに対応すべく「新しい学力観」を打ち出し「生きる力」へと発展させた。

　現在，進化した人工知能によって多くの仕事が自動化された。将来，今存在していない職業ばかりになるだろう。グローバル化の進展にともないコミュニティは大きく変容する。答申では，学校自体が社会や世界と様々な接点を持ちながら，多様な人々とともに学び合えるような「社会に開かれた教育課程」を目指し，子どもたちが「何ができるようになるか」「何を学ぶか」「どのように学ぶか」などを考えながら教育課程を編成，実施することを求めた。平成29年版学習指導要領のポイントは「特別な教科である道徳」「外国語」等の導入，教科等横断的に教育内容を配列し，PDCAサイクルを回し，外部資源を活用しながら教育活動の質の向上を図る「カリキュラム・マネジメント」，そして育成すべき資質・能力と

しての「三つの柱」である。各教科等の目標は「三つの柱」で整理され，内容の再構成や指導上の留意点の見直しが行われた。

---

① 　生きて働く「知識・技能」の習得
② 　未知の状況にも対応できる「思考力・判断力・表現力等」の育成
③ 　学びを人生や社会に生かそうとする「学びに向かう力・人間性等」

---

## （2）図画工作の改訂の要点

　教科目標等は「見方・考え方」を働かせることを示す一文と，「知識及び技能」「思考力，判断力，表現力等」「学びに向かう力，人間性等」で示されている。

---

　表現及び鑑賞の活動を通して，造形的な見方・考え方を働かせ，生活や社会の中の形や色などと豊かに関わる資質・能力を次のとおり育成することを目指す。
（1）対象や事象を捉える造形的な視点について自分の感覚や行為を通して理解するとともに，材料や用具を使い，表し方などを工夫して，創造的につくったり表したりすることができるようにする。
（2）造形的なよさや美しさ，表したいこと，表し方などについて考え，創造的に発想や構想をしたり，作品などに対する自分の見方や感じ方を深めたりすることができるようにする。
（3）つくりだす喜びを味わうとともに，感性を育み，楽しく豊かな生活を創造しようとする態度を養い，豊かな情操を培う。

---

　内容は第1〜6学年まで「A表現」と「B鑑賞」の2領域であることは変わらないが，これまでのような「絵」「工作」「造形遊び」などの造形的な領域からではなく，資質・能力の観点から内容を示す形に変更されている。
　「A表現」は（1）と（2）の2項目から構成され，（1）は「思考力，判断力，表現力等」として発想や構想に関する項目，（2）は「技能」に関する項目である。（1）と（2）には，それぞれア・イが位置づけられ，アは，「造形遊びをする活動」，イは，「絵や立体，工作に表す活動」に関する事項が示されている。
　「B鑑賞」は（1）から構成され，「思考力，判断力，表現力等」として鑑賞に関する項目が示される。（1）には，アが位置づけられ，造形的なよさや美しさなどについて感じ取ったり考えたりしながら自分の見方や感じ方を深めることが示されている。なお，平成20年版の改訂で鑑賞だけに示していた言語活動については，表現にも鑑賞にも関わる配慮事項として，「第3　指導計画の作成と内容の取扱い」に位置づけ直されている。
　〔共通事項〕[22]は，アが形や色など「知識」に関する事項，イが自分のイメージという「思考力，判断力，表現力等」に関する事項として明確化される。さらに「指導計画の作成と指導内容の取扱い」で，第1・2学年「いろいろな形や色，触った感じ」第3・4学年「形の感じ，色の感じ，それらの組合せによる感じ，

色の明るさなど」，第5・6学年「動き，奥行き，バランス，色の鮮やかさなど」
など具体例が示される。

　授業時数は図3−5の通りで，第3・4学年外国語活動，第5・6学年は外国
語の時数増に伴い増加し，総時数は1977（昭和52）年レベルまで回復する。図画
工作に変化はないが，総時数との比率はさらに下がっている。

　各教科及び各学年等の評価の観点等及びその趣旨は，現時点において，3つの
柱「知識・技能」「思考・判断・表現」「主体的に学習に取り組む態度」に沿って
示されている（11章参照）。令和元年度内には具体的な作成方法及び作成例が国
立教育政策研究所から提示される予定である。

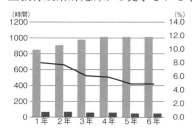

| 学　年 | 1年 | 2年 | 3年 | 4年 | 5年 | 6年 | 計 |
|---|---|---|---|---|---|---|---|
| 総時数 | 850時間 | 910時間 | 980時間 | 1015時間 | 1015時間 | 1015時間 | 5785時間 |
| 図画工作時数 | 68時間 | 70時間 | 60時間 | 60時間 | 50時間 | 50時間 | 358時間 |
| 対総時数比率 | 8.0% | 7.7% | 6.1% | 5.9% | 4.9% | 4.9% | 6.2% |

**図3−5　平成29年版学習指導要領における授業時数**

### 発展的実践への手立て

　ここでは，図画工作，美術教育について学習，研究をする際に，参考となる図
書，サイト等を紹介する。

| | |
|---|---|
| 美術教育の歴史を振り返る場合にお勧めの図書 | 山本正男（監修），井上正作（編集）：感性の論理とその実践―2美術の歴史・美術科教育の歴史，大学教育出版，2005[23]<br>・美術の簡単な歴史と美術教育や美術運動について知ることができる。 |
| | 金子一夫：美術教育の方法論と歴史，中央公論美術出版，1998[24]<br>・前掲書の著者でもある金子の単著で第4部以降に美術教育の歴史がまとめられている。 |
| 目標や評価の観点等の変遷についてデータをおさえる場合 | 国立教育政策研究所「教育課程の改善の方針，各教科等の目標，評価の観点等の変遷」（http://www.nier.go.jp/kiso/sisitu/page1.html） |
| 戦後の学習指導要領や解説書の原典 | 国会図書館，国立教育政策研究所図書館，各大学図書館等に所蔵。 |
| 中央教育審議会の答申，学習指導要領，学校教育法等 | 文部科学省（http://www.mext.go.jp/）のホームページが最も的確である。 |

*23

*24

## 1. 遊びの意義と児童の造形活動

### （1）人間にとっての「遊び」の意義

「遊び」は人間にとって，最も主体的な活動であるといえる。他から強いられることなく自発的に行い，自らに喜びや満足をもたらすからである。

この「遊び」について，初めて着目したのがシラー[＊1]である。シラーは「人間は遊戯するところにおいてのみ，はじめて真の人間でありうる」という立場から，人間のもっとも根源的な衝動を遊戯的性格において捉えようとした。

さらに人間活動の本質は「遊戯」であり，人間とは「ホモ・ルーデンス」（遊戯人）にほかならないと示したのが，ホイジンガ[＊2]である。ホイジンガは遊びを自由な行為であると仮定しつつも，遊びは秩序を創造し，すべての遊びがそれぞれの規則をもち，規則が犯されるや否や遊びの世界は崩壊するとしている。つまり，ホイジンガが提唱する遊びの理論は，自由でありつつも倫理的厳粛さを伴い，形式は美的なものであり，和やかなリズムと調和がとれているという条件がある。そして，そうであるからこそ，そこから「文化」が生まれてくるのであって，その意味で「遊び」は文化に不可欠なのだという考えに立っている。

「遊び」を，相互に還元不可能な四つの衝動・本能に基づいて，より詳細に分類することを提唱したのがカイヨワ[＊3]である。カイヨワは，遊びを「競争」「偶然」「模倣」「めまい」に区分するとともに，それらをさらに規則（自由度）の有無で再区分できるとするなど，遊びの社会学的側面に着目した。

このようにホイジンガやカイヨワ等によって明らかにされてきた「遊び」であるが，その「遊び」とよばれるものがどのような時に「遊び」になりうるか，アンリオ[＊4]はその構造や行為，「遊び」と「遊び手」との関係等から，「遊び」の本質を明らかにしようとした。

この他にも，「遊び」を余剰なエネルギーを放出するものとして「遊戯衝動論」を展開したスペンサー[＊5]や，成年者の生活状況に対応する訓練であると「目的論的意味」を説いたグロース[＊6]など，人間にとっての遊びの意義は，くり返し論じられてきた。

### （2）造形活動と遊び

「遊び」には様々な側面があり，一つの説明原理だけでは解釈しきれないものである。それほどに複雑な内容であることからも，「遊び」は人間そのものを表す，もっとも根源的なものであるといえる。

＊1 シラー（Johann Christoph Friedrich von Schiller, 1759-1805）ドイツの詩人，歴史学者，劇作家，思想家。『人間の美的教育について』（1795）

＊2 ホイジンガ（Johan Huizinga, 1872-1945）オランダの歴史家。サンスクリット文献研究から歴史研究に転じた。

図4-1 ホイジンガ：ホモ・ルーデンス，1938（高橋英夫訳，中公文庫，1973）

＊3 カイヨワ（Roger Caillois, 1913-1978）フランスの文芸批評家，社会学者，哲学者。カイヨワは『遊びと人間』（1958）の中で，「遊び」を①アゴン（競争）：運動や格闘技，子どものかけっこ，②アレア（偶然）

ワロン[7]は「遊び」について，児童の心身の発達段階に応じて質・量ともに変化・発展するものとし，「遊び」を四つの段階に区分している[8]。「機能的遊び」「虚構（想像）の遊び」「獲得の遊び」「製造（構成）の遊び」がそれである。このワロンの理論にそって造形活動を考えると以下のようになる。すなわち乳児が手足の運動をしたり幼児が全身で運動したりする「機能的遊び」を通して，形や色等とともに素材の質感等を認識し，造形的な身体知を高めていく。「虚構（想像）の遊び」は「ままごと」などの「ごっこ遊び」のことであり，児童期を特徴づける「遊び」である。造形活動としては紙や土で食べ物を作ったり，石を何かに見立てたりするなどの活動が考えられる。また子どもたちは，触ったり見たりしながら様々なものに働きかけ，対象を認識しながら自らの表現をするが，これが「獲得の遊び」にあたる。そして積み木遊びをはじめ，様々な事物を集め，それを組み合わせるなどして表す活動が「製造（構成）の遊び」である。

児童心理学の発達によって，「遊び」の本質は次第に豊かに解明されるようになってきた。「遊び」は発達と共に変化・発展するが，大切なことはそれらが常に行きつ戻りつしながら行われているということである。造形活動においても，一つの見地から活動を捉えるだけでなく，様々な視点からその「遊び」の意味や価値を検討することが大切である。

## 2. 造形遊びとは何か

### （1）造形遊びの特質

「造形遊び」には，形や色，質感など，材料そのもののもつ特性に触れて楽しむ活動や，丸めたり破ったりすることで，材料に直接働きかけ，その変化を楽しむ活動がある。また同じ種類の材料を並べたり，つなげたり，積んだりして，体全体を働かせることでつくりだす喜びを味わう活動など，材料とのかかわりを通した，多様な造形活動が「造形遊び」である。

この「造形遊び」を，端的に表すことばとして，「『こと』をおこす」がある。造形活動は，大きく二つの活動に分けて捉えることができる。一つは自分の表したいものをもとにそれを実現していこうとする活動，そしてもう一つが，材料やその形や色などに働きかけることからはじまる活動である。

前者が絵や立体，工作など，活動することで「『もの（作品）』をつくる」活動であるのに対し，後者は身近にある自然物や人工の材料などの形や色の特徴などから思い付いた造形活動を行い，そこに「『こと』をおこす」活動（造形遊び）である。

「造形遊び」は，自己決定力や選択力，追求力などの主体性を培い，造形的な表現力を養うことを課題とした活動である。よって，結果的に「もの」（作品）になることもあるが，始めから作品をつくることを目的とせず，児童が材料とかかわることで，そこでどのような「こと」をおこしたのかが問われる。

「造形遊び」は，絵や立体，工作などの活動以上に，表現される過程によって

:くじ，ギャンブル，③ミミクリ（模倣）：演劇や物真似，ままごと，④イリンクス（めまい）：ブランコなど，の4種類に分類した。

＊4　アンリオ（Jacques Henriot, 1923-）『遊び―遊ぶ主体の現象学へ』（1973）

＊5　スペンサー（Herbert Spencer, 1820-1903）『心理学原理』（1855）

＊6　グロース（Karl Groos, 1861-1946）『人間の遊戯』（1899）

＊7　ワロン（Henri Wallon, 1879-1962）フランスの精神科医，発達心理学者，教育者。

図4-2　ワロン：児童における性格の起源，1934（久保田正人訳，明治図書，1965）

＊8　ワロンによる「遊び」の発達段階
・機能的遊び：乳児の手足の運動や幼児の全身運動のように，無意味とも思える活動を通して，子どもたちは行

動の効果を認識してい
く。機能の錬磨は，あ
らゆる「遊び」を通じ
て，最も基本的なもの
である。
・虚構（想像）の遊び：
人形遊び，ままごと，
棒にまたがる馬乗り遊
びなど「ごっこ遊び」
一般の形で，児童期を
特徴づける「遊び」の
普遍的なものである。
・獲得の遊び：子ども
達が外界に存在するい
っさいの事物—現実の
姿や物語，歌，絵本な
ど，児童文化財を認識
する意欲的な営みを
「遊び」を通して獲得
していくわけである。
・製造（構成）の遊び：
積み木遊びをはじめ，
事物を集め，それを改
変し再創造する営みで，
これは，前段階の想像，
獲得の遊びによって助
長される。
〔ワロン，波多野完治
訳編：精神発達の心理
学，大月書店，1967〕

＊9　宮坂元裕：「図
画工作」という考え方，
黎明書房，2016参照。
造形遊び誕生の経緯や
生活科との関係等につ
いて詳しく述べられて
いる。

＊10　岡田京子：子
どもスイッチON!! 学
び合い高め合う「造形
遊び」—豊かな学びの
世界がひろがる図工の
授業づくり，東洋館出
版社，2015参照。造
形遊びのあり方や材
料・用具などについて，
題材事例をもとに詳し
く述べられている。

得られる児童の学びをより一層重視している表現活動である。同じ材料や活動の
環境にあっても，活動する人数を変えるなど活動に新たな条件をつけ加えること
で，追求する課題が変わっていく。

　指導者には，この点を重視しながら授業づくりをすることが求められる。

## （2）造形遊びにおける学び[*9]

　子どもの口癖に，「いいこと考えた！」がある。ものや場所に触れ，子どもの
中にひらめきが起こったとき，子どもたちはそのことばを口にする。

　材料やその形や色などに働きかけることから始まる「造形遊び」は，子どもが
生来もつ遊戯衝動を，造形活動の中に取り込んだ表現活動である。児童から，多
様な「いいこと考えた！」が生まれる授業こそが，よりよい「造形遊び」の授業
であるといえる。

　しかしながら，授業とは意図的な教育活動であるので，「いいこと考えた！」
であれば，どんなものでもよいというわけではない。

　「造形遊び」は，テーマを材料や場所，環境などで設定した課題追求型の授業
方法である。その条件設定の中で，「いいこと考えた！」を造形活動を通してど
のようにおこさせたいのか。授業者はそこで発揮される自己決定力や選択力，追
求力など，造形的な表現力が養われる過程について，事前に検討する必要がある。

　そこで「造形遊び」の授業づくりでは，材料や環境などの条件が，検討事項と
して重要となる。児童の造形の体験や表現に対する関心など，児童の実態に配慮
しながら授業を構想し，そのねらいや目的にあった材料を選ぶことが必要である。

　先述のように，「造形遊び」は表現される過程を，より一層重視する造形活動
である。しかし，そこで何を選び表したのか，自らの試行錯誤の過程を振り返ら
せることも，これからの「造形遊び」の授業ではぜひ大切にしたいことである。

　活動の過程を画像で記録したり，また児童自身がそこで考えたことをことばに
して表したりするなど，自らの活動を振り返り，造形活動を通して考えたことや
表したことを友だちと共有できるよう，充実した手立てが必要である。

## （3）造形遊びと材料・用具[*10]

### 1）造形遊びにおける材料のとらえ

　造形遊びに用いられる材料は，土や石，草花などの身近な自然物から，ビニー
ル，紙などの人工の素材まで，様々なものが考えられる。また光や風，環境その
ものも，造形遊びにおける重要な材料となる。よって授業づくりにおいては児童
の実態とともに，学校や地域など，活動の環境を把握することも大切である。児
童の生活と造形活動をつながりあるものとして捉えながら，充実した授業づくり
を行いたい。

　このほか，自然物を用いた造形遊びなどでは，季節や天候など，授業をする上
での様々な学びの要因に考慮する必要がある。

　低学年の造形遊びにおいては，材料が児童たちにとって身近なものであること

や，またその扱いが容易であることなどが求められる。材料の質や量，種類などによって，児童たちの学びが大きく変わることからも，材料を選ぶ上でのより細やかな注意が必要である。

**2）造形遊びにおける環境と安全の考え方**

造形遊びの授業づくりでは，ただ指導のねらいにあった材料を選ぶだけでなく，活動場所の範囲や安全面にも配慮する必要がある。今までにない新しい材料に挑戦させるなど，児童たちの学びの環境に大きな変化が生じる場合は，特にその必要性がある。

造形遊びにおいては，児童が自分たちの活動できる場を，自身で把握することが大切である。活動できる範ちゅうを理解することも，造形遊びにおいては重要な活動の要素となってくるからである。指導者は，児童と一緒に活動の場所づくりを行うなどして，活動できる環境を児童に伝える工夫を行いたい。

なお，地域の公園等を使用する際には，事前に自治体等へ使用許可申請を行い，移動や実施には多数の指導者が関わるようにするなど，安全面での留意が必要である。また造形遊びでは，使った材料を再利用したり使用した場所を現状復帰したりすることも活動の一環と考え，授業計画することが大切である。

**図4-3　落ち葉を使って**

## （4）造形遊びを通して育む資質・能力

ここでは「造形遊び」の授業を通して育まれる，資質・能力について，低・中・高学年に分けて示すこととする[11]。

○第1学年及び第2学年の「造形遊び」

> ・A表現（1）ア
> 造形遊びをする活動を通して，身近な自然物や人工の材料の形や色などを基に造形的な活動を思い付くことや，感覚や気持ちを生かしながら，どのように活動するかについて考えること。
> ・A表現（2）ア
> 造形遊びをする活動を通して，身近で扱いやすい材料や用具に十分に慣れるとともに，並べたり，つないだり，積んだりするなど手や体全体の感覚などを働かせ，活動を工夫してつくること。
> ・共通事項（1）ア
> 自分の感覚や行為を通して，形や色などに気付くこと。
> ・共通事項（1）イ
> 形や色などを基に，自分のイメージをもつこと。

＊11　平成29年3月公示小学校学習指導要領解説・図画工作編，文部科学省，2017

この時期の児童たちは，土や粘土などの材料に体ごとかかわって楽しんだり，身近にあるいろいろな材料を並べたり，積んだり，何かに見立てて遊んだりする。そこには，進んで材料に働きかけ，そこで見つけたことや感じたことをもとに思考や判断をし，自分の思いの実現を図ろうとする姿がある。

低学年の授業づくりでは，これらの姿が生まれるように，まず何よりも材料と

の出会いを大切にしたい。授業のねらいや目的にそって選ばれた材料の特性が，児童たちに十分伝わるよう，置き方や分量など，見せ方の工夫が必要である。また指導に当たっては〔共通事項〕の内容を重視し，児童がもっているイメージは何かを具体的に把握したり，指導に生かしたりすることが大切である。

○第3学年及び第4学年の「造形遊び」

> ・A表現（1）ア
> 造形遊びをする活動を通して，身近な材料や場所などを基に造形的な活動を思い付くことや，新しい形や色などを思い付きながら，どのように活動するかについて考えること。
> ・A表現（2）ア
> 造形遊びをする活動を通して，材料や用具を適切に扱うとともに，前学年までの材料や用具についての経験を生かし，組み合わせたり，切ってつないだり，形を変えたりするなどして，手や体全体を十分に働かせ，活動を工夫してつくること。
> ・共通事項（1）ア
> 自分の感覚や行為を通して，形や色などの感じが分かること。
> ・共通事項（1）イ
> 形や色などの感じを基に，自分のイメージをもつこと。

　この時期の児童は，友だちとともに活動することを楽しみ，目的や面白さ，楽しさ，簡単なルールなどを共有しながら遊ぶようになる。また，自分の体より大きな材料を使ったり，広い場所や狭い空間などを利用したりしながら活動するようになる。そこには，これまでの経験を生かし，人やものなどの様々な条件を組み合わせたり，それらを調整したりしながら活動する姿がある。

　中学年の授業づくりでは，活動する場所をどのように設定し，また提示するかが大切なポイントとなる。ここでの「場所」は，単に活動する場としてではなく，場所そのものも一つの「材料」となっていることに着目したい。活動の振り返りでは，記録した画像や児童たちのことばから，活動した場所のことや，また友だちとのかかわりについて，児童たちに気づきが生まれるよう促したい。

○第5学年及び第6学年の「造形遊び」

> ・A表現（1）ア
> 造形遊びをする活動を通して，材料や場所，空間などの特徴を基に造形的な活動を思い付くことや，構成したり周囲の様子を考え合わせたりしながら，どのように活動するかについて考えること。
> ・A表現（2）ア
> 造形遊びをする活動を通して，活動に応じて材料や用具を活用するとともに，前学年までの材料や用具についての経験や技能を総合的に生かしたり，方法などを組み合わせたりするなどして，活動を工夫してつくること。

> ・共通事項（1）ア
> 自分の感覚や行為を通して，形や色などの造形的な特徴を理解すること。
> ・共通事項（1）イ
> 形や色などの造形的な特徴を基に，自分のイメージをもつこと。

　この時期の児童は，関心の対象が社会的に広がり，ある特定の対象に憧れをもったり，様々な出来事を批判的に捉えたりするようになる。周りの人や周囲の環境などとかかわりながら考えられるようになるので，遊びでは広い場所を使ったりルールをもとに楽しんだりするようになる。そこでは，出来事と理由を関連付けて考えたり，これまでに得た技能を活用したりする姿が見られる。

　高学年の授業づくりでは，材料や場所などは概ね中学年までと同様であるが，高学年では，その具体的な特徴を捉えて表すような，材料や場所の提示のしかたを大切にしたい。例えば，空間の奥行きに気を配りながら材料を配置する，光が差し込む場所で光をとらえる材料を使うなど，造形活動の過程で周りの様子との調和を考える視点をもつことなどが考えられる。

## 3．造形遊びの内容

### （1）低学年

#### 1）低学年の造形遊びの特徴

　この時期の児童は，自分の周りにある人や物，環境などに体全体でかかわり，全身で感じながら，対象と一体となって活動する傾向がある。児童は進んで材料などに働きかけることで，そこから見つけたことや感じたことなどをもとに，思考や判断することで，自分の思いの実現を図ろうとするのである。

　低学年の児童は，材料の触感を味わったり，対象の大きさなどを自分の体でとらえたりしながら，思いのままに表していくことがある。このように，造形活動で生じる感覚や気持ちとつくることが，一体的になっていることから，指導にあたってはこれらを切り離さないようにすることが大切である。

　なお，低学年の造形遊びでは，児童が材料などと十分にかかわることができる安全な場所の設定や，児童一人一人が発想を広げることができる時間を確保することも，授業をおこなう上で大切にしたいことである。これらのことに留意しながら，題材の設定を行いたい。以下に低学年（2年）の指導案を示す。

---

| 学習指導案 2年 | つなげる，広がる |
|---|---|
| | ～新聞紙をちぎって，つないで，ならべると～ |

#### 1．本題材の意義

　低学年の児童は，石や木切れを，道のように並べたりつないだりすることがある。材料に働きかけ，そこで見つけたことや思い付いたことをもとに，体全体で表していこうとする存在である。

　本題材では，この様な力を十分に発揮させる材料として，新聞紙を用意した。新聞紙を短冊状にちぎってつなげるなど，友だちといっしょに思い付いた活動をするなかで，また新たな発想を促していく。

　指導に当たっては，材料である新聞紙との出合いを十分に味わわせたり，また友だちとのかかわりを持たせたりするなどして，造形的な活動を思い付き，表現していけるようにすることが大切である。

図4－4　新聞紙を短冊状にちぎる

### 2．題材の目標と評価規準

#### （1）題材の目標

　　・新聞紙をちぎったりつなげたりしながら，思い付いたことを工夫してつくる。

#### （2）題材の評価規準

| 知識・技能 | 思考力・判断力・表現力等 | 主体的に学習に取り組む態度 |
|---|---|---|
| ・ちぎったりつないだりしてできる面白い形に気付きながら，体全体を使って表し方を工夫しようとしている。 | ・新聞紙を長くちぎったり，つなぎ合わせたりしながら，どのようなことをしようかと考えている。 | ・新聞紙をちぎったりつなげたりする活動を楽しんで取り組もうとしている。 |

### 3．主な用具・材料

　児童：新聞紙（朝刊3日分）

　教師：新聞紙（予備用），セロハンテープ，大型のゴミ袋

　服装：児童たちが活発な活動を行う授業では，動きやすい服装で取り組むようにすることが大切である。体操服などで活動することが考えられる。

　紙について：紙の繊維が並んでいる方向のことを「紙目」いう。その繊維が紙幅の狭い方から長い方へと並んでいる場合をタテ目（の紙），その逆で，紙幅の広い方から狭い方へと並んでいる場合をヨコ目（の紙）とよぶ。ちなみに新聞紙は，紙幅の広い方から狭い方へと並んでいる「ヨコ目」の紙である。紙は繊維の向きに沿ってちぎると，とてもちぎりやすい。導入では実際にちぎってみせるなどして，「紙目」があることを児童に気づかせることも考えられる。

図4－5　新聞紙をつなぐ　　　　　図4－6　活動の広がり

### 4．授業の展開（全2時間）

| | 子どもの主な思考や学習活動 | 教師のかかわり |
|---|---|---|
| (10分) | ①新聞紙と出会う。<br>・一枚の新聞紙を広げて，その上に寝転がったり，かぶってみたりする。 | ○新聞紙が実際にどれくらいの大きさのものなのかを，体感しながら，材料との出会いを十分に味わわせることが大切である。 |
| (10分) | ②新聞紙を短冊状に手でちぎる。<br>・新聞紙をちぎるという行為によって，児童は材料とのかかわりをさらに深め，活動の発想を広げていく。 | ○教師が，新聞紙を短冊状に長くちぎってみせる。ここでは「長くちぎる」ことが，活動を深める上での大切なポイントになる。教師は自らのちぎる姿を見せることで，児童に活動することのイメージが膨らむよう，心がける。 |
| (40分) | ③短冊状の新聞紙をつなぐ。<br>・新聞紙を短冊状に長くちぎったことから，児童が感じたり思い付いたりしたことを，表現活動へとつなげていく。 | ○友だちと新聞紙をつなげることを促し，かかわりを持って活動することの喜びと大切さを，児童に味わわせる。<br>○児童たちが体全体を働かせてつくる場面では，活動の連続性を大切にしながら，助言したり励ましたりするようにする。 |
| (30分) | ④今日の活動をふりかえる。<br>・思い付いたことや友だちの様子などをお互いに発表する。<br>・片付けをする。 | ○友だちと活動する中で，どのようなことが起こったのか，また，どのようなものを表せたかなど，それぞれの活動を取り上げながら，今日の学んだことを共有し，今日の活動をふりかえるようにする。 |

### 5．指導上のポイント

○児童が新聞紙をつなぐ活動やその行為を通して，線状に続く形や組み合わせの感じをとらえることが大切である。児童は新聞紙を線状につないだり，またそのつながった形をながめたりすることから，まるで自分が道になったようなイメージで発想し，また活動を展開していく。ここでは友人と一緒に活動することから，イメージがつぎつぎと変化していく。児童の思い描くイメージを，教師は言葉や活動から把握しながら，指導することが大切である。

○「もっとつなげると，どのくらいの長さになるかな？」，「どんなつなぎ方があるのかな？」，「学校のどこまで行けるかな？」など，児童が思わず新聞紙をつなぎたくなるような教師からの投げかけが大切である。児童の反応を見ながら，語りかけるようにする。

○このような活動では片付けも大切な活動の一つである。大型のゴミ袋を用意して，使った新聞紙を片付けるのだが，その際も，ただ「掃除をしましょう」というのではなく，例えば「この袋で，みんなの道のクッションをつくりましょう」などと投げかけることで，単なる作業から，児童が楽しめる活動になる。

## （2）中学年

### 1）中学年の造形遊びの特徴

中学年の児童は，低学年に比べ，手などの感覚を十分に働かせながら活動するようになり，抵抗感のある材料を扱うことができるようになる。また友だちとのかかわりも深まり，意見を交換したり，一人ではできないことに向かって力を合わせたりするなど，より積極的な活動をするようになる。

中学年の造形遊びでは，表すという行為から気づき，そこから発想したり，場所の特徴を捉え，友だちとのかかわりの中で表したいことを見つけたりするなど，

より活発な活動が見られるようになる。このような児童の特徴に留意しながら，題材の設定を行うことが大切である。以下に中学年（4年）の指導案を示す。

---

学習指導案
4年

### どんどんつないで
~割りばしをみんなでつないだり組み合わせたりする~

#### 1．本題材の意義

子どもは本来，自分の造形感覚をたよりに，試行錯誤を繰り返しながら，直線的な材料としての割りばしを，気に入った感じに組み合わせながら，表していく活動である。子どもたちが表現することの楽しさを味わいながら，つくりだした構造や形のおもしろさに気づくことをねらいとしている。

指導に当たっては，材料と十分にかかわりながら表現の可能性に気づくとともに，友だちとの交流を通して，さらなる表現の広がりが生まれるよう，期待したい。

図4-7　どんなことができるのか試す

図4-8　自分の気に入った感じにつないだり組み合わせたりする

#### 2．題材の目標と評価規準

##### （1）題材の目標

・割りばしでいろいろなつなぎ方や組み合わせ方を試しながら，思い付いたことを工夫してつくる。

##### （2）題材の評価規準

| 知識・技能 | 思考力・判断力・表現力等 | 主体的に学習に取り組む態度 |
|---|---|---|
| ・割りばしのつなぎ方を工夫しながら，組み合わせてできる形の感じ，組合せの感じなどを見つけようとしている。 | ・いろいろなつなぎ方や組合せ方を試しながら，つくりたいことを考えている。 | ・割りばしをつないだり，組み合わせたりする活動に興味をもって取り組もうとしている。 |

#### 3．主な用具・材料

児童：割りばし，はさみなど

　教師：割りばし，輪ゴムなど

　場の設定：児童同士のかかわりやアイディアの交流が生まれるように，授業のはじめは４人一組で向かい合って座るようにする。

### 4．授業の展開（全2時間）

| | 子どもの主な思考や学習活動 | 教師のかかわり |
|---|---|---|
| （20分） | ①割りばしと輪ゴムでどんなことができるのかを試す。<br>・どんな組み合わせ方ができるかな。<br>・輪ゴムをどのように巻くと，よい具合に接合できるかな。 | ○はじめは割りばしと輪ゴムを数本ずつわたし，組み合わせの楽しさを味わうようにする。<br>○輪ゴムの使い方によって，接合の強度や動きが違ってくることを意識させたい。 |
| （50分） | ②自分の気に入った感じにつないだり組み合わせたりする。<br>・線材のつながりを楽しみながら，思いのままにつなげてみる。<br>・友だちとつなげてみる。<br>・場所にあったつなげ方を考えてみる。<br>・もう一度，はじめからやり直す。 | ○子どもたちが様々な方向から，作品をみることができるよう，声かけをする。<br>○子どもが気づいた材料のよさや，気に入った組み合わせの感じなどは，共感的に受けとめるようにする。 |
| （20分） | ③相互鑑賞し，自他の作品のよさを味わう。<br>・作品のここをみてほしい。<br>・組み合わせ方が，おもしろいね。<br>・こだわったところはどこかな。 | ○それぞれのよさが伝わるよう，展示の仕方を助言したい。 |

### 5．指導上のポイント

　○はじめに割りばしと輪ゴムでどんなことができるのか，じっくりと考えられる雰囲気を大切にしたい。その上で割りばしをいくつか組み合わせると簡単に立体的なものができることを確認し，活動への関心を高めるようにしたい。また割りばしの組合せを変えていくことで，どんどん面白い形になることを，声かけなどを通して実感させながら，次の形を考えさせるようにする。場所によっては周囲のものを生かしながら活動することも考えられる。

　○割りばし同士を結束する材料としては，輪ゴムの他に，ビニタイやモールなどが考えられる。

　○本題材では，直線的な線材として割りばしを用いたが，曲線的な線材として竹ひごを使うことなども考えられる。また線材を絵の具で着色するなどの発展的な活動も考えられる。

## （3）高学年

### 1）高学年の造形遊びの特徴

　高学年の児童は，周りの人や周辺の環境などとかかわりながら，考えたり行動したりするようになる。関心の対象が個的な「もの・こと」から社会的な「もの・こと」へと広がり，またそれらを行き来するなかで，新たな個の世界がつくり上げられていく。

　友だちとともに活動する場面では，広い場所を使ったり，ルールをもとに楽しんだりするようになる。そこでは，出来事と理由を関連付けて考えたり，これまでに得た技能を活用したりする姿が見られるようになる。

　以下に高学年（5年）の指導案を示す。

| 学習指導案<br>5年 | 光と影の世界<br>〜光や影のよさや美しさを追求する〜 |
| --- | --- |

## 1．本題材の意義

　本題材は「光」をテーマにした造形遊びである。「光」や活動する場所の特徴をもとに発想し，想像力を働かせながら，思い付いた活動をする。本活動における「光」は，まずそのものが材料である。さらにはその材料としての「光」の特徴を引き出したり，変化させたりする様々な材料が活動に加わり，周辺の様子を考え合わせながら，活動がつくられていく。なおこのような活動では，これまでの材料や用具の経験や技能が，総合的に生かされることとなる。

　本題材は，材料として「光」の魅力を，身近な場面や場所から見付け出すとともに，様々な環境にかかわりながら，そのよさや美しさが生きる表現を追究・探究するものである。「光」の魅力を，引き出したり，変化させたりする材料を効果的にうまく生かしながら，児童たちが工夫して表していくことを期待したい。

図4-9　セロハンを組み合わせる

## 2．題材の目標と評価規準

### （1）題材の目標

　　・光や影の組合せや効果，材料や場所の特徴などを生かしながら思い付いたことを工夫してつくる。

### （2）題材の評価規準

| 知識・技能 | 思考力・判断力・表現力等 | 主体的に学習に取り組む態度 |
| --- | --- | --- |
| ・光がつくり出す形のバランスや色の鮮やかさなどをとらえ，光や影の使い方を工夫しようとしている。 | ・光や影の組合せや効果を試しながら，材料の特徴を生かして，つくりたいことを考えている。 | ・光や影の特徴を，活動を通して感じ取り，自分がつくりたいことをつくろうとしている。 |

　　・影の組み合わせを生かす表現を試みるとともに，材料の特徴を生かし，工夫して表すことができる。
　　・光や影のよさや美しさを見つけたり感じたりしながら，自分や友だちの表現のよさや違いを感じ取ることができる。

## 3．主な用具・材料

　児童：はさみ，のり，カラーペン，ペットボトルなどの透明な容器など
　教師：色セロハン，鏡，デジタルカメラ（2〜3台），接着剤，テープ類
　場の設定：校内・図工室　グループでの活動も可とする。

## 4．授業の展開（全2時間）

| | 子供の主な思考や学習活動 | 教師のかかわり |
| --- | --- | --- |
| （5分） | ①身近な「光や影」について考える。<br>・身近な生活の中にある，きれいだな，おもしろいなと思う「光や影」には，どのようなものがあるかな。 | ○身近な生活の中にある，「光や影」について考えるよう，いくつかの画像を見せる。本時では，①ポーズをとった人の影（図4-10），②光にすかして見える木々の緑（図4-11），③窓から入ってくる光（図4-12）などを見せた。 |

図4－10　人の影

図4－11　木々の緑

図4－12　窓からの光

| | | |
|---|---|---|
| （5分） | ②学校の中で「光や影」をテーマに活動できる場所について考える。<br>・中庭はいつも明るいね。<br>・どんな材料が使えるのかな | ○どのようなことができるのか，またどのような材料や用具があるとよいかも尋ねる。 |
| （5分） | ③材料や用具について知る。<br>・このセロハン，使ってみたいな。<br>・ペットボトルに水を入れたらどうかな。 | ○材料と光の関係がうまく伝わるように，窓際で材料を紹介する。 |
| （55分） | ④「光や影」をテーマに活動する。<br>・見つけた「光や影」をいろいろな材料を使って，さらにおもしろく見せる工夫をする。 | ○活動が記録できるよう，グループごとにデジカメをもたせる<br>○発表することを意識させるとともに，「実際に見つけた表し方」を記録するだけでなく，活動している状況がわかるよう，記録するよう伝える。 |
| （20分） | ⑤それぞれの活動を紹介する<br>・デジカメで撮影した画像をもとに，活動の内容を紹介する。 | ○友だちの活動を鑑賞する。<br>○教師は発表された内容をもとに，それぞれが「光や影」を見せるために工夫したところやこだわりなどを聞き出すようにする。 |

## 5．各グループの活動の内容

### （1）透過性のあるものをとおして光を見る

　材料に光を透過させ，それを体験しながら活動したグループである。光が透過する楽しさを味わいつつ，その置く場所などを，まわりの状況から考えていた。

　このグループでは，色セロハンを欄干などにはって光を見つめたり，違う色の色セロハンを重ねて混色したりする活動が見られた。あるグループでは光を透過させる活動から，デジカメをセロハンで包み撮影することを考えた。

### （2）光を透過させたものを見る

　光を透過させた色セロハンなどの特徴に関心を持ち，活動したグループである。透過性のあるものは，光を透過させることで，そのもの自体が光を帯び，輝くようになる。

　ここでは色セロハンを旗などにしたり，また色水を入れたペットボトルを並べてみたりするなど，光が透過するものの面白さを味わっていた。

### （3）壁などにあたる光を変化させる

　透過した光が，壁面などにあたる様子を，変化させて楽しんだグループである。透過する材料を意図的に切るなどして，壁面などに浮かび上がらせ，その形や色の変化を味わっていた。

図4－13　壁などにあたる光を変化させる

図4－14　影を使って物語をつくる

また影絵の要領で色セロハンを犬や猫の形に切りとり，目など
をマジックで記入して劇を披露するグループもあった。

### （4）影をつくって楽しむ

　自分たちの影を地面や壁面に映して，楽しむグループがあっ
た。またその影を使って，物語をつくったグループもあった。

　あるグループは全て影で表すのではなく，ワンポイントで光
を透過するものを入れるなど，光と影を複合的に扱う工夫をし
ていた。

**図4−15　影をつくって楽しむ**

### （5）光を反射させて楽しむ

　光を扱う活動では，その光を反射させて楽しむグループがで
てくるのではないかと事前に予想していたことから，用具とし
ては鏡などの反射するものを用意していた。いくつかのグルー
プでは，それらを使用するグループがあったが，あるグループ
では，コンクリートの地面に水をまき，その水に光を反射させ
て光を楽しんでいた。

### 6．指導上のポイント

　「光」は児童たちに身近なものであり，材料として大変魅力
のあるものである。本題材は高学年を対象とした題材であるこ
とから，授業形態やそこで扱う材料や用具を吟味した。課題と
しては，低中学年で「光」を扱う題材との関連性を明確にする
ことである。

**図4−16　光を反射させて楽しむ**

---

### 発展的実践への手立て

　「造形遊び」とは「遊びのもつ能動的で創造的な性格を学習として取り入れた
材料などを基にした活動」のことである。このことからもわかるように，「材料」
はこの活動の中心となる重要な要素である。造形遊びでは自然物や人工の材料だ
けでなく，場所なども，児童を楽しい活動へと誘う大切な「材料」となる。

　「造形遊び」では「材料」を中心に，「活動するグループ」や「環境」など，そ
の活動を構成する要素を組み替えることで，児童にとっての「発展的実践」とな
る。その際も，活動の目的や児童の実態に合わせて組み替えることが大切である。

| 材料 | 活動するグループ | 環境 |
|---|---|---|
| 多くする←〔量〕→少なくする<br>多くする←〔種類〕→少なくする<br>この他，形や色のバリエーションを増やす，場所の条件を付け加える，質感を変えるなどが考えられる。 | 大人数←→少人数<br>人数固定←→人数自由<br>この他，生活班など，日頃の一緒に活動しているグループで活動するなどが考えられる。 | 室内←→室外<br>広い←→狭い<br>明るい←→薄暗い |

# 第5章 心象表現と絵の表現指導

## 1．絵の概念と子どもの絵の心象表現

### （1）小学校図画工作科の絵の諸課題

　あなたは小学校時代，どのようなことをどのように絵に表して，どんな気持ちになっただろうか。例えば，初めて水彩絵の具や筆を使ったとき，生まれた形や色などにわくわくした気持ちになったのではないだろうか。その喜びや充実感は，学年が進んでも続いただろうか，それとも苦手意識や不満に変わっただろうか。そして，教師になったときに，あるいは現在，絵に表す活動で子どもに喜びや充実感を味わわせる指導ができる自信はあるだろうか。

　子どもにとって絵は，描画材一つだけでも心象（イメージ）を表すことができて，表現の喜びや展開の幅が大きい。子どもにとって，絵に表すことは本質的に楽しいもので，心の成長や安定といった意義がある。しかし，表したいことと作品のできを比較しやすく，他者との比較も行われやすいことで，苦手意識や不満を生じさせる可能性も少なくない。表すことや主題，手順やゴールが，授業の導入段階で教師から強く指示されている授業も存在する。

　教師に視点を当てて考えてみると，絵の指導に困難や苦手意識を感じている者は少なくないと考えられる。高校において，芸術の科目はいわゆる選択制となるため，音楽または書道を選択した者は美術教育から離れてしまう。大学では，小学校免許取得のために図画工作科指導のための科目が登場するが，図画工作科の指導力の形成に十分とは言えない。したがって，高校時代に美術教育から離れていた者や，絵などに苦手意識がある者などにおいては，図画工作科への積極的姿勢が十分に形成できないまま小学校教員免許を取得する場合がある。また，小学

**図5-1　パレットや筆を使うとわくわくする**

提供）秋田大学教育文化学部附属小学校

**図5-2　絵の具が混ざったり，にじんだりして素敵な形や色ができた**
提供）秋田大学教育文化学部附属小学校

校教員の採用試験で図画工作科の試験がない，つまり指導に必要な能力や知識などを問わない自治体が多くなってきている。

このような状況下で，絵が「苦手」や「大切に思えない」などの意識を克服できなかった，あるいはしなかった教師は，絵の指導に消極的になる可能性がある。反対に，教師の「絵が得意だ」などという意識が，自分の価値観に合わせる指導となって，子どもに苦手意識や不満を味わわせる可能性もある。大切なことは，教師自身が図画工作科の授業づくりに熱意を持ち，絵の指導の本質を捉え，子どもの絵に表す活動を先入観なく見つめ，見えにくい子どもの意欲・努力・成果をつかむことである。

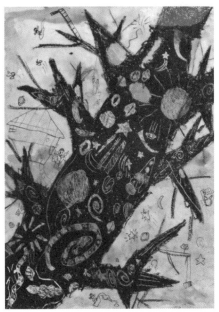

**図5-3　木の中に宇宙があったら…**

提供）秋田大学教育文化学部附属小学校

*1　創造美育協会：
1952（昭和27）年に設立され，子どもの創造力を育てて個性を発揮させるという姿勢を強く示した。抑圧せず，心を解放して子どもに表現させるという主張は，戦後の新しい時代の中で多くの賛同を得て，表現主義的な児童画が主役となる土壌となった。同会が協力した映画，「絵を描く子どもたち」では，児童中心の指導法や創造的な絵を具体的に示した。

*2　新しい絵の会：
創造美育協会と対極的にあると言えるもので，1959（昭和34）年に全国組織となった。教師が子どもに現実の生活を認識させて表現させることで人間形成を進めようとし，リアリズムを基調とした生活画が中心となる実践を進めた。

従来，小学校図画工作科において絵は，コンクールの隆盛などもあって盛んな時代が長く続いてきた。「創造美育協会」*1や「新しい絵の会」*2などの民間美術教育運動により，「図画工作科＝絵」というイメージもあった。しかし，小学校図画工作科では，昭和52年版学習指導要領から導入された造形遊びが重視されるようになり，近年は子ども主体の鑑賞授業が盛んに提案されている。

この中で絵の比重は，週2時間以下の授業時数の中で以前より低下している。だが，現在でも地域によってはコンクールなどに学級から四つ切り画用紙（38.2cm×54.2cm）での絵の出品を毎年求められるところがあり，負担に感じている教師も存在する。また，学級から1～2点程度の絵の出品で，図画工作科の授業成果を評価されるとすれば残念なことである。

心象を絵に表すことは太古から人間が行ってきたことで，子どもにとって親しみやすく，楽しいものである。その絵が価値あるものとして子どもの心に残っていくためには，むしろ教師側に多くの課題があると言える。

## （2）子どもにとっての絵の意義

子どもは幼い頃から，高度な精神活動の証しである遊びという営みに，絶え間なく取り組む。この遊びの中で子どもたちは，紙きれ，空き箱，段ボール，地面など，表せるものには何にでも心象を思いのままに描く。

その姿は，決して固定した姿ではなく，絶えず離脱や発展がある。太陽人や頭足人，基底線や展開図描法などの共通性がありつつも，子ども一人一人が自分なりの様式を創造する。心の成長とともに意図的な表現となって，一人一人の心象

や様式などには明確な違いが出て多様に展開する。視点を俯瞰から水平に写実的表現のために変化させたり，重なり合う描写の可能性を見つけたりしながら，言葉では表せない深い表現を試みるようになる。そして，絵に表す活動が心の成長や自己の内外の探究の軌跡で，個性や特性の表れであることを実感していく。したがって，特に写真的，客観的な写実表現を教師から子どもに求めることは慎みたい。

アメリカの著名な認知心理学者で，多元的知能などで知られるH・ガードナーは，写実的に再現しようとする傾向を肯定的に捉えていて，「実写主義へ向かう

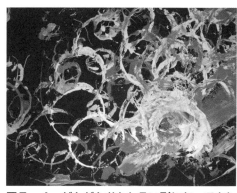

**図5−4　だんだんおもしろい形になってきた**
提供）秋田大学教育文化学部附属特別支援学校

傾向は普遍的」などとし，子どもが写実へ傾倒するのは造形表現だけではなく，他の分野にも見られるとしている。だが，「写実主義の柔軟な解釈」や「多元主義への熱心な追求」などを求め，固定的概念による写実的表現を一律に指導することは否定している[1]。

写実的な表現にも多様性がある。そして，表現主義的または感覚的な表現，あるいは記号的な表現などにも，子どもの表現が多様に展開していく可能性がある。また，表したい心象が生まれてから表現が始まるだけでなく，図5−4のように材料や用具などを操作する活動を繰り返すことで生まれた線や形，色などから心象をつくり出すこともある。このような表現の多様性が存在して，一人一人の探究が尊重されることが，図画工作科，そして絵の意義であり，創造性発揮の基盤である。多様性が尊重されれば，子どもは絵に表す活動で恐れずに，言語や数字などによる見方・考え方を超えて，形や色などによる造形的で深い見方・考え方で探究して心象をつくり出し，創造的に表現していく。したがって，同じような作品をつくらせることは，絵の目的とはならない。

## （3）子どもの絵に求められてきたこと

前述したように絵に表すことには多様性がある。例えばV・ローウェンフェルドの「視覚型・触覚型・中間型」[*3]，H・リードの「芸術（表現）の類型」[*4]は，美術や子どもの絵の多様性に対する前向きな視点である。

このような視点が絵の指導では特に重要であることが，現在では共通に理解されていると考えられる。現場の実践では多様性の尊重に困難を感じている教師の姿が見られるが，言説では子どもが「個性」を生かして「創造」していくことに異議を唱える者はいない。しかし，各時代の子どもは絵において，時代ごとに様々なことが求められた。ここでは戦前の日本の様相を見ていく。

日本の近代的な教育制度は，1872（明治5）年の「学制」から始まる。図画の学習は，明治初期に「画学」や「罫画」などとよばれている。当時の教科書である川上寛纂訳『西画指南』の冒頭には，原本が「英人ロベルト，スコットボルン氏」の著作で，「世ニ画図ノ有用欠ヘカラサルヤ文ノ尽ス能ハサルヲ補ヒ幽美ヲ

1）ハワード・ガードナー（星三和子訳）：子供の描画，誠信書房，1996，pp.199-200

*3　美術表現の型について，青年期に近づくにつれ，対象を客観的にとらえて表現する「視覚型」，主観的にとらえて表現する「触覚型」，そして「中間型」に分けられるとしている。「視覚型」は，例えば全体と部分のバランスや視覚的な遠近法を理解しやすいので，教師にとっては指導しやすいと考えられる。

*4　絵画の傾向を写実主義・超現実主義・表現主義・構成主義などと分類し，「すべての人々が従うべき唯一の芸術の類型」などは存在しないと述べ，教師は「すべての類型の態度について認識し，子どもの生来の傾向にしたがって，励ましたり導いたりすべき立場にある」としている。ハーバード・リード，宮脇理他訳：芸術による教育，フィルムアート社，2001，p.48，p.127

**図5−5　臨画教育の事例**
左図：『高等小学校毛筆画手本』（明治37年）の「第十図 小学生徒」
右図：左図を当時の子どもが毛筆で見事に臨画したもの。教師は
　　　最上の「甲」と評価している。提供）斎藤静夫（作者長男）

2）川上寛纂訳：西画
指南，1871

晰ニシ（中略）故ニ泰西諸国ニ於テハ画図ヲ以テ一科学ニ充ツ」などとあり，図画が遠近などの位置関係を正確に表すもので実用的で役立つことや，西洋では科学的な扱いであるなどと述べている[2]。示されている学習方法は直線や曲線などの単調な練習，そして同書図版の臨画である。手本を絶対視して，可能な限り正確に模写することは臨画とよばれていた。この臨画による学習は「臨画教育」とよばれていて，目標は心象の表現や創意工夫ではなく，描写技術の習得である。同書では臨画が段階的に一歩ずつ，輪郭だけの単純なものから複雑な形態へと進んでいく。

　その後も長い間，子どもたちは「臨画教育」に，教師の指導のもと熱心に取り組んでいった（図5−5）。

　明治後期からは，西洋に追いつくために急速に発展してきた近代産業の担い手として，子どもが役立つようになるために知識を習得させ，練習を積み重ねさせて客観的に正確な描写力，例えば透視図法（図5−6）や製図を描く力を身に付けさせる「教育的図画」が目指されるようになった。

　「臨画教育」も「教育的図画」も，共に当時の大人や社会が求めるものを子どもに学習させるもので，子どもの心象表現ではなかった。「そっくりだ」，あるいは「正確だ」というゴールへ段階的，収束的に向かう図画の授業は，当時の教師にとって指導が楽だったと思われる。この中で子どもの創造的で多様な表現は，価値のない未熟なものという扱いだったと考えられる。

　以上，「臨画教育」や「教育的図画」の時代を概観したが，各時代の子どもは絵において，各時代ごとに様々なことを求められてきた。科学的，実用的，美術的，写実的，郷土的，創造的などの多様な価値が求められてきたため，現在においても多様な価値観が交錯している。そして，どの時代においても子どもは，教師が求める絵を真摯に表そうとした。子どもの絵の可能性は広いが，その可能性

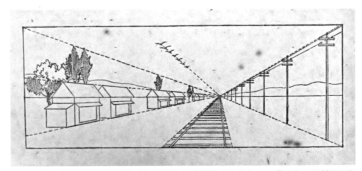

**図5−6　『尋常小学新定画帖 第四学年』（明治43年）の「景色の透視画」の頁**

を狭めるのも，また開くのも教師である。このことを図画工作科にかかわる者は
忘れてはならない。

# 2．絵に表す活動とは何か

## （1）絵に表す活動の特質

　子どもは，何か描けるものがあれば画用紙でなくても，段ボールにはマーカー
や絵の具などで，地面には棒きれで，そして駐車場のアスファルトにはチョーク
などで絵を表していく（図5－7）。時には，手のひらや指に絵の具をつけて，
大人には思いつかない形や色などで表す。休み時間には，自由帳に脱出不可能な
複雑な迷路，近未来の乗り物，内面世界で成長させた独創的なキャラクター，彩
り豊かで素敵な服装と髪型の自分や友だちを出現させる。そして，絵に表すこと
で，さらに表したいことが広がったり，新しい心象（イメージ）などを生み出し
たりする。つくり直しや，つくりかえに躊躇しない。このような特質を図画工作
科の絵で損なうことがあってはならない。

　子どもは感じたことや願望など，表したいことを形象化して絵としていく。重
要なことは，表したいことやテーマ（主題）が生まれることである。教師は毎日
の生活の中で，学校行事だけでなく，日々の授業での発見，友だちとの交流，四
季の移り変わり，宇宙のことなどにも折に触れて注目させたり気付かせたりする
ことが必要である。機会を見て注目させ，意識化させていくことで，言葉などで
は表しきれない思いが積み重なって，子どもは絵に表す活動に向かっていく。こ
の意味で教師は，子どもが様々なことに興味や関心を持って，絵に表したくなる
環境を構築するための中心的存在となる*5。

　学年が進み，外界への関心が増して観察力が向上した子どもは，水彩絵の具と
筆などを駆使できるようになると，写生画でも力を発揮できる。ただこのとき，
決して客観的，写真的に表しているわけではない。子どもによっては，透視図法
による奥行きの表し方や，明暗などによる立体的な表し方に興味を覚えて，迫真
的な絵をつくりだす場合があるが，あくまで心が感じたことや動かされたこと，
そして思いついたことを表すのであり，三次元的な位置関係を機械的に表してい
るのではない。

　例えば，中学年などで校庭などの木を絵で表す題材が
あるが，ただ教室の窓から俯瞰的に眺めさせたり，「見
たとおりに描きなさい」と指示したのでは子どもの心か
ら絵は生まれない。木の根や樹皮にふれたり耳を当てた
り，毛細血管のような枝や，落ち葉などがある周りの土
を観察したりなど，五感を活用して想像を広げたりする
ことで，表したいことやテーマ（主題）の形成に導き，
表し方を考えるように指導しなくてはならない。このよ
うに指導していけば，機械的に木の上下を切ったような

**図5－7　アスファルトの上に巨人が出現！**

＊5　図画工作科にお
ける絵は，表したいこ
とを想像などによって
生み出す想像画（空想
画・物語の絵・見立て
からの絵など），体験
したことから生み出す
生活画や記憶画，観察
などによって生み出す
観察画（人物画・自画
像・風景画など）に分
けられることがある。
教師にとって重要なこ
とは，「〇年生だから」
とか，「コンクールに
出品するから」などで
はなく，目の前にいる
子どもの発達段階や経
験，題材の目標やねら
いなどによって，絵の
内容を考えることであ
る。

絵は生まれない。

## （2）絵に表す活動における学びのあり方

　絵は，表したいことを二次元である平面に，材料や用具などによって実体化するものでもある。考え方によっては簡単であり，また難しいことでもある。例えば，表したいと思えるものに取り組んだり，自分が表した形や色などに満足できたりしていれば簡単なことで，学びの効果が大きい。だが，子どもが自分から表したいと思えないものであったり，用具などを高度に扱う必要があったりすれば，学びの意欲や効果は減退する。

　絵における学びについて，板良敷敏（元教科調査官）は，ある図画コンクールの審査後に次のように述べている。

　「審査の過程で，同じ主題や色彩，よく似た構成，同質の線描による作品が複数見られることがあります。（中略）約束ごとや指示，師範をし，閉じた活動の中でかかせた結果と思います。（中略）知識・技法を教え込む教育熱心と，現在という状況を踏まえ，子どもたち一人一人の実態に応じて学習指導をあれこれと腐心する指導者の教育熱心とは，同じだとは思われません。」[3]

　まとめれば，完成度や作品化を優先するための技能習得，教師主導の単線的および固定的な表現過程，多様性の尊重の矮小化などを憂慮し，拡散的な表現過程による自立的な学びの重要性を示唆している。

　これは単純に狭義の「写実主義」を避ければよいと言うことではない。特定の美術様式や類型に縛っての指導では，表現主義的な絵や前衛的な絵に見えても，例えば狭義の「写実主義」に収束することと本質的な違いはない。造形的な見方・考え方による，創造的な学びとはならないのである[*6]。

## （3）絵に表す活動を広げる材料・用具

　学年が進むにつれ，多様な心象を二次元である平面に表すということは，誰であっても簡単なことではなくなる。一見，困難を感じていないように見える子どもであっても，平面に表すことに何らかの苦労や悩みをいだいている場合もある。したがって，教師が学習の過程や表現に幅があるということを理解し，材料や用具などの基本的な扱い方や知識を身に付けて指導や助言をすることは，子どもが安心して活動するために必要なことで，他教科と同様である。例えば，理科において実験用具の扱い方を知らないで，教師が授業を進めることはないはずである。

　しかし，ここで考えなくてはならないことは，決して材料や用具の高度な扱い方を指導する必要はないということである。あくまで教師は，基本的なところまで理解して，習得していることが大事である。例えば，水彩絵の具と筆による表現では，細かな筆づかいや，複雑な色の重ね方の工程などを演示したりする必要はなく，筆で描くと太い細いや強弱などがつけやすいこと，強めの色は弱めの色の後に塗ると効果的であることなどを演示できればよい。何より子ども自身が創造的に技能を高めて，活用しようとする意欲が大事である。理科の実験での演示

3）板良敷敏：想像的な表現を，美育文化：第50巻　第3号，2000，p.59

＊6　文部科学省『小学校学習指導要領解説図画工作編』，2017，pp.30-31は，「一つの型や方法に固執した指導や，特定の表現のために表し方を身に付けるような偏った指導が行われることのないように，留意する必要がある」などとしている。

と同じで，スタンドプレーの必要はない。

　図画工作科における材料や用具については，まず小学校学習指導要領の「第3 指導計画の作成と内容の取り扱い」に総括的に記載されている。絵に表す活動で主に取り扱われると考えられるものは紙，クレヨン，パス，水彩絵の具である。これらは使用法に多様な広がりがあって，扱いやすい。

　「小学校学習指導要領解説 図画工作編」は材料や用具を活用した表し方もわかりやすく述べている。例えば，第5学年および第6学年の内容には「版で表した画面にパスで色を加える，絵の具や墨，カラーペンなど多様な画材から選んで着色する」とある[4]。各所で具体的に述べているので参考になる。

　これら以外にも，子どもが取り扱いやすいものがある。例えば，ティッシュペーパーやキッチンペーパーなどの活用は，スタンプ的な動作で変化のある着色が可能になり，筆による着色で生じやすい平滑で単純な質感が無くなって面白さが生じる。そして，後片付けの省力化に有効な場合がある。

　創意と工夫によって材料や用具になるものや，便利になるものは数多く存在している。教師は他教科と同じように，教材研究で材料や用具について研究する必要がある。そして，これは教師としての醍醐味でもある。

　重要なことは，学年が進むにつれて材料や用具を活用できる表現方法が増え，さらに組み合わせて取り扱うことができるようになることである。例えばクレヨン・パスは学年が上がると使用しなくなるが，水彩絵の具などと組み合わせると大変効果的なことがある。

**図5－8　ショッピングセンターは楽しかったなあ**
提供）秋田大学教育文学部附属特別支援学校

4）文部科学省：小学校学習指導要領解説 図画工作編，2017，p.92

## （4）絵に表す活動を通して育む資質・能力

　「小学校学習指導要領解説 図画工作編」においては，絵は立体や工作とともに，子どもが「感じたこと，想像したこと，見たことなど」から表したいことを見つけて，「形や色，イメージなどを手掛かりに，材料や用具を使ったり，表し方などを工夫したりしながら作品に表していく」とされている。そして，「およそのテーマや目的を基に作品をつくろうとすること」から始まって，「テーマや目的，用途や機能などに沿って自分の表現を追求していく性質」があるとしている[5]。

　6年間の絵に表す活動で，さらに育むべき資質・能力について学習指導要領および解説から考えてみると，次のようにまとめることができる。

・感じたこと，想像したこと，経験したことなどから，自分が絵に表したいことを平面における造形的なよさや美しさなどを考えながら見つけること。

・絵に表したいことなどを考え合わせて，形をつくったり，色を選んだり，構成を考えたり，計画を立てたりして，表し方などを問い続けていくこと。

・自分の感覚を大切にして，絵に表したいことなどを材料や用具などの使い方，そして表現方法を創造的，総合的に工夫して表すこと。

5）文部科学省：小学校学習指導要領解説 図画工作編，2017，p.21

　以上のような6年間で身に付けさせる資質・能力を育むためには，どうしたらよいのだろうか。まず，教師は各学年の絵の題材ごとに，目の前に存在している子どもたちの経験や現状などを過去の作品や振り返りカード，さらには指導要録なども活用して熟考し，全員が到達できることが見通せるシンプルな資質・能力を設定しなくてはならない。しかし，それは決して高度である必要はない。前教科調査課官の奥村高明は，自著で次のように述べている。

　「かつて自分も行ってしまった反省がある。ある時期，水彩画の技法を徹底的に教え込んだ。そのとき，子どもたちは"優秀な絵を描く4年生"だった。でも，次の学年では，あっという間に普通の5年生に戻っていた。力はついていなかったのである。このとき私は"先生である私の絵"を子どもに描いてもらっていたことに気がついた。」[6]

6）奥村高明：子どもの絵の見方，東洋館出版社，2010，p.18

　大変重要な示唆に富んだ記述である。絵に表す活動では，このようなことが危惧される授業場面が，現在でも存在するのではないだろうか。

## 3．低・中・高学年の絵の授業の実際

### （1）低学年

　小学校に入学した子どもたちは絵が大好きである。しかし，取り組み方や表し方，材料や用具の使い方などは，卒園した幼稚園や保育園，そして家庭での経験や環境が違うので，ばらばらである。中には絵を表す経験の不足などによりスク

**図5－9　キリンとお散歩するのが夢なんだ**
提供）秋田大学教育文化学部附属小学校

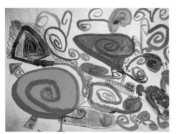

**図5－10　絵の具でぐるぐる描いた後に，線でも描いてみた**
提供）秋田大学教育文化学部附属小学校

リブルや頭足人などを表す子どももいる。そのようなとき，つい教師は単純に「遅れている」，「指導不足」などと思ってしまうことがある。また，試行錯誤が多すぎて授業時間内で完成させることができない子どももいる。しかし，子どもは必然的に絵を表すもので，教師を満足させるために表しているのではなく，歩みよるべきなのは教師の方からである。表している姿を見て話を聞き，絵をクローズアップで見つめると，子ども一人一人の表したいことや，表現の道筋が見えてくる。

　低学年では好きなものや，やってみたいことを表すことが多い（図5－9）。導入では騒がしくなったとしても対話が重要で，教師が問いかけたり，子ども同士で話し合ったりすることで発想がどんどん広がり，構想が鮮明になる。

　低学年でも，例えば紙を破って生まれた形などを何かに見立てるような力は重要である。学年が進んで，絵に表すことに困難を感じるようになったときにも発揮される大切な力である。このような題材は教科書などにも登場している。

　絵では色にこだわる指導がよく見られるが，線描も大事であり，線描だけでも絵は成り立つ。また，最初に心象を色で表した後に，

さらに線描を描き加えたりすることも，とても楽しいことである（図5−10）。

　用具などでは水彩絵の具の課題が大きい。学習指導要領では水彩絵の具を3・4年生から用いるとしているものの，前の学年において初歩的な形で取り上げることができる。実態としては，1年生への入学時に水彩絵の具・筆・パレット・水入れなどのセットを購入することが多いので，1年生の段階から水彩絵の具の扱い方を事細かに指導することがある。しかし，絵の具を使うことで，表したいことが楽しく広がることを実感させることが重要である。図5−11・12は「おもしろいかたちをスタンプ」の様子である。子どもたちはパレット代わりのバットなどにたっぷり出した共同絵の具を使って野菜や紙コップなどでスタンプをしていくと，次第に準備していた筆も使って自然に絵を表すようになったり，筆で絵の具を混ぜて新しい色をつくることにも取り組むようになって，表現を広げていった。

**図5−11　手形をペタッ！**
提供）秋田大学教育文学部附属特別支援
　　　学校

**図5−12　筆も使って！**
提供）秋田大学教育文学部附属特別支援
　　　学校

## （2）中学年

　中学年になると，想像画や構想画だけでなく，ねらいによっては初歩的な写生画などに取り組ませる場合もある。大切なことは客観性の発達などによって発想や構想に慎重になり，作品のできなどを気にすることに配慮することである。そして，例えば観察などを取り入れても，思い付いたことなども表しやすいような導入や雰囲気が必要である（図5−13）。

　次の学習指導案は三浦里子教諭が授業実践で作成したもの（開隆堂，図画工作3・4下を参考）を，授業の進め方をわかりやすくするために編集したもので，発想や構想などの指導の進め方の一例となる。

**図5−13　思い付いたことを描き加える**
提供）秋田大学教育文学部附属小学校

| 学習指導案 4年 | 今まで見たことがない，〇〇な山の物語 −A表現イ　絵や立体，工作− | 指導者：三浦里子 研究協力者：長瀬達也 |
|---|---|---|

### 1．本題材の意義

　子どもたちは，絵の具でできた水たまりの形や色から想像した世界や，絵で1本の線からできた「うどんおばけ」を表す活動を楽しんで学習してきた。一方で学年が進んで心が成長していく中で，絵に表すことに苦労する子どもたちも出てきた。中には，発想や構想から実際に表すことにつなげていくときに難儀したり，ニコニコマークやハートなどの既成の概念にとどまったりする子どももいる。要因として，どうやって表していくのかを考えたり，形や色などの面白さを見つけたりすることなどが，十分に育っていないことが考えられる。表したいことを見つける場面で，形や色などの面白さを見つけ出したり，見つけた形から創造的に発想などを広げたりすることができるようにする必要がある。

　本題材では，黒い紙の上にひもを置いたり落としたりすることで偶然にできた形から，気に入った山の形を見つけることを通して，自分の表したい山の物語を想像したり，表すために形や色・表し方・用具などを選択したりして，表したいことを創造的に探究する力を培う。子どもたちが偶然できた形から感じたことをもとにして想像を広げ，創造的な技能を活用して表すことができる題材である。

　本題材ではひもを置いたり，落としたりしてみた中から気に入った形を見つけていくことが重要で，十分な時間を確保する。一度できた形も崩したりしてみると違う形となり，さらに変化していく。この試行錯誤の過程で生まれた形の面白さから，表したいことを自分で見つけることができるようにするため，見つけた形を画像に記録したり，タブレットの機能を生かして見つけた形をなぞったりする活動を設定する。見つけた形から山の世界を発想する段階では，グループで対話する活動を設定する。発想を広げている子どもと，なかなか活動が進まない子どもが一緒になるようにグループを編成し，自分では気づかなかった見方や感じ方にふれて，全員が表したいことを見つけられるようにしていく。

## 2．題材の目標と評価規準

### （1）題材の目標

　　・偶然にできたひもの形などから山の形を考え，さらに想像を広げていくことで，表したいことを見つけて，絵に表す。

### （2）題材の評価規準

| 知識・技能 | 思考力・判断力・表現力等 | 主体的に学習に取り組む態度 |
|---|---|---|
| ・想像した山の物語が，山の全体や部分の形の感じ，色の強弱や組合せなどで表せることが分かっている。<br>・水彩絵の具と筆だけでなく，経験してきた用具も活用して表し方を工夫して表している。 | ・偶然にできたひもの形などから想像したりして山の形などを考え，どのように表すかを考えている。<br>・友人の山の形や色，そして物語などからよさや面白さを見付けて，表し方の工夫に役立てている。 | ・山の形や物語などをつくりだすことに意欲を持ち，想像を楽しみながら，絵に表す学習活動に取り組もうとしている。 |

## 3．主な用具・材料

　　子ども：ミニスケッチブック（メモにも使用），水彩絵の具，筆

　　教　師：タブレット，水彩紙，ひも

## 4．指導計画（全8時間）

　　［活動Ⅰ］　山が描かれている作品（水墨画や浮世絵も含む）の鑑賞（1時間）

　　［活動Ⅱ］　○○な山の形や表し方などを考える（2時間）…本時1／2

　　　　　　・ひもを紙の上に置いたりして生まれた形などから，気に入った形を見つける。

　　　　　　・○○な山の様子を想像し，物語を考え，発想・構想を広げる。

　　［活動Ⅲ］　○○な山を表していく（5時間）

　　　　　　・見つけた形や，つくってみた色などを組み合わせたりして表していく。

　　　　　　・経験してきた表現方法を活用して表す。

　　　　　　・自分や友だちがつくりだした山の形や物語などのよさやおもしろさを感じとる。

## 5．本時の展開（2／8　活動Ⅱ）

　　目　標：ひもなどから山の形を見つけて，グループで対話しながら，表したい山のイメージを持つ。

| | 子供の主な思考や学習活動 | 教師のかかわり |
|---|---|---|
| 10分 | ①山が描かれている作品の鑑賞を思い出す。<br>・いつも見ている山と違う形や色の山があって，おもしろかったよ。 | ・鑑賞したときの感想を振り返ったり，地元の太平山の四季折々の写真を提示したりしながら「誰も見たことがない形の山を考えよう」と提案する。 |

| | | |
|---|---|---|
| | ・ひもの形から，うどんおばけを見つけた友だちもいたんだね。<br>・○○な山の形も，ひもを使えば考えられそうだね。 | ・面白い形を見つけるために，友だちの「うどんおばけ」の作品やアイデアスケッチを提示し，どのようにして「うどんおばけ」を生み出したのかを振り返る場を設ける。 |

**学習課題：紙に置いたひもから，お気に入りの山の形を見つけよう。**

| | | |
|---|---|---|
| 10分 | ②黒画用紙の上にひもを置き，気に入った形を見つけて，タブレットで撮影する。<br><br>・ひもの置き方や落とし方で，形が変わる。もっと，試してみよう。<br>・くるくる巻きながら置いたら，雲みたいなふわふわした形ができたよ，続けてみよう。<br>・偶然できた形から，考えたことがないような，すごい形が生まれたよ。 | ・自分の考えをはっきりと持つことができるように，タブレット上でなぞったり，感じたことをメモしたりするように助言する。<br>・タブレットを使って形を逆さにしたり，縦横を逆にしたりするなど，視点を変える方法もあることを伝えて，発想を広げさせる。<br>・できた形を崩してもよいことを伝える。<br> |
| 20分 | ③グループでお互いが見つけた形を見合う。<br>・ひものぐにゃぐにゃが，○○な感じに見える。<br>・こんな山があったら，登るのが大変そう。<br>・とても高い山で，宇宙にまで行けそう。月や星が見えてくるよ。<br>・針みたいに細い山なんて見たことがないね。<br>・横にすると，踊っているみたい。<br>・実は飛んでいるんだ。だから，山の上にいれば世界旅行ができるよ。 | ・なかなか発想が広がらない子どもの参考になるように，気に入った形を見つけた子どもや，山の物語を思い付いた子どもが説明したり，お互いに質問したりする場を設ける。<br>・自分の思いを伝えたり，友だちの発想のよさにふれたりすることによって，お気に入りの山の形についてイメージが広がるきっかけとなるように，グループでの対話の視点を示す。 |
| 5分 | ④本時の学習を振り返る。<br>・お話ができてきたら，山の形が変わりそうだ。<br>・山の形が三つくらいできたので，悩むなあ。<br><br><div align="center">**参考：本題材完成作の一つ**</div> | ・さらにイメージを広げ，山の物語をつくるヒントになるように，思い付いたことをミニスケッチブックに書き留めさせる。<br>・画面に表していく中で，山の形などを変えてもよいことを伝える。 |

## （3）高学年

**図5－14　卒業を控え，教室を奥行きなどを考えて表してみた**

提供）秋田大学教育文学部附属小学校

　高学年では奥行きの表現や，手前に存在感のあるものを置く効果的な表し方などを知って，図5－14のような絵を表す子どもが出てくる。現代の子どもは，幼少期から情報機器などの発達で三次元の迫真的な映像にふれることが多いので，写実的な表現が必要だと考えやすい。しかし，絵の表し方は多様であり，写実的なものだけが価値を持つのではない。様々な絵が学級に出現するべきである。したがって，絵でも鑑賞との関連は重要である。例えば，ゴッホやクレーなどの写実を超えた創造性がわかりやすい作品の鑑賞学習は，絵の多様性を実感できることで表現意欲を喚起し，表し方の工夫の参考になる可能性が高い。

　無意識的な表現に躊躇しつつ，対象や事象の本質に迫りたい，あるいは自分が感じたことを伝えたいというような感情は，発達から考えれば自然である。教師は子どもの心の発達に伴って，これまで以上に表したいことやテーマ（主題）の追究への支援を強化し，助言を注意深く考える必要がある。

　しかし，これは高度な表現技術を指導することではない。例えば，子どもが自信や誇りをもって自分の表現に取り組むことができる雰囲気，表現が多様であることや構成などの工夫に気づくことができる鑑賞の活用，子どもたちの多様な表現の傾向や型などを受けとめることが可能な題材の設定，一人の子どもも置き去りにしない導入の進め方などが，さらに重要となる。

＊7　「小学校学習指導要領」は「第3 指導計画の作成と内容の取り扱い」の2－(10)において，コンピューターやカメラなどの情報機器を表現や鑑賞における用具とし，利用を促している。

　図5－15・16は，デジタルカメラを活用した5年生「アイドル発見！デビューさせるのは私！」の作品である[7]。題材のねらいなどは次の通りである。

　学校で見つけたで形や色などが素敵な「私のアイドル」がデビューする様子を，形の大小や並べ方など，そして色の強弱や変化などついて考えて表す。

　本題材では，子どもたちが学校を探究することから始まる。ふだんは意識しない形や色などに注目すると，子どもたちには学校の中に新しい世界が見えてくる。子どもたちは魅力的な形や色などを持つ，隠れた「私のアイドル」を見つけて，デジタルカメラで記録していく。これらの画像を取捨選択し，プリントアウトして，「私のアイドル」がデビューする情景を想像して，発想や構想を進めていくのである。

　本題材では子どもが，表し方の工夫を自信を持って創造的に進めるために，モダンテクニック[8]などをあらためて経験す

**図5－15　モダンテクニックの「マーブリング」など使った『宇宙No.1のアイドルオーディション』**

提供）秋田大学教育文化学部附属小学校

**図5－16　ついに見つけた！私のアイドル！**

提供）秋田大学教育文化学部附属小学校

る場も設定する。そこでつくったものを活用する場合もあるし，表す活動が進んだ中でモダンテクニック*8などの活用を考える場合もある。高学年では効果的な構成への取り組みも重要である。ここでは構成要素（造形秩序）*9などの知識も活用し，プリントアウトして切り抜いた「アイドル」を画面上で何度も試行錯誤しながら操作することで，効果的な構成にたどり着いている。

　モダンテクニックや構成要素（造形秩序）は，学習指導要領や解説に明記されていないため，実態として教師や学校によって指導内容などに差がある。しかし，形式的な知識の習得ではなく，感覚的に自由に活用できることは，画面の構成や表現の深化などに実質的に効果がある。

＊8モダンテクニック：主に筆による描写以外の多様な表現方法をさす。既成の概念や先入観から解放されて，偶然性などによって多彩な表現効果が期待できるので絵だけなく，造形遊びなどでも使われる。

＊9構成要素（造形秩序）：美しさのもとになっているものとして，造形表現の基礎とする考え方がある。構成要素は一つ一つが様々な印象を与えるが，実際の画面などでは，複数のものが組み合わされていることが多い。

---

### 発展的実践への手立て　　絵を表すことが好きでなくなってしまった子どもへの指導

◆**一枚の画用紙だけで完成させなくてもよい**

　絵に表すことが好きでなくなってしまった子どもに出会うことがある。「何を描けばよいのかわからない」，あるいは「思い通りにうまく描けない」などと思っていることが要因としてあげられる。このような子どもには，発想や構想が変わったりしてもよいこと，絵の内容も表し方も多様であること，一枚の画用紙のみで完成させなくてもよいことなどを教師は伝えてほしい。

◆**いろいろな方法を組合わせて**

　図5−17では，まず絵の具を手で塗って楽しみながら形や色を生み出し，さらに線描を重ねている。そして，別の画用紙に表したものの中から，うまくいったと思ったもの選び，切って貼って主人公としている。切って貼るような方法は，学年が上がっても，また写実的な表し方でも使ってよい。

　図5−18では，アルミホイル・セロハン・包装紙など，様々な形や色，そして質感があるものを貼り付けていくことで，発想や構想が明確になっていった。その後に，クレヨンやマーカーなどを使って完成させている。

図5−17　1年生『うちゅうとうちゅうかいぞくたち』

図5−18　3年生『魔女のおいしい宝石！』

# 第6章 空間認識と立体の表現指導

## 1. 空間感の形成と子どもの立体表現

### （1）立体表現における空間認識の意味

　子どもたちはどのようにして現実の空間を認識していて，その認識はいつごろ形成されるのかについて考慮することは，立体表現の指導を行う上で欠かすことができない。

　立体表現は平面表現と異なり，鑑賞者の視点が移動するとその見え方が変化する。子どもはこのような空間認識をどの段階で理解し獲得するのだろうか。子どもの空間認識に関する発達段階ごとの傾向を示した研究の一つとして，心理学者のピアジェ（Jean Piaget, 1896-1980）が行った「三つ山課題」による実験がある。三つの山がしつらえられた箱庭を，様々な視点からみた場合のイメージを推測することを子どもに課すという内容である。この実験によると，視点の位置の変化にともない，左右，前後の関係が変わることに気づくのは7〜9歳であり，すべてが協調して包括的な体系となるのは9〜10歳であるという[1]。この実験の解釈に対する学説は様々あるようだが，子どもの発達段階によって異なる空間認識の傾向がみられるという点については，異論のないところであろう。

　図画工作科における立体表現の指導においても，これから指導する子どもたちが空間をどのように捉えているのかを把握しておくことが大切である。低学年の指導に際しては，積んだり並べたりするなど，材料を実際に操作することによって立体に高さや動きが生まれることに気づくことを大切にしたい。また高学年では，空間に変化をもたらすために材料に穴をあけたり，鑑賞者の視点を意識して形の組合せや配置を工夫したりする活動が考えられる。このように行為や感覚に基づいて主体的に空間へと関わる活動は，子どもたちの造形を捉えるための視点を豊かにする上で重要である。

### （2）子ども期の立体表現の発達

　子どもの立体表現（彫刻的表現）を扱った研究は，絵画の場合と比べて事例が少ないとされている[2]。やや限定的ではあるが，幼児の粘土造形に特化した発達段階については，中川織江による指摘があり，そこでは以下の①〜⑤の段階が示されている[3]。

① 口で触る，手でちぎるだけの運動的な行動がある。

② 丸める，凹ませたり塊を加工してそれに「命名」するなど，言語を伴う行動がある。

1）木村允彦：子どもの空間概念，ピアジェの認識心理学（波多野完治編），国土社，1965，pp.50-52

2）金子一夫：美術科教育の方法論と歴史〔新訂増補〕，中央公論美術出版，2003，p.114

3）中川織江：粘土造形の心理学的・行動学的研究－ヒト幼児およびチンパンジーの粘土遊び－，風間書房，2001，pp.10-11

③　同じ形をたくさん造って並べるなどの，反復行動で操作が洗練されていく。

④　新しい技法を工夫，発見して意図的に様々な加工を施す。この段階で他者とかかわりながらする「共同製作」は，粘土操作を促進する可能性が大きいと考えることができる。

⑤　作品化に至る。

上記は絵画表現の発達段階に関する研究と比較して，操作や加工に関する内容に重点が置かれているが，立体表現においても「命名」などの段階を経るという点は，美術教育者のローウェンフェルド（Viktor Louwenfeld, 1903-1960）[*1]が示した描画の発達段階説における「スクリブルの意味づけ」[4)]を想起させる。しかし中川も指摘しているように，立体表現の発達段階に関する研究においては，絵画表現ほどの一般化した傾向を包括的に示すことは難しいようである。その理由としては，絵画表現と比較して立体表現は扱う材料や技法から受ける影響が大きいことがあげられる。つまり，粘土に関する発達傾向を木材や紙の場合にそのまま当てはめて示すことが困難なためであると考えられる。

このため指導者としては，絵画表現の発達を参考にしながら粘土や紙，木，針金などの様々な材料，それにともなう用具や技法に関する系統性を理解しておくことが必要である。そして，材料の違いによってどのような表現の傾向が見られるのかを考慮した上で学年ごとの指導計画を立案し，指導に当たることが求められる（立体表現に関連する材料・用具の要点については後述）。

＊1　ローウェンフェルドの著書，美術による人間形成，黎明書房，1963

4)　竹内　博：子どもの絵の世界とその発達，美術教育を学ぶ人のために，世界思想社，1995，pp.48-49

## 2．立体に表す活動とは何か

### （1）立体に表す活動の特質

平面造形，立体造形ともに共通して，「形態」「色彩」「材質」という三つの造形要素によって構成される。それらに加えて立体のみがもちあわせている，平面とは異なる特質をあげるとすれば，それは空間の中に存在する造形であるという側面である。このため立体に表す活動の指導に当たっては，鑑賞者にもたらす下記[5)]のような視覚的な効果について留意しておく必要がある。

量　：彫塑における量とは，無数の面の連続的な接続によって表れてくる立体を視覚的・触覚的に捉えた感じであり，その立体の重量や容積を計測して捉えた物理的な量ではなく，感覚的に捉えた量である。

比例：彫塑における比例とは，全体の量と部分の量，部分と部分の量などを，それぞれの割合で捉えることである。この量の割合が秩序をもって調和することによって美しさを感じることになる。

均衡：均衡とは，作品が立体として形づくっているそれぞれの部分の量が視覚的につりあいがとれ，全体としてバランスよく調和している状態にあることである。

動勢：動勢とは，視覚を通して感じる量や塊の構成や作品全体のもっている方向などから受ける感動である。しかも，作品の表面的な形の動きではなく，

5)　渡辺庄三郎：彫塑表現における造形要素，造形教育事典（真鍋一男・宮脇理監修），建帛社，1991，pp.343-345

生命感を感じさせるものでなければならない。

## （2）立体に表す活動における学び

前項でも述べたように，紙などに描いたり塗ったりする平面表現と比較して，立体表現は空間の中に実際に存在するという点で，子どもたちにとっての学びの特性も大きく異なる。

例えばリンゴを絵に表した場合は，平面上に立体的なリンゴを二次元で再構成したことになるが，リンゴを粘土などで立体に表した場合は三次元での再現であり，実際に手で触れたり様々な方向から見たりすることもできる。立体に表された表現やその表現の過程において子どもたちは，直接的にその大きさや重さなどを実感することができる。立体から形の感じや触った感じ，そして動きや奥行き，バランスなどを捉えることは平成29年版学習指導要領の〔共通事項〕にも示されている重要な学びである。子どもたちは，空間感を体得することによって立体的な表現を進めることができる。例えば，子どもたちに粘土を与えるだけで自由に表現させると，高さがない平面的な構成をする場合が散見されるが，積み上げる・組み合わせる・つまみ出すなどの操作を指示することによって空間への意識が促される。

さらに，立体として自立するものをつくる活動では，安定のための構造について考える契機となる。積木のように積み上げる方法で表現を行うと，ある程度の高さになると不安定になる。このため子どもたちは部分の積み上げ方について考えることが必要となり，安定させるためにはどのような高さや横幅がよいかなどについて工夫することにつながる。また，立体として自立させるためには，作品を支える部分（下部）に一定の強度が必要となる。このため，粘土で塔のようなものをつくる場合には，先に作品を支える部分からつくり始めて，下部を乾燥させ硬くしてから徐々に上部をつくるとよい，という気づきや見通しが生まれる。

立体に表す表現の活動は，形の決め方や材料・用具の選び方，そしてつくる際の順序などについて思考することにつながる。このような工夫を通して子どもたちは，新しい表現方法を見つけたり既習事項を自分なりに生かして表したりするなどの問題解決による学びを経験することができる。

## （3）立体表現を広げる材料・用具

材料ごとに形や色が異なるだけでなく，質感や表現の特性にもそれぞれの性質があるため，立体表現を考える上で材料・用具，そして技法の選択肢を広げておくことは重要である。図画工作のための市販の材料に限らず，身の周りや家庭生活の中からも魅力的な材料を見つけることができる。「材料あつめ」そのものが造形活動の一部であるともいえる。

ここでは，平成29年版学習指導要領に示された材料・用具のうち，特に立体表現に関連するものを取りあげてその要点を紹介する。

土・粘土：教材として販売されている土粘土だけでなく，校庭や砂場の砂，山や

田畑の土なども造形活動に使用することができる。天然のものでも粒子が細かく良質な土は可塑性に優れている。教材としての粘土は，陶芸窯などで焼成することができる陶芸用粘土，テラコッタ粘土などがある。紙粘土はパルプなどに糊を加えて練り上げたもので焼成しなくても硬化するため，保存性が高く手軽な造形に向いている。また紙粘土には水彩絵の具で着彩したり，直接に絵の具を練りこんで色をつけたりすることもできる。油粘土は時間がたっても硬化しないため，くりかえしの操作や粘土遊びに適している。

教材として市販されている土粘土（写真は信楽粘土・約1kg）

紙：画用紙は白のみでなく様々な色が展開されているため，立体表現の材料として魅力的である。はさみで加工しやすく，のりや粘着テープなどによる接着も容易である。工作用紙・厚紙にはさらに厚みがあるため，強度が必要となる造形に適している。段ボールは生活の中でも身近な材料であり，箱型をそのまま生かしたり板状にして組み合わせたりして使用することができる。緩衝材などとして使われる片面段ボールを使用すると，容易に曲面を表現することができる。この他に和紙や半紙などの特性である薄さや強さを生かした表現も可能である。また，身の周りの包装紙や新聞紙，色鮮やかな広告なども工夫しだいで立体表現の幅を広げる材料となる。

木・木切れ・板材：身近な環境の中で集めることができる木の種類には，枝や木の根，木の実，木の葉，木片，そして竹などがある。季節に応じて集めておき，図工室に整理して保管しておくとよい。木切れや板材は，子どもたちが扱いやすい大きさや厚さを考えて準備する。また木の種類によっても硬い・軟らかいなどの違いがあるので，準備の際には留意したい。

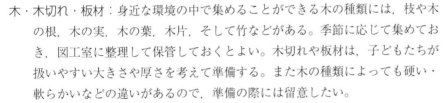

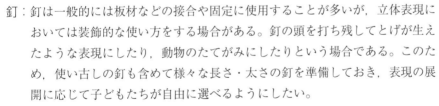

様々な形・大きさの木切れ

釘：釘は一般的には板材などの接合や固定に使用することが多いが，立体表現においては装飾的な使い方をする場合がある。釘の頭を打ち残してとげが生えたような表現にしたり，動物のたてがみにしたりという場合である。このため，使い古しの釘も含めて様々な長さ・太さの釘を準備しておき，表現の展開に応じて子どもたちが自由に選べるようにしたい。

左：鉄釘
中：真中釘
右：木ねじ

針　金：針金には様々な直径（太さ）や材質のものが用意されている。一般的に，「＃20」などの数字が小さくなるほど，針金の直径が太いことを示している。鉄やステンレスなどの針金は硬いため，強度が必要な表現に向いている。その一方，アルミや銅などは軟らかいため，切断や折り曲げなどの加工が比較的容易である。針金を切断したり曲げたりする際にはペンチを使用する。細かく曲げるなどの表現には，ラジオペンチが適している。実際の立体表現の活動において長い針金を使用していると，切れ端が目などにふれる場合がある。このような事故を防止するためには，予め針金の端を丸く曲げておくなどの安全対策について指導する必要がある。

はさみ：はさみは紙などの切断に使用する用具である。低学年のうちから安全面を含めた正しい使い方を指導しておくようにしたい。厚みがあるものを切る際には，刃先よりも刃の根本を使用して切る方が力を加えやすい。

の　り：主に紙などの接着に使用する水のりやでんぷんのりなどがある。木工用

上：カッターナイフ
下：段ボールカッター

両刃のこぎり

縦びき刃

横びき刃

げんのう（左側が凸の
打面）

6）文部科学省：小学
校学習指導要領解説
図画工作編．2017

接着剤は，木を接着するのに適している（紙の接着も可能）。また，熱で溶かして使用するホットメルト接着剤は，接着面積が小さい場合でも強力であるが安全面には十分注意したい。いずれの接着剤を使用する場合にも，接着したいものと接着剤との組み合わせ方を誤ると接着の効果が得られないため，説明書などを確認した上で実際の指導にあたりたい。

小　刀：紙を切断したり木を削ったりする際に，カッターナイフや小刀，彫刻刀などの用具を使用する。どのような刃物も危険防止の観点から正しい扱い方を指導し，子どもたちがそれを理解した上で使用することが重要である。持ち方や使用しない時の置き方，使用を終えた後の片付け方など，教師が実演したり子どもたちが実際に試したりするなどの方法によって確実に指導することが必要である。

のこぎり・糸のこぎり：主に木を切断する際に使用する。両刃のこぎりには，のこ身の両側に刃がつけられていて，木目に沿って切る「縦びき刃」と木目に対して直角に切る「横びき刃」とを使い分けられるようになっている。板材などを曲線で切断したい場合や穴をあけたい場合には，糸のこぎりを使用する。

金づち：釘を木材などに打つ際に使用するが，釘をたたく打面が二つあるものを「げんのう」とよんでいる。二つの打面のうちの一つは平らな面になっていて，釘をまっすぐに打ち込む際に使用する。もう一つの打面は凸面になっており，このふくらみによって釘の頭を最後まで打つことができる。しかし釘の打ちはじめに凸の打面を使用すると，釘がまっすぐに入らなかったり釘が曲がったりする場合がある。

## （4）立体に表す活動を通して育む資質・能力[6]

平成29年版学習指導要領において，図画工作科の目標は「知識及び技能」「思考力，判断力，表現力等」「学びに向かう力，人間性等」の三つの柱で示された。子どもたちが身に付けるべき資質・能力が目標のレベルで明確化された意義は大きい。ここでは，立体に表す活動を通してどのような資質・能力を育むのかについて述べる。

立体に表す活動は，「Ａ表現」の（2）「絵や立体，工作に表す活動」に含まれる。この活動に主に関連する資質・能力は下記の2点である。

・絵や立体，工作に表す活動を通して育成する「思考力，判断力，表現力等」

感じたこと，想像したことなどから，自分の表したいことを見付けて表すということや，自分の表したいことや用途などを考え合わせながら，色を選んだり，形をつくったり，計画を立てたりすること。

・絵や立体，工作に表す活動を通して育成する「技能」

発想や構想をしたことを実現するために，材料や用具の特徴を生かして使うとともに，様々な表し方を工夫して表すこと。

また〔共通事項〕は，立体に表す活動の指導を含む表現および鑑賞の活動の中

で，共通に必要となる資質・能力として示されている。〔共通事項〕に位置付けられている資質・能力は下記の2点である。

　・「知識」：自らの感覚や行為を通して形や色などを理解すること
　・「思考力，判断力，表現力等」：自分のイメージをもつこと

　立体に表す活動においては，材料を操作するなどの行為を通して形や色などの造形的な特徴を理解したり，対象に触れることによって形，質感などのイメージをもったりすることに関する資質・能力を育成すること求められる。

# 3．低・中・高学年の立体表現授業の実際

## （1）低学年

### 1）立体表現の技法としての土の焼成

　平成29年版学習指導要領の「内容の取扱いと指導上の配慮事項」において，「児童や学校の実態に応じて，児童が工夫して楽しめる程度の版に表す経験や焼成する経験ができるようにすること」[7]との記述がなされている。土を乾燥させて焼くことは，器をつくったり祈りや願いを土偶に表したりするなど，人類にとって太古から生活に欠かすことができない造形の方法であった。

7）文部科学省：小学校学習指導要領解説図画工作編，2017

　土は焼成によって色や手ざわりに変化が起こる。このような経験は児童にとって素材感の変化を実感するのに最適である。粘土の可塑性などは焼成を行わない油粘土や紙粘土でも体験できるが，焼成によって生まれるよさや美しさを低学年の段階から経験することは大切である。特に，粘土を産出する地域では生活科との関連的な指導を行うなど，土と生活が密接につながっていることに気づくことができる学習となるように配慮したい。

### 2）低学年の実践事例

| 学習指導案 2年 | わたしの おにがわら −A（1）イ（2）イ　絵や立体，工作に表す− |
|---|---|

#### 1．題材について

　本題材は，児童が自身の願いをこめた「おにがわら」をつくる活動を中心としている（図6−1）。「おにがわら」は日本の伝統家屋や寺院建築等の屋根に設置されている装飾的な瓦であり，そのユーモラスな造形は鑑賞対象としても取り上げることができる。しかし近年の日本では，住宅様式の現代化などにより必ずしも「おにがわら」が身近な存在であるとはいえない状況がある。2年生の中には「おにがわら」を見た経験がない児童も多くいると思われるため，写真などの資料によって「おにがわら」を知るところから学習を始めたい。

　児童は，幼児期をふくめて粘土遊びをしたり泥団子をつくったりした体験は比較的豊富であるが，土を焼成する経験は少ない。焼成によって作品が剥離したり割れたりすることを防ぐため，粘土の練り方や接合の方法を習得する必要がある。このような技法に関する指導を行った上で，児童が能動的に粘土への操作を加えるなどの行為を通して素材や質感について理解することを意図している（図6−2）。

図6－1　「おにがわら」（示範作品）

図6－2　粘土に操作を加える

## 2．題材の目標と評価規準

### （1）題材の目標

　　土粘土で「おにがわら」をつくる活動を通して，粘土造形に関する基礎的な技能を習得する。

### （2）題材の評価規準

| 知識・技能 | 思考力・判断力・表現力等 | 主体的に学習に取り組む態度 |
|---|---|---|
| 素材としての粘土にふれながらその特性に気付き，つまむ・凹ませる・つなぐなどの操作を加えて立体の表し方を工夫してつくりだしている。 | レリーフ表現のよさや面白さなどについて考え，「おにがわら」にこめたい願いなどから自分がつくりたい形や色について構想したり，見方や感じ方を深めたりしている。 | 「おにがわら」を表したり鑑賞したりする活動を通して，つくりだす喜びや生活の中の造形の楽しさを感じている。 |

## 3．主な用具・材料

　・「おにがわら」の写真　・土粘土　・粘土へら　・粘土板　・ぞうきん
　・どべ（粘土を水でゆるく溶いたもの。粘土を接合する際に用いる）

## 4．指導計画（全4時間）

| 主な学習活動 | 指導上の留意点 |
|---|---|
| 活動Ⅰ　「おにがわら」について知る　1時間<br>・どんなことをしてくれる「おにがわら」にしたいかを考える。<br>・アイデアスケッチを友だちと共有し，感じたことを話し合う。 | ・写真資料などを提示し，「おにがわら」は様々な願いがこめられていることを知らせる。 |
| 活動Ⅱ　「おにがわら」をつくる　2時間<br>・粘土に様々な操作を加え，素材の特性を味わう。<br>・粘土へら，どべの使い方などを知り，形を工夫して表す。 | ・楽しみながら形を工夫することができるように，粘土への様々な操作方法を伝える。 |
| 活動Ⅲ　「おにがわら」に色をつける　1時間<br>・乾燥後に焼成した「おにがわら」に水彩絵の具で彩色する。 | ・主題に応じて自由な色彩で表すことができるように促す。 |

## 5．本時の展開

　目　標：様々な操作を試みて「おにがわら」をつくり，粘土造形の基礎的な技能を習得する。

| 子どもの主な思考や学習活動 | 教師のかかわり |
|---|---|
| 前時まで<br>・「おにがわら」について知り，どんなことをしてくれる「おにがわら」にしたいかを考え始めるとともにアイデアスケッチを作成している。 | |

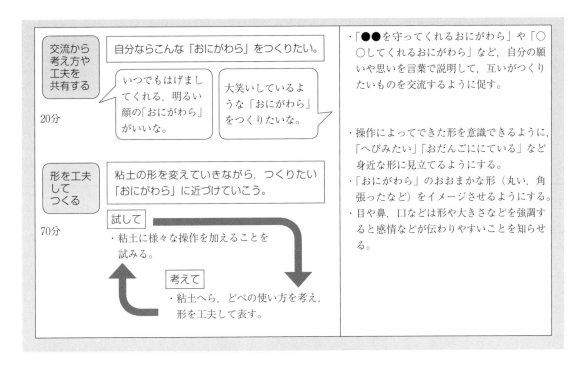

### 3）指導のポイント

　自身の願いをこめた「おにがわら」をつくる際，事前にアイデアスケッチを作成するが，その内容にしばられず自由な表現ができるように声をかけたい。「へらを使って線を描いていたらひげに見えてきたので，ひげにしてみた」「型をおして印をつけたら面白かったので，たくさんつけてみた」など，活動の中で見つけた新たな表現を積極的に生かすようにしたい。

　作品を乾燥させた後の陶芸窯での焼成は，指導者の手に委ねる場合が多い。しかし，できるだけ窯入れや窯出しを児童といっしょに行うようにして，焼き上がりへの期待感と喜びを味わえるようにしたい。これは「焼成する経験」の中でも中心となる活動であるといえる。そして焼成した作品には，水彩絵の具を使って彩色する。陶芸用の釉薬を使用して彩色する方法もあるが，種類によって焼成温度が異なるものもあるため，水彩絵の具によって思いのままに色をつけることが低学年の児童には適していると考えられる。「おにがわら」の形や表情などの特徴をもとに，イメージをもって配色を考えることは，児童が造形的な見方・考え方を働かせる契機になる活動でもある。

### （2）中学年

### 1）材料の組み合わせによる立体表現

　描画の活動においては既存の形を生かす活動よりも，児童自身の意思によって形を生み出して描く活動が比較的多いといえる（偶然性の要素もあるが）。一方で立体に表現する活動では，自己決定による造形とともに既存の形を生かした表現，つまり材料を組み合わせたり見立てたりする活動も重要となる。

　例えば，河原の石や流木などを拾い集め，それらが何に見えるかを考えながら造形に生かすという活動は，児童の造形的な視点を豊かにする上で意義深い。材料の形を効果的に組み合わせることを考えたり，何に見えるのかを考えたりしながら表現を行うことは，児童の思考力・判断力・表現力等を高める上でも重要な学習活動であるといえる。本節では，木片や釘の組み合わせを生かしたり見立てたりすることによって立体に表すことを楽しむとともに，のこぎりびきや釘打ちの技能に習熟することを意図した題材を提示する。

### 2）中学年の実践事例

| 学習指導案4年 | 新種の魚類をさがせ！<br>－A（1）イ（2）イ　絵や立体，工作に表す－ |
| --- | --- |

### 1．題材について

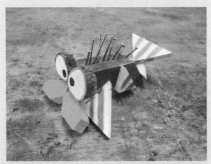
図6－3　海底がすきな魚（示範作品）

図6－4　ひれに特徴がある魚（掲示資料）

　本題材は，木片や釘などを使って不思議な海の生き物を表現する活動を中心にして，材料を見立てることを楽しむものである（図6－3）。魚類は子どもたちにとって身近な生物であり，それらの姿は造形としてみても特徴があるものが多く，海外のものなどはその形態や色彩が目をひくものもある（図6－4）。この題材では，「もしも新種の魚類を発見したとすれば・・・」という提案を行い，材料を想像力豊かに見立てて，楽しい海の生き物をつくる活動としたい。指導に当たっては，理科での学習内容を活用するなど他教科との関連を考慮することが望ましい。

### 2．題材の目標と評価規準

#### （1）題材の目標

　木材と釘を使って新種の魚類をつくる活動を通して，のこぎりびきや釘打ちに関する基礎的な技能を習得する。

#### （2）題材の評価規準

| 知識・技能 | 思考力・判断力・表現力等 | 主体的に学習に取り組む態度 |
| --- | --- | --- |
| 木や釘がもつ質感を生かしながら，切る・組み合わせる・釘を打つなどの方法で立体を表すことを工夫している。 | 形を組み合わせて表現することの面白さなどについて考え，不思議な魚の特徴などから自分がつくりたい形や色について構想したり，見方や感じ方を深めたりしている。 | 不思議な魚を表したり鑑賞したりする活動を通して，組み合わせてつくりだす喜びや造形を見立てる楽しさを感じている。 |

### 3．主な用具・材料

　・木片　・木の枝　・板材　・釘　・のこぎり　・金づち　・木工用接着剤　・水彩絵の具

### 4．指導計画（全4時間）

| 主な学習活動 | 指導上の留意点 |
|---|---|
| 活動Ⅰ　題材について知る　1時間<br>・「新種」の意味について考え，自分なりの楽しい魚をつくることについて見通しをもつ。 | ・魚類の写真などを提示し，不思議な形・色の魚を木と釘でつくることを知らせる。 |
| 活動Ⅱ　「新種の魚類」をつくる　2時間<br>・つくりたい「新種の魚類」のイメージをもち，木片・釘の形を生かしたり色彩を工夫したりして表す。 | ・つくりたいイメージを大切にしながらも，材料の形にも目を向けるように促す。 |
| 活動Ⅲ　「新種の魚類」を鑑賞しあう　1時間<br>・完成した作品を並べて鑑賞し，それぞれが考えた「新種の魚類」の特徴や表現の工夫について話し合う。 | ・材料の生かし方や見立ての工夫に着目するように伝えて，視点を共有できるようにする。 |

## 5．本時の展開

目　標：木片や釘の形を見立てながら「新種の魚類」をつくることを通して，釘打ちやのこびりびきなどの基礎的な技能を習得する。

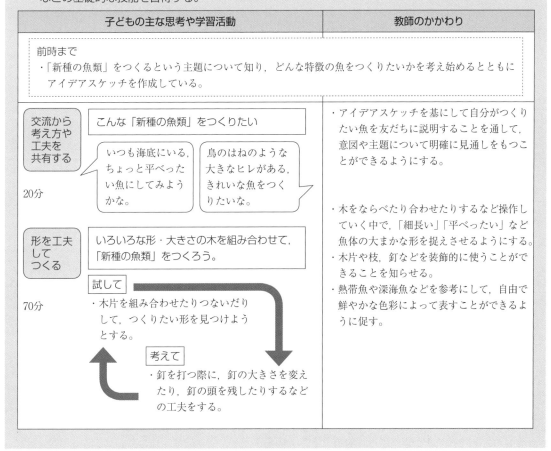

| 子どもの主な思考や学習活動 | 教師のかかわり |
|---|---|
| 前時まで<br>・「新種の魚類」をつくるという主題について知り，どんな特徴の魚をつくりたいかを考え始めるとともにアイデアスケッチを作成している。 | |

## 3）指導のポイント

導入時だけでなく表現活動が展開するときにも，指導者から「材料の向きを変えると何に見える？」と声をかけて，木片の形のよさや面白さに気づくことができるように配慮したい。似た形の木片を選んでいても材料の組合せ方が異なる例などを学級全体に紹介したり，相互鑑賞の際に材料の見立て方を着目点として示

したりするなど，児童の造形的な視点を広げるためのきっかけをつくることが重要である。

## （3）高学年

### 1）既習事項を総合的に生かす高学年の立体表現

　高学年の立体表現では，低・中学年における様々な材料経験や用具の関する知識・技能を総合的に生かすようにすることが重要である。平成29年版学習指導要領の「内容の取扱いと指導上の配慮事項」には，各学年の指導において取り扱う材料や用具が示されている。また，必要に応じてそれらを後の学年でも繰り返し取り上げることについても述べられている。

　立体表現においては，様々な材料を組み合わせたり表現の方法を活用したりすることで新たな発想や構想が生まれる契機となることがある。「アルミホイルを貼ったらどうなるかな？」「ペンチがあればうまく曲げられるかも」など，学習経験を主体的に再構築できる条件を整えたい。具体的な指導者からの支援としては，図工室や教室に「材料コーナー」などを設置して，様々な材料や用具を即応的に提供するなどの工夫が大切である。

### 2）高学年の実践事例

| 学習指導案<br>6年 | わたしは建築家<br>－A（1）イ（2）イ　絵や立体，工作に表す－ |
| --- | --- |

### 1．題材について

　「家をつくること」を考えることは，とても夢が広がる活動である。本題材は高学年の児童が建ててみたい家を構想し，段ボールで立体的に表現することが活動の中心である（図6－5）。導入では，校区内にある建物について話し合ったり，特徴のある建築の写真（図6－6）などを鑑賞したりすることによって，児童のイメージを広げるようにする。実際に建築前につくられる，いわゆる「建築模型」は実際の建築を精密に再現したものであるが，本題材では段ボールを組み合わせたり積み上げたりするなど，実際に素材にかかわっている中で生まれたアイデアを大切にし，児童にとってつくりたい空間が豊かに展開していくような学習活動を心がけたい。段ボールは強度があるにもかかわらず加工しやすいため，立体表現に適した素材である。段ボールの板に穴をあければ窓を表現することができ，箱状になったものを積み重ねると階層を表すことができる。段ボールの組み合せによって生まれる空間のよさを味わいながら，建築家になった気分を楽しめるような授業としたい。

図6－5　「すべり台の家」（示範作品）

図6－6　大阪市・八尾市・松原市<br>環境施設組合舞洲工場（掲示資料）

## 2．題材の目標と評価規準
### （1）題材の目標
　段ボールを使って建ててみたい家などをつくる活動を通して，空間構成に関する思考力・判断力・表現力等を高める。
### （2）題材の評価規準

| 知識・技能 | 思考力・判断力・表現力等 | 主体的に学習に取り組む態度 |
|---|---|---|
| 段ボールを使った表し方を知り，家などの構造や空間，見る方向などを工夫してつくりだそうとしている。 | 家などをたてることを考え，「こんな家があったらいいな」という夢などから自分がつくりたい家の形や特徴について構想したり，見方や感じ方を広げたりしようとしている。 | 家などを表したり鑑賞したりする活動を通して，つくりだす喜びや生活にかかわる建築や造形の楽しさを味わっている。 |

## 3．主な用具・材料
　　・特徴ある建築物の写真　・段ボール　・段ボールカッター
　　・カッターマット　・はさみ　・接着剤

## 4．指導計画（全5時間）

| 主な学習活動 | 指導上の留意点 |
|---|---|
| 活動Ⅰ　題材について知る　1時間<br>・建築家がどんな仕事をしているのかについて知り，建築のコンセプトを構想するとともに，その概略を「設計図」に表す。 | ・すべり台がある家，犬の形の家など，つくりたい建築の特徴を具体的に考えるよう促す。 |
| 活動Ⅱ　建築をつくる　3時間<br>・刃物や接着剤の正しい使用方法について知り，建物の構造や空間を工夫しながら段ボールを使って表す。 | ・実在する建物にとらわれず，空間のおもしろさに目を向けることを知らせる。 |
| 活動Ⅲ　互いの建築を鑑賞しあう　1時間<br>・みんなの建築を町のように並べて，その間に入って鑑賞し，それらの特徴や工夫について話し合う。 | ・建築に表れている特徴や空間の広がりなどに着目するように伝える。 |

## 5．本時の展開
　目　標：段ボールの加工を工夫しながら建築をつくることを通して，空間の変化や面白さについての
　　　　　見方などを習得する。

| 子どもの主な思考や学習活動 | 教師のかかわり |
|---|---|
| 前時まで<br>・どのような家を建てたいかを話し合い，建築のコンセプトを構想するとともに，その概略を「設計図」を作成している。 | |
| 交流から考え方や工夫を共有する<br>15分<br>こんな建物をたててみたい。<br>大きなすべり台があって，2階からお庭におりられる家があったらいいな。<br>どの階にもお花畑があって，いつもきれいな花に囲まれた家をたてたいな。<br><br>形を工夫してつくる<br>段ボールをつないだり重ねたりして，楽しい建物をたてよう。 | ・設計図をもとにして，どのような家を建てたいかを話し合い，互いの意図や主題のよさを理解することができるようにする。 |

| 75分 | 試して<br>・段ボールを重ねたりつないだりして，できた空間のおもしろさを積極的に生かしてみる。<br><br>考えて<br>・段ボールカッターで穴をあけたり，接着剤でつなげたりするなどの技法を活用する。 | ・建物の各部分を段ボールによってつくることができるよう，簡単な窓や階段，柱などの基本的なつくり方や手本などを示すようにする。<br>・空間の広がりや面白さに着目するため，段ボールの組合せ方や重ね方を変えたり様々な方向から見たりするとよいことを知らせる。 |

### 3）指導のポイント

　児童が建築物をつくる際，表現の選択肢としていくつかの基本的な形の作り方を示すとよい。例えば，段ボールを交互に折ると階段をつくることができ，丸めて筒状にすると柱をつくることができる。このような造形をすべて児童の発想に委ねることも可能であるが，「示された形をどのように組み合わせると面白い空間ができるのか」という工夫をする活動も，造形的な見方・考え方を育む上で重要である。

---

**発展的実践への手立て**　　新たな表現との出会いを大切にした立体の表現指導

　本章では，「おにがわら」「建築」などの表現主題から構想を深めていく題材を取り上げた。一方で，現代の美術作家たちは常に新しい材料や独自の表現方法を取り入れることに挑戦している。そのような立体作品を鑑賞したり新たな材料・表現方法にふれることは，児童の表現意欲を喚起することにもつながる。

**◆空にえがこう**　材料：針金，木片　等
針金を使って空間に立体的な線をえがく。「風」「未来」など，児童それぞれのイメージを広げやすい主題がよい。

関連する作家：宮脇愛子

**◆うかぶ水族館**　材料：針金，たこ糸，木の枝，色画用紙　等
海の生き物のモビールをつくる。動く立体をつくることは，児童にとってバランスや重量を認識することにもつながる。

関連する作家：アレクサンダー・カルダー

**◆カタドリ フルーツ**　材料：土粘土，新聞紙，半紙，水彩絵の具　等
張り子の技法で果物をつくる。土粘土でつくった原型が，張り子によって質感が変わったり色彩によって鮮やかになったりすることを体験する。

関連する作家：ジョージ・シーガル

# 第7章 適応表現と工作の表現指導

## 1. 自律的に生きぬく人間像と適応表現

### （1）自律的に生きぬく人間像をめざす図画工作

　いかなる理想的人間像を描き，その実現を目指して，どのような教育的努力が必要になるのか[1]。これは，過去・現在・未来を俯瞰し，次世代の教育を考える上での根本的な問いである。

　工作教育不振の解決と美術教育の発展に尽力した松原郁二は，著書『人間性の表現と教育―新しい美術教育理論―』（東洋館出版社，1972）の中で，「自律的に生きぬく人間像」を人間教育の究極的な目的として示し，「主体的に生きる態度」と「責任ある行為の自覚」をその実現のための重要な視点とした。そして「主体的」とは「創造的」と言い換えてもよいとした。

　また，ハーバート・リード（Herbert Edward Read, 1893-1968）の「人は，本来あるところのものになるように，教育されなければならぬ」という見解と「人は，その本来あらざるものになるように教育されなければならぬ」という見解を紹介し，前者については，内的生命力という個人にとって絶対的な意味をもつ固有の能力を成長・発達（development）させることであり，それによって積極的に環境に働きかけ，新しい世界を創造するとともに自己を更新していくものであると述べ，後者については，外的能力としての社会性の能力を身につけさせて，変化していく自己の環境に適応的に生きる能力を拡大進歩（progressive）させることであると記している。

　さらに教育の目的に関するリードの以下の言葉を取り上げ，自律的に生きぬく人間を育てるためには，個性の発達を助長するとともに社会性と有機的に調和させるための能力の向上が両立しなければならないとも述べている。

　「独自性も孤立の状態では実際に価値がない。近代の心理学並に最近の歴史経験の最も確かな教訓の一つは，教育は個性を与える過程であるばかりでなくて，同時に全体を統合する過程でなければならないということである。全体の統合とは，すなわち，個人の個別性と社会的統一との融和に外ならない。この見解からすると，個人は社会の有機的全体の中で，その個性が重視される程度に従って善であり，一つの色彩も，たとえ目につかないにしろ，景色の美に貢献しているし，また，一つの音楽が，たとえ注意を引かない程度ではあっても，普遍的諧調の中で必要な要素であるところに意義がある。」[2]

1) 唐澤富太郎：日本教育史, 金羊社, 1953, p.29

2) 松原郁二：人間性の表現と教育―新しい美術教育論―, 東洋館出版, 1972, p.100-101

### （2）人間形成に不可欠な適応表現

　それでは，そうした「自律的に生きぬく人間像」，「主体的（創造的）に生きる態度」と「責任ある行為の自覚」，そして「個人の個別性と社会的統一との融和」という観点を重視すれば，適応表現をどのように捉えることができるのか。昭和43年版学習指導要領の改訂において中学校美術科に「工芸」の領域が導入された際の松原の次の言葉は，自律的に生きぬく人間像の実現へ向けた適応表現に関する考え方を端的に表している。

　「芸術を普通教育の中で考える意味は，自由と責任を自覚するすべての人間が，平素の生活の中で，直観し実践する創造教育の場で大切な役目をもつからである。その場合の内容を，純粋な心象表現に限ることは，人間表現の場を制限して考えることになるから，義務教育においては適切でない。これまで，デザインの柱で補っていたが，欠けていた工芸を加えることによって充実させたものである。（普通教育の芸術では，）絵画や彫塑が，純粋的な心象表現によって，自己表現的行動の基礎を養うことと，その基礎の上に立って，目的・機能をもつ造形の創造によって，対立する諸条件をふまえて，調和的に自己を実現していくもので，人間が絶えず自己を否定するものによって限定される，そのことによってさらに新しい自己を自覚するという実際を体験させるものである。」[3]

造形ニュース・106

JANUARY　1970
KAIRYUDŌ　開隆堂

3）松原郁二：工芸が指導要領にはいった趣旨，造形ニュース，106号，開隆堂，1970，p.1

　本章は，「自律的に生きぬく人間像」の実現へ向けての「目的・機能をもつ造形の創造によって，調和的に自己を実現していく」という適応表現の重要性を踏まえて，中央教育審議会の答申，小学校学習指導要領，工作に表す活動，授業づくりのポイント等について述べたものである。

## 2．未来を拓く中央教育審議会の答申と小学校学習指導要領

### （1）未来にかかわる「創造」―中央教育審議会の答申

　中央教育審議会（平成28年12月）の答申において，図画工作や美術にかかわるキーワードは何か。結論から言えば，一つ目は，未来にかかわる「創造」と答えることができる。「2045年には人工知能が人類を越える『シンギュラリティ』に到達するという指摘もある」（p.10）と記され，科学技術の急速な進展などによって，社会の変化が加速度を増し，複雑で予測困難な時代になるのであれば，一人一人が未来の創り手となることが一層重要になると述べられているからである（p.9）。また，「豊かな感性や想像力等を育むことは，あらゆる創造の源泉となるものであり，芸術系教科等における学習や美術館や音楽会等を活用した芸術鑑賞活動等を充実させていくことも求められる」（p.39）とも記載され，図画工作や美術があらゆる創造の源泉になることに眼差しが向けられているからである。

　では，二つ目は何か。それは「創造」を支えるための「責任」というキーワードをあげることができる。答申では，「責任を有する主権者」（p.39），「社会的な責任」（p.40）という言葉でこの責任に言及している。一人一人が未来の創り手

になることが重要になるのであれば，同時に，一人一人が未来に対する責任を考えるということも一層重視しなければならない。責任とは，「責めを引き受けること」を意味する。これから起こる事柄や決定に対する責任を「未来に対する責任」とすれば，すでに起きた事柄及びすでになされた決定や行為に対する責任，またはそれを説明する責任を「過去に対する責任」ということができる。「過去に対する責任」では，元に戻そうとしても元に戻すことができない状況が存在する。生命にかかわることはその最たる事例である。取り返しのつかないことが起きないように「未来に対する責任」は今後ますます重要になるだろう。

### （2）小学校学習指導要領解説総則編と小学校学習指導要領解説図画工作編

　小学校学習指導要領解説総則編（平成29年6月）では，「創造」にかかわって，「道徳教育や体験活動，多様な表現や鑑賞の活動等を通して，豊かな心や創造性の涵養を目指した教育の充実に努めること」（p.25）と述べられている。また，「責任」にかかわっては，「未来を拓く主体性のある日本人の育成」において，「未来を拓く主体性のある人間とは，常に前向きな姿勢で未来に夢や希望をもち，自主的に考え，自律的に判断し，決断したことは積極的かつ誠実に実行し，その結果について責任をもつことができる人間である」（p.31）と記されている。

　さらに小学校学習指導要領解説図画工作編（平成29年6月）[*1]では，図画工作科の目標（1），（2），（3）のそれぞれに「創造」が位置づけられ，「図画工作科の学習が造形的な創造活動を目指していることを示している」と述べられている。

#### 創造と責任（創造の根底に責任を位置づける）

　子どもの未来のために，今，何をキーワードとするのか。創造と責任をその問いの答えとし，工作に表す活動の指針としたい。

## 3. 子どもが大好きな工作に表す活動と授業づくりのポイント

### （1）工作に表す活動

　「小学校学習指導要領解説図画工作編」において，心象表現としての絵や立体については，「『絵や立体』とは，絵の具などで平面に表したり，粘土などで立体に表したりすることであり，ともに自分の感じたことや思ったことなどを表すという点で共通している」（p.27）との記述がある。適応表現としての工作については，「一方，『工作』とは，意図や用途がある程度明確で，生活を楽しくしたり伝え合ったりするものなどを表すことである」（p.27）と示されている。

　また，小学校の工作と関連する中学校のデザインや工芸に関しては，中学校学習指導要領解説美術編（平成29年6月）に「デザインや工芸のように自己の表したいことを生かしながらも目的や機能を踏まえて発想や構想をする資質・能力がある」（p.26）と記されている。

＊1　小学校学習指導要領解説図画工作編（文部科学省，平成29年6月）：「児童が手や体全体を働かせてものをつくる活動の機会が減少していると言われている。ものをつくる経験は，単に技術の習得という観点だけではなく，よさや美しさを大切にする気持ち，自発的に工夫や改善に取り組む態度の育成などの観点からも重要である。
このことから，工作に表すことの内容に配当する授業時数が，絵や立体に表すことの内容に配当する授業時数とおよそ等しくなるように指導計画を立てることの必要性を示している。」（p.108）

次頁＊2　スロイドシステムを工作・工芸教育の起点とする理由。「スロイドシステムの発想を工作・工芸教育への起点とする理由には，およそ次の三つをあげることができる。第一に民芸を工芸の規範とし，これが人間形成の多くに関与していたことに注目したこと。第二として，教科の成立にまでこぎ着ける過

程の中で，工芸が教育という営みの分担を確かに持ち続けてきたことを確かめたこと。第三には，民芸すなわち工芸に内在する総合性を，目的・内容・方法という正式かつ一般的なシステムに高めたことである。」(宮脇 理, pp. 414-415)
「スロイドシステムは，いくつかの試行を経て，フィンランドのウノ・シグネウス（1863年）によって基本的な理念が立てられ，ほぼ同時期にスウェーデンのオットー・ソロモン（1868年，明治元年）らによってシステム化が模索されたが，その後両者の出会いによって，教育的スロイドシステムが完成されるという経過を持つ。」(宮脇 理, p.415)

＊3　「わが国の小学校に初めて手工科が登場したのは，明治19年(1886)に公布された『小学校ノ学科及其程度』によって，高等小学校の加設科目として英語，農業，商業と共に，手工が設置されたときからである。」(山形 寛, p.139)

＊4　「わが国の学校教育において施行されている教育課程の中の『図画工作科』『美術科』『芸術科工芸』における工作・工芸教育の淵源を辿りますと，明治19年に普通教育に『手工科』が仮設されたことに始まります。爾来百年の経過を経て

## （2）授業づくりのポイント

　授業をつくるためには，事前に何をしなければならないのか。学習指導要領の確認，関連する資料の収集，教材の試作，授業過程の検討，学習指導案の作成など，いろいろな視点から考えることができるが，ここでは授業づくりのポイントを以下に三つ示した。

### 1）関連する資料の収集

　歴史と意義，創造と責任に関わる事例を次にあげた（図7－1）。それらの資料に基づいて工作に対する理解を深め，授業を支えるための基盤をつくる。

【例／歴史と意義】

① 監修／奥田真丈，編集委員／生江義男，伊藤信隆，佐藤照雄，瀬戸 仁，宮脇 理：教科教育百年史[2]および，教科教育百年史資料編，建帛社，1985

② 山形寛：日本美術教育史[3]，黎明書房，1967

③ 工作・工芸教育百周年の会（会長／長谷喜久一，事務局／筑波大学造形芸術教育研究会内）：工作・工芸教育百周年記念誌[4]，彩信社，1986

④ 文部省：中学校美術指導資料 第2集 工芸の指導[5]，日本文教出版，1974

⑤ 松原郁二：人間性の表現と教育―新しい美術教育理論―[6]，東洋館出版社，1972

⑥ 松原郁二：「工芸が指導要領にはいった趣旨」，『造形ニュース』106号，1970

【例／創造と責任】

① 大橋晧也：創作おりがみ[7]，美術出版社，1977

② 著者／エルンスト・レットガー，翻訳者／宮脇 理，武藤重典：木による造形 造形的手段による遊び[8]，造形社，1973

③ 宮脇 理：工藝による教育の研究[9]，建帛社，1993

④ 大橋晧也・宮脇 理：美術教育論ノート[10]，開隆堂，1982

| 『教科教育百年史』，建帛社，1985 | 『中学校美術指導資料第2集 工芸の指導』，日本文教出版，1974 | 『人間性の表現と教育―新しい美術教育理論―』，東洋館出版社，1972 | 『創作おりがみ』，美術出版社，1977 |

**図7－1　「関連する資料の収集」における主な文献**

### 2）教材の試作

　教材の試作とは，指導者が授業を行う前に，子どもと同じ教材をつくってみるという行為をさす。子どもにとって難しいところはどこか，それを乗り越えるた

めにはどうすればいいのか。指導者自身が試行錯誤し，自らの実感に基づいて，それらの問いに答えるのである。

　一つだけではなく違ったタイプのものを複数試作し，それらに共通する考え方を考察すれば，多様な発想を生み出すためのポイントを明確にすることができる。また，教材の試作は，子どもの作品のよい点を見つける際にも重要になってくる。新たなものをつくり出すためには様々な困難が伴う。その大変さを指導者自身も踏まえて子どもの作品を見ることができるからである。

　多様な発想を生み出すためのポイントの一つとして，創造モデルの事例を左に示した（図7－2）。子どもが自らの表現を生み出すためのものである。つくろうとするものが思い浮かんだときにはそれをつくり（発想から形へ），思い浮かばないときにはとりあえず（思い切って）一つの形をつくって目の前に置いてみて次どうするかを考える（形から発

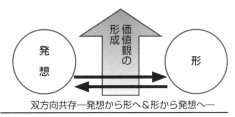

※ 形は，色，質，動き，音などと置き換えることができる

**図7－2 創造モデル ―子どもが自らの表現を生み出すために―**

想へ）。そうした「発想から形へ，そして形から発想へ」という双方向共存の考え方を図に表したものである。また，価値観の形成を基軸とした。どのような形や色にするのか，それを判断する拠り所は自分の価値観だからである。さらにものをつくることに対する責任を根底に位置づけた。冒頭で述べたように，創造と責任を工作に表す活動におけるキーワードとしたからである。

### 3）授業過程の検討―創造のプロセスを中心に―

　授業過程の検討とは，教材の試作に基づいて，子どもが自らの表現を生み出すための創造のプロセスを考察するということである。一例として，教材「いろんなオニがあつまった」（手で紙をちぎってつくる教材）に関する創造のプロセスを以下に示した（図7－3）。オニに着目した理由は，想像上の生き物であれば，多様な発想へ発展しやすいと考えたからである。

【材料・用具】

　Ａ４用紙（小さい紙による試作用），色画用紙（本番用，八つ切りの1／2程度，15色程度），スティックのり

【創造のプロセス】

① 　小さい紙による試作（Ａ４用紙の1／4程度）…小さい紙であれば，短時間でいろいろな形をつくることができる。

② 　原形の選択…オニの顔の土台となる本番用の色画用紙を選ぶ。

③ 　基本形の制作…基本形とは，多様な発想を生み出すためのおおもとになる形をさす。小さい紙での試作に基づいてつくる。

④ 　条件の確認…どのような形になってもオニの顔に見えやすいように，最低限つくる部品は「目，口，つの」とする。

今日の『ものづくり』にかかわる教育があるわけですが，この間幾多の変遷と先人の貢献を忘れることはできません。」（工作・工芸教育百周年の会会長：長谷喜久一，p.70）

＊５ 「手を通してものをつくり出す喜びと責任について考えさせ，それらの体験を通して，現在の社会生活や将来にわたって，よいものは何かを理性的，感性的にとらえることができるようにすることが大切である」（p.4）

＊６ 「自律的に生きぬく人間像」を人間教育の究極的な目的とした。「主体的に生きる態度」と「責任ある行為の自覚」については以下のように述べている。
【主体的に生きる態度】
・主体的に考える
・積極的に実行する
【責任ある行為の自覚】
・他人の自由を尊重する
・客観的秩序（自然の法則も同様）にきびしく従う
・主体的行為には全面的に責任をとる
（松原郁二，p.7）

＊７ 「私はどうしても創作のプロセスをあきらかにし，模倣だけに終わらないおりがみの教え方，学び方といったものが確立されなければならないのではないかと考えていました。そのこころみが，この本になったということです。（中略）基

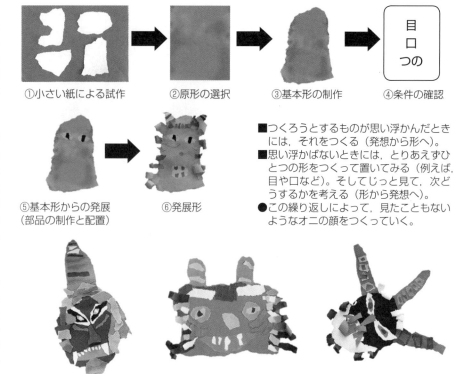

①小さい紙による試作　②原形の選択　③基本形の制作　④条件の確認

目
口
つの

⑤基本形からの発展　⑥発展形
（部品の制作と配置）

■つくろうとするものが思い浮かんだとき
　には，それをつくる（発想から形へ）。
■思い浮かばないときには，とりあえずひ
　とつの形をつくって置いてみる（例えば，
　目や口など）。そしてじっと見て，次ど
　うするかを考える（形から発想へ）。
●この繰り返しによって，見たこともない
　ようなオニの顔をつくっていく。

**図7-3　創造のプロセス―いろんなオニがあつまった―**
作品／福島県福島市立福島第二小学校2年生，指導者：佐藤文子

本形とオリガミ・ツリー（系統図）をここに大きく示しました。この二つが私のおりがみ教育観を端的に示す柱だからです」（大橋晧也，p.6）

*8 「この本は，造形衝動と創造の才能をふたたび呼びさますのにはどうしたらよいかを示し，そのための刺激をあたえようとするものである。」（エルンスト・レットガー，p.6）

*9 「F・W・A・フレーベルが作成しつつも神がデザインしたと称する恩物なるモデル媒体よりも，人間が手渡しつつ創りあげたフォーク・アートを教育の規範としたのである。F・W・A・フレーベルの哲学を否定しないまでもU・シグネウスが考える20世紀へ向かう人間学の方向は，人間の責任によって創られた媒体を教育の規範とする方向にふみ切ったというべきであろう。」（宮脇 理，p.79）

*10 「彼（ウノ・シグネウス）は物が作られるということは単に物が具体化するだけでなく，その過程では同時に人間も作られると

いうことに気付いていく」（宮脇 理，p.22）

⑤　基本形からの発展（部品の制作と配置）…つくろうとするものが思い浮かんだときには，それをつくる（発想から形へ）。思い浮かばないときには，とりあえず一つの形をつくって置いてみる（例えば，目や口など。大きさ，形，色，配置する場所は自由）。そしてじっと見て，次どうするかを考える（形から発想へ）。この繰り返しによって，形を明確にしていく。部品の配置を変えれば表情が変わる。糊付けは部品の配置を決めた後に行う。

⑥　発展形…基本形から発展した様々な形を意味する。

　ものをつくる責任にかかわっては，自然に負担をかけないように，有り余るほどの材料でつくるのではなく（材料は自然の恵み），少ない材料で（必要とする分だけで）多様な発想を生み出すことができるように配慮した。人間は自然の一部。自然に支えられてこそ生きることができるからである。

## 4.「工作に表す活動」に関する教材研究の実際

　「工作に表す活動」に関する教材研究の一環として，教材試作の事例を次に二つ示した（図7-4）。

教材「びっくりバタバタ」に関する試作　　　教材「鍋つかみの大変身」に関する試作
（小学校図画工作科指導法講座in苫小牧）　　　　　（こども学舎，札幌市）
### 図7−4　「工作に表す活動」に関する教材研究の実際─教材の試作─

### （1）「音の出る仕組み」からの発想

　一つめは，音の出る仕組みから発想する教材「びっくりバタバタ」に関する試作。沖縄の郷土玩具を教材化したものである。前述した教材「いろんなオニがあつまった」では，ちぎった色画用紙の形を基本形とした。本教材では音の出る仕組みを基本形とした。音の出る仕組みは，ワッシャー，輪ゴム，針金，封筒でつくる。封筒を開けると，バタバタバタとびっくりするような音を出す。この音が出る仕組みからどのようなものをつくり出すことができるか。教材を試作することによって，その問いに答えるための創造のプロセスを検討した。授業では，へび，河童，入れ歯，一つ目のおばけなど，多様な発想が生まれることになった。

### （2）「開いたり閉じたりする動き」からの発想

　二つめは，開いたり閉じたりする動きから発想する教材「鍋つかみの大変身」に関する試作（図7−4）。本教材では，鍋つかみを多様な発想を生み出すための基本形とした。「鍋つかみに手を入れて動かす」，「いろいろな方向から見る」，「色画用紙で部品をつくって取り付ける」，「毛糸も活用する」など，事前に試作することによって，創造のプロセスにかかわるポイントを検討した。

　腹話術，人形劇，母の日のプレゼント，新入生の歓迎行事など，多くの場で活用できる教材である。

## 5．歴史への眼差し─工作・工芸教育の重要性に対する認識を深めるために─

　歴史へ眼差しを向けることは，工作の重要性に対する認識を深めるために欠かすことができない。前述した『教科教育百年史』（建帛社，1985）には，その導入の状況について以下のように記されている。

　「工作や工芸教育の前身である手工の教育は，図画の場合と同様に，制度をよりどころに進められた。（中略）明治19年に公布された「小学校，学科及其程度」を見ると，高等小学校の加設科目として，英語，農業，商業とともに手工科が設

置されている。」

　「当時高等師範学校（当時は東京高等師範学校とは言わない）の野尻精一がドイツに留学中であり（明治19年より），また物理学の後藤牧太も英国に留学していたが（同20年），明治19年の教育制度の改革によって，手工教育調査の必要が起ったので，政府は両者に対して，スウェーデンのネースにある手工師範学校において，スロイドシステムについての内容を詳細に調べることを命じたのである。後藤牧太は，同23年に帰国し，高等師範学校（同19年4月に東京師範学校は高等師範学校となる）の教授となり，専門の物理学のほかに手工科の指導にも当たることになる。」（宮脇 理）4）

4）監修／奥田真丈，編集委員／生江義男，伊藤信隆，佐藤照雄，瀬戸 仁，宮脇 理：『教科教育百年史』，建帛社，1985，pp.413-417

　また，『工作・工芸教育百周年記念誌』（彩信社，1986）には，1886（明治19）年，文部省令で高等小学校に手工科が加設されることになってから，1986（昭和61）年までの100年の歩みが記載されている（沿革大要，手工教育創業者，日本手工研究会沿革，教育指導者講習／IFEL，制度・学習指導要領，工作・工芸教育推進者など）。さらには，1987（昭和62）年以降へ向けての提言も掲載されている（「工作・工芸・デザイン教育101年に向けて」など）。

　以上を踏まえ，ここでは戦後（1945年以降）日本の工作・工芸教育に関する事例として次の二つを取り上げた。

## （1）IFEL工作科教育の開催（1952年）

　戦前は別々の科目であった「図画」と「工作」は，1947（昭和22）年，連合国軍最高司令部民間情報教育局（CIE：Civil Information and Education Section）の指導の下で示された学習指導要領（試案）によって「図画工作」という一教科に統合された。それにもかかわらず，1952（昭和27）年には「IFEL工作科教育」*11（IFEL：アイフェル，教育指導者講習，The Institute For Educational Leadershipの頭文字）が開催された。その理由は主に三つあったのではないかと推測する。それぞれの根拠となる事例を括弧の中に一つずつ示した。

＊11　IFEL工作科教育：IFEL工作科教育は連合国軍占領終結後の1952（昭和27）年11月17日から12月26日までの6週間にわたり第9期として開設されたものである。東京教育大学が会場となり，三苫正雄（東京教育大学），阿妻知幸（東京教育大学）が講座責任者を務めた。全国各地から推薦選抜された小・中・高校および大学での工作教育に関わるリーダー40名が参加している。IFEL図画科教育も，同時期，同会場で別講座として実施された。（佐藤昌彦：IFEL（The Institute For Educational Leadership）への眼差し─ものづくり教育の重要性，その認識を深めるための一路程として─，アートエデュケーション思考─Dr.宮脇理88歳と併走する論考・エッセイ集─，学術研究出版／ブックウェイ，2016，p.404）

　第一は，教科の統合による工作教育埋没の危機意識（「工作教育が明治19年，一般教育令の制定と共に発足して60年の歴史を持ちながら，戦後新教育令の発足と共に不振の状況に陥り実に憂慮すべき現状である」／『第9回後期 教育指導者講習研究集録 工作科教育』，p.197）。

　第二は，戦前からの手工・工作を通したものづくり教育に関する系譜の存在（「我が国の造形教育の沿革は，凡そ70年の歴史を持っている。その起源を尋ねると，幼稚園で行った手技の教育に始まり［明治9年］，それが手工科となり［明治19年］，工作科となり［昭和16］，今日では，小学校中学校は図画工作科となっている［昭和22年］」）／『第9回後期 教育指導者講習研究集録 工作科教育』，p.2）。

　第三は，日本の将来を見据えて，工作教育の方向性を提案しようとする指導者としての使命感と情熱（「受講者の旅費も宿泊費滞在費も研究費も全く出なくなり自費をもってすることになった。これは受講者にとっては，これまで一度も美

術教育に関するIFELがなかったばかりでなく，最後に行われることになったかと思えば自費で一切をやらねばならぬという誠に気の毒の至りとなった。かかる実情にもかかわらず受講者の全員も講師も関係者一同も全く未だかつてない全力をあげて充実した成果をあげた」／『第9回後期 教育指導者講習研究集録 工作科教育』，「序文」）。

研究の成果は，謄写版印刷による『第9回後期 教育指導者講習研究集録 工作科教育』（東京教育大学，1952）にまとめられている（図7−5）。

### （2）昭和44年版中学校学習指導要領の改訂（1969年）と工作教育

「工芸」領域が中学校美術科に導入され（表7−1），第2学年における週1時間増が実現した。昭和33年版の改訂において，工作的な学習は新設の技術・家庭科で扱うようになり，その後，工作にかかわる学習は不振*12といわれるような状況が続いた。こうした状況に関して，『工作・工芸教育百周年記念誌』（工作・工芸教育百周年の会，1986，図7−6）には，「中学校の美術科から工的な部分が希薄となった昭和33年の学習指導要領の影響は，造形活動そのものを崩壊させたといっても過言ではあるまい。図画工作時代の教員のあるものは技術科へ移籍し，またある者は美術科に残りながら，クラブ活動等において地域の材料を中心とした『工芸』活動を進めたのが実状である」（宮脇 理）[5]と記されている。

昭和44年版の改訂の意味は極めて大きい。それまでの不振といわれるような状況を脱して，文部省主催中学校工芸実技講習会*13の開催（1972-1974），読売映画「工芸のよろこび」の製作（1972），全国工芸教育協議会*14の設立（1973），『中学校美術指導資料第2集 工芸の指導』（文部省）の発行（1974），工作・工芸教育百年記念式典の開催

**図7−5** 『第9回後期 教育指導者講習研究集録工作科教育』，東京教育大学，1952

**図7−6** 『工作・工芸教育百周年記念誌』，工作・工芸教育百周年の会，1986

*12 工作的な学習の不振：『中学校美術指導資料第2集 工芸の指導』（文部省，1974）には，「昭和33年の改訂により，それまでの工作的な学習は，技術・家庭科においては生産性・合理性・技術性を中心とした学習が主となり，一方美術科においても工的な条件の少ない視覚的なデザインが中心となり，しかも平面的なものが主として扱われる傾向が強く，美術科，技術・家庭科を通じて，創造的，造形的な工芸・工作的学習は10年余，多くの具体的な試みが望まれながらも不振の状況にあった」（p.285）と記載されている。

5）工作・工芸教育百周年の会：工作・工芸教育百周年記念誌，彩信社，1986，p.39

*13 文部省主催中学校工芸実技講習会：「受講者の工芸への認識と工芸による教育の認識には多くの一致がみられた。それはフォーク・アート：民芸という固有の文化，信頼できる文化と教育との連結にあった。」（宮脇理：『工藝による教育の研究—感性的教育媒体の可能性—』，建帛社，1993，pp.514-515）

**表7−1 「工芸」領域が導入された意図**

| |
|---|
| （1）技術科において図画工作科時代の工的な内容が望めないのなら，美術科内部に絵画，彫塑，デザインに並ぶ工芸の柱を立てる。 |
| （2）中学校の工芸とは，中学生が全身を活動させ，発想から具体的計画，実践までをだれの力もかりずに一人で完成させるような内容である。 |
| （3）材料はその土地にある素材を中心に用いるが，木，紙，金属，土，プラスチックなどを単独あるいは組み合わせて用いる。 |
| （4）工芸へのアプローチとして，材料に触発させながら題材を自ら発見することと，デザイン（計画）し，材料を集め，製作することの二つの方法を基本とする。 |

参考）工作・工芸教育百周年の会：工作・工芸教育百周年記念誌，1986，pp.39-40

*14 全国工芸教育協議会：1973（昭和48）年7月1日に設立された工芸教育に関する民間教育運動の全国組織（代表：木下洋次）。

（1986）と『工作・工芸教育百周年記念誌』の発行（1986），ハンド101-ものづくり教育協議会*15の設立（1986）など，工作・工芸教育の重要性にかかわる様々な取組みへ発展する契機になったからである。

全国工芸教育協議会の設立主旨には，「ものを創り出す喜びと責任を考える」[6] というスローガンが記され，全国工芸教育協議会・ニュース（No.1）には，協議会設立にあたって，「昭和33年に改訂された文部省指導要領では，美術科の中での工芸の分野がその姿を消し教育現場に大きな変容を与えました。しかし，近年工芸教育の価値が再認され工芸の領域が，今回の改訂で導入されたことは教育現場におります私ども美術科教師にとって大変喜ばしい限りであります」[7]（代表：木下洋次）という言葉が掲載されている。

## 6．世界への眼差し─工作・工芸教育発祥地：フィンランドの教育─

*15 ハンド101-ものづくり教育協議会（略称：ハンド101，初代理事長：宮脇 理）：1987（昭和62）年12月6日に設立された手工・工作・工芸・デザインを通してのものづくり教育に関する全国的な民間教育研究団体。日本の手工・工作・工芸・デザインを通してのものづくり教育は，1886（明治19）年の「手工科」の加設に始まる。その後の100年の歴史を受け継ぐとともに101年以降へ向けたものづくり教育の発展を目指して設立された。全国工芸教育協議会は，ハンド101が発足する際に合流している。

6）全国工芸教育協議会機関誌「つくる」創刊号，1976.11.13，p.1

工作・工芸教育発祥地：フィンランドは，今，ものづくりの教育にどう取り組んでいるのか*16。2014（平成26）年9月に訪問した際には，ものづくり全体（原点から先端まで）の根底に「責任」を位置づけた状況を確認することができた。原点とは手づくり，先端とはIoT，（Internet of Things／もののインターネット）やAI（人工知能）などをさす。

ものづくり全体の根底に「責任」を位置づけた状況に関する根拠は次の三つである。

第一は，2004年版全国学習指導要領（手工科目）にものづくりに関する「責任」という言葉が明記されていたこと（2004年度版全国学習指導要領［手工科目］の翻訳：宮澤豊宏／フィンランド在住。下線は筆者が追加した）。

「（小学校）1-4学年を対象とする手工教育の究極の使命は，手工の知識や手工技能に児童を精通させるとともに，作業においても材料の選択においても批判力，

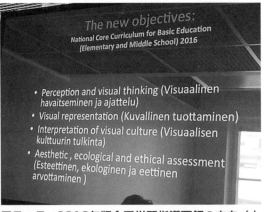

責任感，品質を見極める力を喚起させることである。（中略）児童の長期的な根気強さや問題解決能力をグループ作業や自立的な作業で開発していく。」

第二は，2016年版全国学習指導要領の方向として，ものづくりの責任にかかわる「ecological and ethical assessment」（生態的・倫理的評価）がキーワードになっていたこ

図7-7 2016年版全国学習指導要領の方向（小学校・中学校）／ミラ教授からの説明／アールト大学（旧デザイン工芸大学・ヘルシンキ市）で

**表7−2　フィンランドにおける教育視察先**

| 学　　校 |
|---|
| エスポー市立サールラニークソ中学校 |
| エスポー市立カイター中・高等学校 |
| ヴィヒティ町立オタランピ総合学校（小・中学校）及び保育園・託児所 |
| ヘルシンキ大学人間行動学部 |
| アールト大学（ヘルシンキ市。旧デザイン工芸大学。） |
| 学校以外の教育施設 |
| エスポー市内の課外美術学校 |
| 企　　業 |
| コネ社製造開発研究拠点（ヒュヴィンカー市。エレベーター開発。） |

7）全国工芸教育協議会・ニュース「つ・く・る」No.1，1973. 7.1，p.1

\*16　2014（平成26）年9月8日から9月12日まで，フィンランドを訪問した。訪問者は，宮脇 理と佐藤昌彦。

\*17　学校だけではなく，生活の中でのものづくりの「責任」に関する事例として，フィンランドの「デポジットシステム」に関する写真を掲載した（下）。デポジットは「預り金」のことで，デポジットシステムとは空の容器を機械の中に入れると預り金が返却される制度。
下の写真は，空の容器を回収するための機械（ヘルシンキ近郊のスーパーマーケット）

■木工台（オタランピ総合学校。ヴィヒティ町。フィンランドの「総合学校」は，日本の小学校と中学校に該当する。訪問した際には，小学生が木工台を使用していた。）

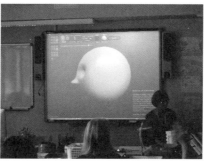

■3Dプリンターを活用した授業（右，カイター中・高等学校，エスポー市）／3Dモデリングソフトは「Sculptris」（スカルプトリス，無料ソフト）を活用していた。

**図7−8　工作・工芸教育発祥地：フィンランドの教育**

と（例／材料の選択は適切か，環境へどのような影響を与えるのか，後世へ何を残すのか）。このことについては，2016年版全国学習指導要領の担当者であるアールト大学のミラ・カッリオ‐タヴィン教授から説明を受けた（図7−7，通訳：宮澤豊宏）。ものづくりにおける「責任」という倫理面の重視を反映するものである。

　第三は，訪問した学校（表7−2）において，ものづくりの全体（原点と先端の併存，新旧の併存，科学・技術・芸術の連携など）にかかわる状況を確認できたこと\*17。木工台や3Dプリンターを活用した授業に関する写真（図7−8）はその事例である。

---

| 学習指導案 5年 | **1枚の板から**<br>〜A（2）　絵や立体，工作に表す〜 | 指導者：中村　珠世 |
|---|---|---|

**1．本題材の意義**

　本題材は電動のこぎりと板材を用いた表現活動である。1枚の板を切ったり組み合わせたりすることで，生活をほんの少し楽しくするようなものをつくり出していく。

　子どもたちは3，4年生の時にのこぎりを用いて枝や板，木を切ることを経験してきている。また，それらを接着材や釘などを用いて組み合わせることも経験している。そのような知識や技能などの経験をベースとしながら，本題材では電動のこぎりで曲線の形に切ることができることを生かした造形活動を設定する。のこぎりに比べ，電動のこぎりを使うことで，子どもは思い思いの形に板を切ったり切り抜いたりすることができる。また，電動のこぎりの刃に全方向刃を用いることで，より自分の思いに沿った曲線に切ることが容易になる。そのことにより，板材を自在に切ることへの楽しさを感じたり，発想を広げたりすることにつなげていく。

　さらに，本題材では「生活をほんの少し楽しくするようなものをつくる」というゴールを設定する。生活場面で使ったり置いたりすることを意識させることで，1枚の板の無駄ない使い方や曲線の形を含めた一つ一つのパーツの形の生かし方を工夫していく思考を発揮させていく。合わせて，しっかりと丈夫なものをつくろうとする態度を育んでいくことをねらう。

## 2．題材の目標と評価規準

### （1）題材の目標

　　・電動のこぎりを用いて板を切ったり組み合わせたりし，生活を楽しくするものをつくる。

### （2）題材の評価規準

| 知識・技能 | 思考力・判断力・表現力等 | 主体的に学習に取り組む態度 |
|---|---|---|
| ・自分の表現や友達の作品を見たりすることを通して，形や色，丈夫さなどの視点に着目しながらよさやはたらきを捉えている。また，安全に糸のこぎり等を使いながら，板材の切り方や形を工夫したり，表したいことに生かして用いたりしている。 | ・生活場面での用い方を思い浮かべながら，曲線を生かしたものの形や色を考えたり，丈夫な組み立て方などを考えたりしている。 | ・1枚の板材を切ったり組み合わせたり，飾って見たりしながら，身近な生活場面を楽しくするものをつくる活動に取り組もうとしている。 |

## 3．主な用具・材料

　板材（シナベニヤ），糸のこぎり（電動・手動），紙やすり，ニス（水溶性），ボンド，釘，

　水彩絵の具，アクリル絵の具

## 4．指導計画（全8時間）

| 【活動Ⅰ】　電動のこぎりの使い方を知る　（0.5時間）<br>・電動のこぎりの基本的な使い方（設置，刃の着脱など）を知る。<br>・のこぎりと電動のこぎり，それぞれの表現の違いやよさを考える。 | ・電動のこぎりを使う時の危険な点を子どもに考えさせることで，使う際の約束につなげていく。 |
|---|---|
| 【活動Ⅱ】　つくりたいものを考える　（2時間）本時<br>・使う場面や使い方などをイメージしてアイデアを思い描く。<br>・工作用紙で試しながら，アイデアを形にしてみる。<br>・友達と互いの思いや工夫を交流し，自分の発想・構想を広げる。 | ・「曲線を必ず入れる」ことをテーマに考えさせる。また，思い浮かんだアイデアを描いたり，端切の上でつくってみたりできるようにする。 |
| 【活動Ⅲ】　つくりたいものをつくる　（5.5時間）<br>・板材に切り取る線を描き，電動のこぎりで切る。<br>・イメージに合わせて彩色する。<br>・ボンドや釘で接着し，組み立てる。 | ・電動のこぎりは数人に1台となるため，「切る・やすりをかける・彩色する」ことを状況に応じて自由にできるようにし，待ち時間を作らないようにする。 |

## 5．本時の展開（2〜3／8　活動Ⅱ）

　目標：生活場面での用い方を思い浮かべながら，曲線を生かした形や色を考えたり工夫したりしている。

| 子供の主な思考や学習活動 | 教師のかかわり |
|---|---|

【前時まで】
・のこぎりを使った時の経験と比べながら，電動のこぎりを使うと思うままに曲線に切ることができる楽しさや面白さを感じている。そのことを基に，「曲線の形を生かして，生活を楽しくするものをつくろう」という題材のテーマを共有し，自分ならどのようなものをつくろうかと考え始めている。

**つくりたいものを考える①**

（30分）

自分ならどんなものをつくろうかな。

**好きな形・ものから**
「私は音楽が好きだから…音符やピアノの形なら曲線を入れられそう。」

**目的や用途から**
「鍵とか小さなものを置けるような作品にしたいな。棚みたいな感じだと…。」

**偶然の形から**
「つくりたいものが思い浮かばない…まずは適当に線を描いて切ってみよう。」

**してみたいことから**
「面白い形を組み合わせてみたいな。」
「切り抜いて合わせたら…。」

・アイデアノートにイメージを絵や言葉で描きながら考えたり，実際の1/2サイズの紙を切って考えたりするなど，個々の思考の仕方ができるようにする。

**交流から考え方や工夫を共有する**

（15分）

友だちはどんなことを考えているんだろう。
友だちの工夫も聞いてみたいな。

描いた形から考えるのもいいね。切って組み合わせ方を変えたら…。

何となく入れ物と思っていたけれどいろいろな使い方ができそう。

曲線の形のよさや生かし方・用途・バランス・丈夫さなどのポイントに気づく

倒れないよう支えを付けるのは大事だね。

余った部分も飾りに使うアイデアがいいな。

・描いたものやつくっているものを持ち歩きながら，自由に友だちと交流する時間をとる。また，交流の中で気づいたことを引き出し，板書に整理する。そうすることで，「よりよくしたい」という思いを引き出すとともに，思考（工夫）のポイントを共有する。

**つくりたいものを考える②**

（40分）

友だちの考えがヒントになってアイデアが広がったよ。
自分の作品をもっとパワーアップさせたい！

**考えて**
「もっと自分の作品に面白い曲線を入れたいな。変えるとしたらどの部分がいいかな…。」
「余った部分を飾りのように付けて支えにしよう。」
「色はどうしようかな。」

曲線の形のよさや生かし方・用途・バランス・丈夫さなどを意識して考える

「これで試しに切って組み合わせてたらどうかな。」
「バランスがよくないな。この部分が小さいのかな。」

**試して，見て**

・子どもとの対話や活動の姿から，曲線の生かし方や，生活場面での用い方などについて考えている様子を見取り，その場で価値付けていく。

| 考えを整理し，次回への見通しをもつ<br><br>（5分） | 自分のつくりたいものが決まったよ。<br>次につくる時には…<br><br>「自分の作品のポイントをメモしておこう。」<br>「次回，必要な用具は…。」 | ・自分の作品の構想をメモしたり，つくる手順を考えたりする時間をとることで，次回への見通しをもたせる。 |
| --- | --- | --- |

*18　教材の開発：

（例）「一本の糸で動く創作紙人形」

【材料・用具】

○A4用紙（小さい紙での試作用，1/4にする），○色画用紙（八つ切りの1/8程度），○凧糸，○毛糸（手足用），○モール（必要に応じて），○リング，○はさみ，○スティックのり，○セロハンテープ

| 発展的実践への手立て |
| --- |

―つくろうとするものが思い浮かばない，どうすればいいのか―

　つくろうとするものが思い浮かばない，どうすればいいのか。前述した創造モデルはその問いにも対応する。「発想から形へ＆形から発想へ」という双方向共存の考え方に基づく教材開発の事例*18を以下に示した（図7−9）。教材名は「一本の糸で動く創作紙人形」。凧糸の両端を横方向に引いたり緩めたりする。その動きから発想する教材である。

　つくろうとするものが思い浮かんだときにはそれをつくり（発想から形へ），思い浮かばないときには，とりあえず（思い切って），一つの形をつくって目の前に置いてみる。そして目の前の形をじっと見て，次どうするかを考える（形から発想へ）。この繰り返しによって，つくろうとするものの形を明確にしていく。

**図7−9　教材の開発「一本の糸で動く創作紙人形」**

作品／北海道教育委員会主催：平成29年度教育職員免許法認定講習「小学校図画工作科指導法」に参加された皆さん（2017年8月，北海道立道民活動センター）

# 第8章　平面作品の鑑賞

　図画工作の鑑賞活動では，児童の身近な生活の中にある作品から，よさや面白さ，美しさ，作者の意図や気持ちを感じ取ることが重要であるのは言うまでもない。そして，感じ取ったことをもとに，これまでの経験と関係付けたり，自己の課題として思考したり，友だちと共有したりしたことをまとめて言葉やリズム，描画などでの表現へ向かう。さらにこれらの活動の広がりを通して，地域や日本や諸外国の文化としての理解を深める。

　中でも平面作品の鑑賞では，三次元で感じた質感・量感・空間等を形や色，テクスチャを用いて二次元で表現した絵画や版画等を対象とするため，児童の空間認知に対しての理解も必要である。

　本章では，「出会う」「共有する」「生み出す」「伝える」の四つのプロセスに分けて概説する。これらの四つの流れを佐伯は「文化的実践」と捉えている[1] [*1]。文化としての鑑賞活動を，低学年から高学年にかけて，作者の気持ちへの共感，表現意図，さらに他者や社会への願いへの広がりについて述べる。

1）佐伯胖：「わかる」ということの意味，岩波書店，1995

*1　佐伯はこの四つの人間の営みによって生み出されるものごとを「文化」とよび，下の四つのような人間の活動を「文化的実践」と捉えた。
①価値の発見
②価値の共有
③価値の生産
④価値の普及

## １. 文化としての鑑賞活動　－表出描画の感受から表現意図への感得へ－

### （1）出会う

　児童にとって，日々の生活は出会いの連続である。新たに出会った形や色などから，今まで感じたことのない感情を抱いたり，新たな価値付けをしたりする。これらの感情や価値は，生活や学習活動の中で活用され，児童自身による概念形成の一助となる。美術館では著名な作家による描画表現との出会いの連続であり，図画工作科の授業の中でも同様に友だちの作品の中に多くの感情や価値との出会いがある。そして，感受した形や色，あるいは描き手の描画行為から，表現意図に込められた願いや思いを感得する。

#### 1）驚きと喜びと価値の発見

　平面作品の鑑賞活動では，児童の概念にない形や色と出会うとき，これまでの経験を生かして新たな価値付けをする場合がある。児童は「○○に似ている」などと何かに見立てたり，「○○色」と色名を付けたりし，場合によっては，現実の世界だけでなく，「空を飛ぶ船」や「恐竜色」などファンタジーの世

**図8－1　体育館での小学校図工展の様子。大切な相互鑑賞の時間となる**
写真提供）神戸市立義務教育学校港島学園

*2　感性心理学者の三浦佳世は感性を「事物に対する感受性，とりわけ，対象の内包する多義的であいまいな情報に対する直感的な能力」と定義している。
出典）三浦佳世：現代の認知心理学〈1〉知覚と感性，北大路書房，2010

界として価値付けたりすることがある。このように視覚などから知覚した曖昧な存在に対し，自身で価値付けをする直観的な能力を「感性」[*2]とよぶこともある。そして，価値付けたことを友だちや先生に説明することで，描画表現の中での「発見」となる。児童にとって，感性を伴った発見は知的好奇心を揺さぶる喜びをもたらすだけでなく，それらの気づきを自分の「よい所」として，自己の特徴を大切にできる人格形成を行うのである。

### 2）共　感　性

　鑑賞対象の作品を通して，作者との出会いがある。児童は，作品の向こう側にいる作者に対して，このような描き方をする人物はどのような人で，どんなお話ができるかなと自由にイメージを膨らませる。また，友だちの作品からも，これまで感じなかった友だちの新しい一面との出会いがある。

　ここで大切にしたいのは，作者が自分と違う表現をしているという気づきである。作者の気持ちや価値と，児童が考えていたことの違いを感じ取ることを通して，すべての他者を，違った価値のある存在として認識し，多様な見方や考え方があるとの理解をするのである。

　特にアール・ブリュット[*3]など障がいのある人の作品を鑑賞することから，より多くの生き方を感得することもできよう。貧しい人や障がいのある人に対してその生き方の一端を感じ取り，思いやりをもった共感行動への一助となる。このように，共感性を認知的側面と情動的側面の両面で育むことができるのが鑑賞活動である。

### 3）社会への願い

　それぞれの地域にある美術館では，地元の作家の作品が多く所蔵，展示されている。作家が，児童が日常見つめている風景を，描かれた当時の空気や社会の動きの中で表現している作品もある。これらの背景から児童が感じとったことに，日常生活を重ねることでも，多くの気づきがある（図8−3）。

　高学年になれば，町の中のユニバーサル・デザインの一つであるピクトグラム[*4]を探すことで，現在の町の中に機能性としての「やさしさ」を感じ取ることができる。これらの鑑賞を通じて，多くの人の生活や防災時の人の心の動きを考え，より豊かな社会をめざすデザインに出会うことになる（図8−4）。

　何よりも，美術館で，絵画作品が大切に保存，展示されていることから，すべての表現活動の尊さ，文化として後の人に伝えることの大切さと改めて出会う。伝統や文化に込められた多くの人の思いを平面作品鑑賞からも

**＊3　アール・ブリュット**：Art Brrut
1945年にフランス人画家ジャン・デュビュッフェが美術教育を受けた職業芸術家ではない素人や精神疾患者による表現物に命名。
出典）小出由紀子：アール・ブリュットパッション・アンド・アクション，求龍堂，2008

**図8−2　アール・ブリュットの作家の代表的な一人ヘンリー・ダーガー（Henry J. Darger：1892-1973）の作品**

**＊4　ピクトグラム**：pictogram「絵文字」「絵単語」などとよばれる。学習なしでも，文化や言葉を越えて理解できる明瞭性の高いデザイン。

**図8−5　明瞭にメッセージを伝えるトイレのピクトグラム**
岡山市・総合運動公園

**図8−3　美術館学芸員との共同授業／地域の作家鑑賞の様子**
姫路市立美術館提供

**図8−4　小学校の中の「やさしさ」のデザイン（ユニバーサル・デザイン）を探す活動の様子**

感じ取るのである。

## （2）共有する

　絵画などの作品と出会い，感じ取ったことを多くの人と共有することは，文化を紡ぐ出発点でもある。作品から感じ取ったことを思考したり，まとめたりする力は，同じ作品をみつめる友だちとの対話によっても育まれる。友だちの感じ取り方や，それらをまとめた言葉もまた，違った価値，多様な価値として，児童自身で受容する姿勢は大切である。

　これらの共有する学びのために，児童と教師とによる三つの要件がある。

**図8－6　対話を用いた鑑賞活動**
資料提供）岡山県立美術館

### １）児童が安心できる場対話的な鑑賞を通した活動から

　まず，児童が何を語っても大丈夫だと思える「安心の」環境や空間の設定である。形や色，素材などから感じ取ったことを思考し，まとめたことを語ることに不安を持つ児童もいる。教員からの評価や，児童間の相互評価への自己肯定維持への不安，感じたことが友だちと共有できる言葉の中に見当たらない不安などである。

　最近では，日常の図画工作の授業ではなく，地元の美術館との連携学習が盛んに行われ，学芸員による鑑賞プログラムも充実している。児童にとって美術館は「非日常」である。この「非日常」が，安心感を生む場合がある。

　例えば，ニューヨーク近代美術館のフィリップ・ヤノウィン，アビゲイル・ハウゼンらによって1980年代から90年代にかけて「視覚を用いて考えるため鑑賞」（英語でVTS：Visual Thinking Strategiesビジュアル・シンキング・ストラテジー）[2] などの，鑑賞者による対話を用いた鑑賞活動が行われ，日本の小学校や美術館においてもその手法は広く取り入れられた。VTSでの鑑賞活動では，児童は感じ取ったことを様々な言葉を用いて表現する。論理的な説明も，オノマトペも，すべての言葉が価値ある表現として受け入れられる場や空間である。また，思考・想像が受け入れられることの「安心の場」のために非日常性だけでなく，多様な児童に合わせた配慮が必要である。

　美術館だけではなく，小学校でも教師による非日常の生成や，日々の教育活動の中で児童が感じたことを自由に話せる安心感のある学級づくりなどで，不安のない自由な思考による鑑賞は可能である（図8－7）。

　最近では，高学年の国語科の教科書で，美術の作品から感じ取ったことをまとめる題材が紹介されている。国語科と図画工作科とで共通して培いたい力もあるが，児童の実態を踏まえて，国語科，図画工作科，それぞれの科目での目標やめあてを明確にして学習計画を立てることも重要である。

2）フィリップヤノウィン Philip Yenawine，京都造形芸術大学アートコミュニケーション研究センター（翻訳）：学力をのばす美術鑑賞ヴィジュアル・シンキング・ストラテジーズ：どこからそう思う？，淡交社，2015

**図8－7　「非日常」空間を教室に作ることによる鑑賞と作家との交流活動**
写真提供）岡山大学附属小学校

**図8−8 国語の学習等連動させた鳥獣人物戯画を題材とした鑑賞活動**

写真提供）兵庫県川西市立緑台小学校

## 2）共有する知識の整理

　学校の鑑賞活動では作品が描かれた社会的な背景や，作者について知識の理解や共有も大切である。高学年の社会科で知識理解として学ぶ要素もあるが，図画工作では，表現活動と一体となって作品や作家を学ぶことも多い。例えば，北斎や写楽などは多色版画の喜びを味わう中で身近な伝統文化として学ぶ場合もある。家庭で美術館での鑑賞経験のある児童には，その際に知ったことや感じたことを班の中で共有させることで，経験者は知識の整理となり，非経験者は，共有した知識を活用することで相互により深い学びとして班活動で鑑賞学習が可能となる。

　さらに，文化理解を目標とする鑑賞活動であれば，教師から投げかけられた作品や作家の背景となる知識や技能を学級全体で共有してから作品を鑑賞することも考えられる。

＊5　戦没画学生慰霊美術館「無言館」：窪島誠一郎によって，第二次世界大戦の戦没学生たちの遺作となった絵画・作品・絵の道具・手紙などを専門に収蔵展示している。

＊6　アトリビュート：attribute 付属物の意味だが，美術では表現された人物が誰であるかを示す持物の意味。出典）井出洋一郎：美術館学入門，明星大学出版部，1993

　ピカソの制作した『ゲルニカ』や長野の「無言館」＊5にかかわる作品の場合，「戦争」や「悲しみ」の共有によって，形や色，筆跡から感情を感じ取ったりすることで，より深く作家や，制作された時代背景に児童自身が触れようとする姿勢を育む。

　高学年や中学生になると，キリスト教の絵の中で，例えばマリアの衣装の色や，使徒の持物（アトリビュート）＊6を知ることで描かれた人物を特定する学習も可能になるが，思想や考え方が絵画の背景にあることにも気づくための方法である。

## 3）生活環境と共有する価値

　学校での日常の中で，形や色，素材，意匠の中で育まれていることを児童が実感できる環境を整え，児童相互に気づいたことの話ができることもまた，文化として気づきを共有する手立てである。

①　児童作品：教室や廊下の壁面や窓ガラスに，児童の作品の展示を行い，他の学年や学級の児童が日常的に鑑賞できる状況をつくり，業間や放課の時間に作品を介した会話ができるよう環境を整える。会話から製作への思いを知ったり，想像したりすることで，他者の価値を自分の価値とは違う存在として認識できるようになる。また，低学年が鑑賞することで，将来の表現活動への見通しとなる。「やってみたい」など，非認知的な製作への意欲や能力を日常的に醸成するために非常に重要な手立てといえる。

②　地域の人の提供作品：地域の人の作品をお借りして，展示することも社会に向かう力を育む契機となる。地域の絵画作品だけでなく，祭りの衣装やオーナメントなどの「地域のデザイン」も，社会への意識をより高めることになる。実際の学校への借用については作品の安全性，地域への理解，贈与であれば作品の価値に見合った

**図8−9　廊下に並ぶ児童の作品**

保存のあり方など様々な課題が考えられる。展示できること自体が地域と学校の信頼関係や学校評価ともいえよう。

③　**名画の複製画（近隣の美術館の収蔵作品など）**：名画の複製を活用することも一つの方法である。近隣の美術館と相談し，収蔵作品のポストカード*7の展示や，いつでも遊べるカードとして学級においておくことも考えられる（図8－10）。

　将来，実際に美術館を訪問して鑑賞する際に，この「知っている」ということが，興味や関心，意欲につながってくる。美術館では，これまで見てきた複製画と大きさや色の違いを比較することによって，児童の経験に応じて，他者とは違う「見る視点」が形成される。美術館において友だちと鑑賞活動をする際には，これらの「見る視点」の違いを認識することから始められよう。

**図8－10　児童のアートカードによる学習の様子**
写真提供）岡山県立美術館

＊7　児童の学習用に収蔵品をアートカードとして編纂し，活用している美術館もある。

## ■（3）生み出す

　生み出す活動とは，共有した価値を使って新たに表出する活動である。学習指導要領でも，表現活動と鑑賞活動の一体化を謳っているが，鑑賞によって見出された価値は，他者と共有され，思考され，まとめられて新たな価値となり，児童の描画，言語，身体活動を通して表出される。美術館での鑑賞活動も，対話的な共有を経て，自己の主題を生成し，さまざまな表現活動へとつながる。

　自分が価値付けたり価値が変容したもの，風景について広く知らせたいと感じることがある。近年，携帯端末などからSNSを活用する大人も多いが，これは児童も同じである。自分が見出した価値を言葉を用いて共有したことで，「私」と全くの別物であった存在が，「私の知っているもの」となり「私たち」という意識として取り込まれる。そして「私たち」としての「自己」表現として表出する。

### 1）共有した描画作品の情報を整理する

　自己の中で価値の変容があった作品から感じ取ったことや，知り得た作品の背景や技法の知識から，作家に代わって作品のメッセージを語ったりする。言葉で伝える表現活動であるが，画材やタブレットの写真機能等を活用して視覚的な表現活動に向かう場合もある。

　具象作品の場合，画用紙やキャンバスなどで風景やモチーフがトリミングされて描かれている場合が多いが，トリミングされた風景より，その周りへのイメージによって状況をより詳細に考え，人物が描かれているならば描かれた人物をより深く共感的に見ることもできよう。作家の森村泰昌は名画の中の人物を演じたような作品をポートレイトシリーズで表現している。森村は，先人からの「贈り物」である作品から表現を感じ取って，自分の中で咀嚼して生まれた表現を誰かへ「贈り物」という形でバトンタッチすることを「表現」であるとし，「美術の歴史は数珠繋ぎになった贈り物」であるとも述べている[3]。名画の中の人物を演じるために，児童も，描かれた周りの状況やさらにその枠の外にある状況をイメージし，これまでの経験を重ね合わせることで，自己を投影しやすくなる。

3）森村泰昌：超・美術鑑賞術／お金をめぐる芸術の話，筑摩書房，2008

### 2）劇やドラマなどストーリーで表現

描画作品の前で劇やドラマを作ってみることもできる。美術館や，教室に展示した作品を前に，児童がストーリーを組み立てる活動も可能である。

また，スクリーンの絵の中に入り込む疑似体験「ウォーク・ビュー」*8などのようなICT機器を活用したインタラクティブな鑑賞の実践も行われている。

*8　ウォーク・ビュー：大日本印刷の開発したデジタル鑑賞システム。スクリーンや壁に投影された絵の前に立ち，利用者が歩く方向に合わせて絵の見え方が変化し，鑑賞者が絵の中に入り込んだかのような体験ができるシステム。

## （4）伝える

図画工作科では，「表現する」ことが伝えることである場合もあるが，表現したことを客観的に見つめなおすことも重要である。ここで述べる「伝える」は，主に児童作品の相互鑑賞である。

相互鑑賞は，大きく分けて二つの活動がある。一つは，製作の途中で児童が互いにアドバイスしあい，改善すべき視点を次の製作のめあてとするなどの「高めあう・深め合う」活動。もう一つは，製作の後で児童が展示などの方法を考え，表現に込めた思いを広く他者に「伝えあう」活動である。後者は，体育館での図工展などが考えられる。

### 1）「高めあう・深めあう」相互鑑賞

授業中では，自分の作品をよりよく表現するために相互鑑賞をする場合がある。ここで考えなければならないのは，描画している児童の心の動きを把握しておくことである。テッサーは，自己評価維持モデル（Self-Evaluation Maintenance model：SEM）[4] で児童の製作中に自己評価を維持するためにどのような対処を心の中で行っているかをモデルとしてまとめた（図8−11）。

4）Tesser, A：Toward a self-evaluation maintenance model of social behavior, Advances in

テッサーによれば，自己評価維持のために「自己作品と自己に関連する度合い」と「他者の作品レベル」と「他者と自己の心的距離」の三つの相互関係のバランスをとっているという。例えば，自分の作品への自己評価が低い場合，自己作品と自己の関連から「この作品私はあまり好きではない」，他者の作品レベルから「あの作品より○○のところが私の作品のほうが良い」と自己評価を維持するために感じるということである。

一方，相互鑑賞によって友だちと対話する中で，「あんな上手な作品をつくる子と私は友だちである」と思えたり，友だちから自己の作品への新たな価値を指摘されることで，「自己作品と自己に関連する度合い」が高まったりするのである。特に，作品を友だちに説明する中で，自分の作品の良さや価値をまとめることができたり，作品への課題を見出したりすることで，自己を高め，他者への思いを深め，作品への新たな見通しができるといえる（図8−12）。

**図8−11 テッサーの自己評価維持モデル（SEM）**

**図8−12 シールを使った相互鑑賞**

### 2）図　工　展

これまで，鑑賞の時間や美術館での学習，あるいは友だちと学びあいを通して製作してきた作品を，どのように家族や，地域，友だち，異学年の児童に鑑賞してもらうかを考える活動である。

　自分が考えたこと，感じ取ったことを，友だちの思いにも共感しながら共に展示を計画し，しつらえることで，より多様な人への思いを自分の作品を通して考える機会である。また，学校全体で取り組むことが多く，PTAや地域に対して小学校としての図画工作の考え方や育む姿勢を知っていただくよい機会でもある。

　会場を訪れた地域の方や家族に児童がかけられた言葉は，学校の中だけでは受けることの無い「評価」である。社会での多様な評価を受けることは主体的な社会参画への大きな動機付けとなる。（図8-13）

**図8-13　図工展の準備をする児童たち**
写真提供）兵庫県芦屋市立精道小学校

## 2．鑑賞指導における空間感の感受

　一般的に，子どもが描画表現する形の類型は年齢や発達の道筋と関係しているといわれており，リードやケロッグなどの研究や，日本においては東山の研究などがあげられる。就学前から，小学校低学年にかけて，描画に関して図式期や叙述的写実の時期とよばれる発達の道筋を経る場合が多いとされ，また，中学年から高学年にかけて写実期への移行期（写実の黎明期・初期写実の時期），同じく高学年から中学校にかけて写実期や疑似写実の時期とよばれる発達の道筋を経るとされている。これらの発達による描画類型は子どもの視覚認知や空間認知との関係も大きい。表現された空間認識は「見ること」や「感じ取ること」の経験によって変化する。算数での立方体や直方体の学びや，理科での空の見え方などの学習経験を総合的に踏まえ，思考し，判断し，まとめ上げることで絵画などの平面作品への表現・鑑賞活動での空間の面白さ，美しさへの気づきに向かう。

### （1）空間認識の発達と感じ方

　表8-1は，東山がサイコロ（立方体）に対しての年齢ごとの描画の捉え方や空間認識の流れを捉えたものである[9]。高学年の写実期では，透視図法によって「正確」で迫真性の高い表現となっていることがわかる。「写実の黎明期」にあた

＊9　東山は，「子どもの立体や空間認識の発達過程」というテーマで，3歳児～11歳児（小学6年）までの子どもを対象に1981年から調査を繰り返している。
出典）東山明，東山直美：子どもの絵は何を語るか　発達科学の視点から，日本放送出版協会，1999

| 3歳 | 4歳 | 5歳 | 6歳 (1年) | 7歳 (2年) | 8歳 (3年) | 9歳 (4年) | 10歳 (5年) | 11歳 (6年) |
|---|---|---|---|---|---|---|---|---|
| なぐりがきの時期 | 象徴期 | | 図式期 | | 写実の黎明期 | | 写実期 | |
| 存在を表現 | 象徴的平面表現 | | 視点の融合・平面表現 （図式・展開・側面） | | 矛盾のある立体表現 | | 一視点による立体表現 | |

**表8-1　立方体の表現様式の流れ**
参考）東山，1999をもとに作成

る中学年でサイコロの形を相互鑑賞したとき，「間違っている」と感じる児童も
いるだろうが，歪みの面白さや，変化の可能性に楽しさを価値として感じる児童
もいる。後に述べる視知覚が未完成な時期であるからこそ，より多様な価値の感
受への可能性が高い。

5）北岡明佳：知覚心
理学―心の入り口を科
学する―，ミネルヴァ
書房，2011

**図8−14 カニッ
ツァの三角形**
(Kanizsa triangle)

**図8−15 ブリジ
ット・ライリー
『Rhythm』**

## （2）空間認知

### 1）クロスモーダル

　人間は，視覚だけで，見ているものを判断していない。触覚や嗅覚など五感で
感じたことを相互作用させ，さらにこれまでの経験を加えて「見る」といわれて
いる。児童の描画作品の鑑賞も，描かれている形や色によって，触ったら，匂っ
たら，その場の気温を感じたらなど，視覚と他の感覚とを相互作用させている。
このような多感覚間の相互作用をクロスモーダル知覚とよぶ。視覚と触覚をあわ
せることで，より空間認識の高い，複雑な形態の認識をすると考えられている。

### 2）形の恒常性

　見ているものの対象が安定して見えることを恒常性とよんでいる[5]。この恒常
性はルネサンス期に遠近法として技法を確立する上で，最も重要とされた知覚で
ある。様々な恒常性があるが，平面作品の鑑賞では，大きさと形の恒常性とのかか
わりが多い。

　例えば同じ大きさのものが，近くにあるものが大きく，遠くにあるものは小さ
く見えるが，実際の大きさは変わらないと知覚したり，机の天板にあたる部分が
台形としてみているが長方形であると知覚したりする。恒常性は二次元の情報か
ら，脳は無意識にもともとの三次元での姿を想定し，復元をしていることになる。

　同様に「カニッツァの三角形」とよばれる図形（図8−14）は，一部の欠けた
円形の情報から，脳内で，物理的には存在していない下向きの三角形の輪郭を
「表現」している。これも恒常性の一種であり，脳が主観的に輪郭を見ており，
視覚的補完とよんでいる。これらの視知覚は，視力も含めて就学前までに感じら
れるようなり，卒業までにほぼ完成する。

### 3）オプティカル・アート

　このような脳の恒常性の視覚的補完のシステムを作品に利用する場合もある。
恒常性の効果だけではなく，色の濃淡なども用い，鑑賞者に「奥行き」や「めま
い」を感じさせる。平面作品の鑑賞をとおして脳内に空間を感じさせる「だまし
絵」の一種である。有名な作家にエッシャーやヴァザルリやライリー（図8−
15）らがあげられる。

## （3）空間認知と描画

　例えば，自転車は見る方向によって感じる形状が異なる。しかし，どの角度か
ら見ても，大きさや，位置を変えたとしても，自転車であると認識できる。これ
は視点不変性とよばれ空間認知による捉え方の一つである。視点不変性がどのよ
うに脳内で実現されているかについては，二つの考え方がある。「視点依存アプ

ローチ」とマーらの提唱した「視点非依存アプローチ」である[*10]。この二つの考え方で，描画作品鑑賞を考える。

### 1）遠 近 法

人はある視点に依存した景観を記憶し，その記憶から風景や物体に対する認識が「視点依存アプローチ」である。視点の位置によって，認知する風景や物体が「変化」する。児童からは，「写真みたい」との感想の多い具象的，写実的作品である（図8－16）。ルネサンス期，バロック・ロココ美術，ロマン主義・写実主義を含む近代までの多くの作品が，視点依存アプローチとして描かれている。一つの視点で認識するため，描かれている風景や人物から具体的なイメージを受け取りやすい。

図8－16　メインデルト・ホッベマ『ミッデルハルニスの並木道』

1689年，油彩，103.5×141cm，ロンドン・ナショナル・ギャラリー蔵

### 2）セザンヌとキュビスム

視点の変化と関係なく，物の形を認識することで，より本質を描こうとする動きが印象派以降現れる。「視点非依存アプローチ」である。マーらは，人間は頭部，胴体，両足，両腕の六つの円筒形で表示可能であり，腕はさらに上腕，下腕，手の三つに，さらに手のひらと五本の指，指も二つか三つに関節によって分かれ，円柱という要素に分解可能であるという。

さらに，ビーダーマンは，弧や線分から構成されるジオンと呼ばれる24の基本形状（図8－17）を考え，これによって物体の内部表現を考えようとした。この理論は，「部品による認識」理論またはRBC（Recognition-by-Components）理論とよばれている[6]。視点に依存しないため，同じ形体でも，見る人によって，組み合わせで使用するジオンは異なる。

そして，1880年代にサント＝ヴィクトワール山を描いたセザンヌもまた，観察者の固定位置を取り除き，「円筒，球，円錐」の三つの幾何学形態と水平や垂直の線で自然を表現しようとしている（図8－18）。そして，RBC理論のような「視点非依存アプローチ」はピカソのキュビスムへとつながっていく。

児童が，近代絵画以降の形の認識が難しく感じられるのは，視点が一つとは限らない「視点非依存アプローチ」が空間認知として困難であることが理由の一つとしてあげられよう。しかし，「視点非依存アプローチ」によって，透視図などの一つの視点から解放され，空間や形の捉え方が，表現者や鑑賞者に委ねられるようになったとも言える。児童にとっては，具体的なイメージの捉えはやや難しいが，より自由な視点で描画作品から感じ取ることができる。

*10
視点依存アプローチ：
view dependent
approach
視点非依存アプロー
チ：view independ-
ent approach
出典）Marr D, Nishi-
hara HK.：Rep-
resentation and
recognition of the
spatial organization
of three dimension-
al shapes. Pro-
ceedings of the
Royal Society Lon-
don. Series B .: Bio-
logical Science,
200(1140), 1978,
pp.269-294.

図8－17
Biedermanによる
ジオンの基本形状
の一部

6）Biederman, I.,R
ecognition-by-Com-
ponents: A Theory
of Human Image
Understanding ,
Psychological Re-
view, 94, 1987,
pp.115-147.

図8－18 ポール・セザンヌ『レ・サント・ヴィクトワール山』

1887年頃，油彩，コートールド・ギャラリー蔵

## 3．心象表現の鑑賞指導

まず，心象表現の鑑賞学習から述べる。「心象」表現の鑑賞活動では，鑑賞をとおして自分の心の中を見つめることが重要になる。

| 学習指導案 6年 | 見て！わたしの「叫び」 ～ B 鑑賞 ～ | 学習指導案・実践協力 岡山大学附属小学校 |
| --- | --- | --- |

### 1．題材について

本題材では，ムンクの『叫び』の鑑賞から気づいたことを活かして，主題としての自分自身の心の「叫び」を自分なりの形，色，描き方で表現し，完成作品を相互鑑賞する中で，作者の思いを感じ取り，表現方法を味わうものである。

作家やクラスメイトの表現意図を考えさせたり，ムンクが『叫び』を描いたときの日記からグループで話し合いをさせたりして，心の中を表すための方法等，多様な考えや思い，表現方法に触れさせるような指導を行う。そして，作品に込めた他者の思いや主題，価値を主体的に感じ取り，味わおうとする能力を高め，絵を鑑賞する際の見方や感じ方，造形活動をおこなう際の表現方法の深まりを期待したい。

### 2．題材の目標と評価規準

#### （1）題材の目標

ムンクの『叫び』の描き方，色などの表現方法から感じ取ったことを活かし，自分自身の心の中の「叫び」をイメージした上で，友だち同士で互いの価値を認め合うことができる資質・能力を高める。

#### （2）題材の評価規準

| 知識・技能 | 思考力・判断力・表現力等 | 主体的に学習に取り組む態度 |
| --- | --- | --- |
| 作家や友だち作品の表現意図や工夫点について，深めた考えを，まとめることができる。 | 思いに沿った色や表現方法を作品から見出し，主題に応じて色を混色し，筆致を考えようとする。 | 自分の内面や環境問題など，表現者の内面や背景を整理し，表現との関係を考えようとする。 |

### 3．主な用具・材料

原田直次郎作『風景』拡大カード，ムンク作『叫び』アートポスター，ワークシート

ムンクの日記（資料），ゴッホ作『カラスのいる麦畑』アートポスター

### 4．指導計画（全7時間）

| 【主な学習活動】 | 【指導上の留意点】 |
| --- | --- |
| 【活動Ⅰ】『叫び』に描かれている人物や背景の表現方法から，心の中を表現した絵があることを知る。…本時 | ・人物や風の真似をするなどして，多様な感じ方を促す。 |
| 【活動Ⅱ】背景を想像して自由に描きこむムンクのワークシートを楽しむとともに，自分の心の中の「叫び」をイメージしアイデアスケッチをする。 | ・自分の「叫び」が伝わるよう，身体表現をさせてから写真を撮る。 |
| 【活動Ⅲ】イメージした形や色を大切に，画用紙に『わたしの「叫び」』を描く。自分の作品や友達の作品の表現のよさや工夫を，相互鑑賞を通して味わい，共感しあう。 | ・途中で，相互鑑賞させ，より主題が伝わりやすくなるようアドバイスさせあう。 |

## 5．本時の展開（2／8　活動Ⅱ）

目標：ムンクの絵から感じたことを話し合う活動を通し，描かれている人物や背景の描き方・色から，
　　　作者の心の中を表す表現の工夫に気づくことができる。

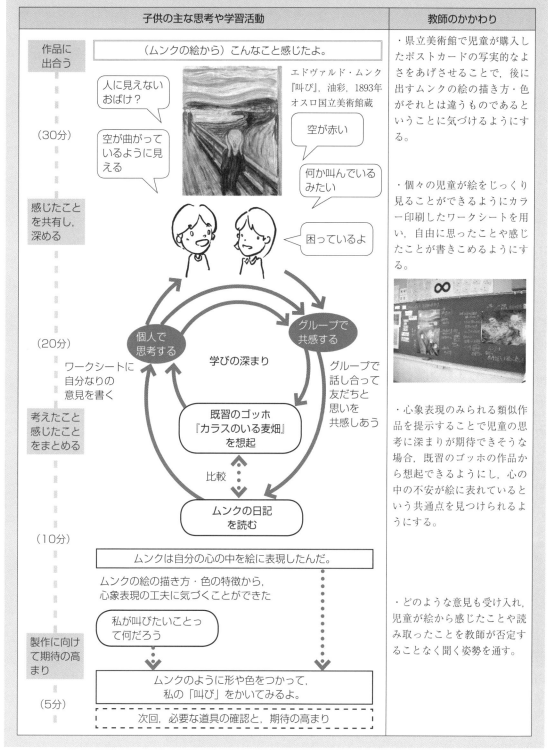

| 子供の主な思考や学習活動 | 教師のかかわり |
|---|---|
| **作品に出合う**（30分）<br>（ムンクの絵から）こんなこと感じたよ。<br>エドヴァルド・ムンク『叫び』，油彩，1893年 オスロ国立美術館蔵<br>人に見えないおばけ？<br>空が曲がっているように見える<br>空が赤い<br>何か叫んでいるみたい<br>困っているよ<br><br>**感じたことを共有し，深める**<br><br>**（20分）**<br>ワークシートに自分なりの意見を書く<br>個人で思考する<br>グループで共感する<br>学びの深まり<br>グループで話し合って友だちと思いを共感しあう<br>既習のゴッホ『カラスのいる麦畑』を想起<br>比較<br>ムンクの日記を読む<br><br>**考えたこと感じたことをまとめる**<br><br>**（10分）**<br>ムンクは自分の心の中を絵に表現したんだ。<br>ムンクの絵の描き方・色の特徴から，心象表現の工夫に気づくことができた<br>私が叫びたいことって何だろう<br><br>**製作に向けて期待の高まり**<br>ムンクのように形や色をつかって，私の「叫び」をかいてみるよ。<br><br>**（5分）**<br>次回，必要な道具の確認と，期待の高まり | ・県立美術館で児童が購入したポストカードの写実的なよさをあげさせることで，後に出すムンクの絵の描き方・色がそれとは違うものであるということに気づけるようにする。<br><br>・個々の児童が絵をじっくり見ることができるようにカラー印刷したワークシートを用い，自由に思ったことや感じたことが書きこめるようにする。<br><br>・心象表現のみられる類似作品を提示することで児童の思考に深まりが期待できそうな場合，既習のゴッホの作品から想起できるようにし，心の中の不安が絵に表れているという共通点を見つけられるようにする。<br><br>・どのような意見も受け入れ，児童が絵から感じたことや読み取ったことを教師が否定することなく聞く姿勢を通す。 |

## 4．適応表現の鑑賞指導

　小学校での平面鑑賞で適応表現として考えられる作品としては，ポスターや，衣装や家具の装飾文様，家紋，写真，絵本や紙芝居，マークやピクトグラムなど，まさに，生活の中の身近な作品が多い。生活の中での文化の気づきや学びは，児童のこれからの生活をより一層豊かにするだけでなく，使用するすべての人の幸せを願うことのできる姿勢を醸成する契機となる。

## 5．子どもが学びに向かう鑑賞

　前述のとおり，鑑賞は，児童の日常生活の中で常に行われている。家庭ではテレビやゲームの文化の中で生活しており，書籍も，部屋の壁紙も，コンピュータでつくられている。これから，10年後，大人になった児童が見る世界はよりヴァーチャル化しているのだろう。その中で，絵の具やインクなど顔料，染料で紙や布に描かれた絵画やデザインにどのような価値を持てばよいのだろうか。絵の具を筆で塗るという触覚を伴った描画作品や楽しみを持つことで，先人の自然や，空間の考え方，そのときの感情に直接触れることができる。情報の交換だけでは得られない先人の学びの宝庫といってもよい。本章での鑑賞による文化的実践として，先人の文化に触れるためには，児童の共感性の高まりが必須であろう。

　言葉の通じない異言語文化の人も，障がいのある人も，同様に思いや気持ちを享受できる描画表現は，人格形成も含めた豊かな文化的実践へと導くのである。

**図8−20 美術館によるVTSの様子（全国で多くの小学校と美術館が連携した鑑賞教育実践の機運が高まっている）**
資料提供）「みるみるの会」，愛媛県立美術館

**図8−21 ジュゼッペ・アルチンボルド，『夏』**
1572年，油彩，デンバー美術館蔵

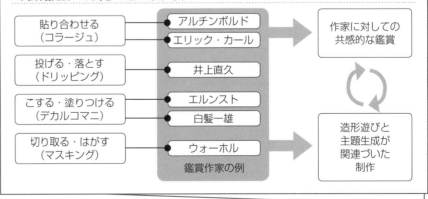

**発展的実践への手立て　「つくり，つくりかえ，つくる」鑑賞活動**

　絵の具をつかった造形遊びと同じ製作過程を経たと思われる有名な作家の作品も多く存在する。ドリッピング，デカルコマニ，コラージュなど，オートマチスム的な経験を経て，作家の作品に出会うことで，色材や行為により共感的な鑑賞の可能性が高まる。鑑賞後は，さらに，造形遊びをもとにした製作や，他の作家の表現技法への関心へとつながる。

| 貼り合わせる（コラージュ） | → | アルチンボルド |
| | | エリック・カール |
| 投げる・落とす（ドリッピング） | → | 井上直久 |
| こする・塗りつける（デカルコマニ） | → | エルンスト |
| | | 白髪一雄 |
| 切り取る・はがす（マスキング） | → | ウォーホル |

鑑賞作家の例

→ 作家に対しての共感的な鑑賞

→ 造形遊びと主題生成が関連づいた制作

# 第9章 立体作品の鑑賞

## 1. 自然環境，生活空間における立体とのかかわり

### （1）私たちの生活空間と立体

　私たちの身の回りには様々な立体物が存在する。いや，私たち自身が立体（空間）の中で生活しているという方が正しい。「美術」という概念がなかった時代においても，巨大な山や岩，森や樹木，海や川といった広大な自然，そこに生きる小さな植物，生物の形や色といった不思議な世界に対して人間はイマジネーションを触発されてきた。自然それ自体やその不思議さに対して，人間は畏敬の念を持ったり，中には信仰の対象になったものもあった。

　一方，現代の子どもたちは，こうした雄大な自然に触れあう機会が少なくなった反面，金属とガラス，コンクリートで作られた都市空間の高層ビルや縦横無尽に走る高速道路，新幹線や飛行機といった文明の産物に囲まれた現代的な生活空間の中でそれを当たり前のものとして生活している。そして，こうした人工的な日常空間から巨大なアミューズメントパークやイベントといった人工的で非日常の空間において，さらに新しい発見や経験，感動，興奮を娯楽として得ている。

　日常と非日常，自然と人工の別なく，目の前に存在するという「実在感」は私たちの五感に大きく影響を与え，そこから何かしらの感情や感動を生じさせる力を持っている。芸術家の中には，こうした自然や文明世界からインスピレーションを受けて，そこから学び，倣い，イメージを膨らませて作品に昇華させていく者もいる。そして，現代社会を生きる私たちにとっても，立体物に囲まれた生活を送る中，常にそれらを見て，感じて，触って，使用・利用することが当然のこととなっている。

　しかし近年，科学技術の発達により，VR（ヴァーチャルリアリティ）[*1]の世界が日常生活の中に浸食してきており，それは今後より精密化して，その擬似的な感覚情報によって，そこにはないものを五感を通じて感得する時代が目前まできている。生まれたときからスマートフォンを片手に生活する子どもたち（デジタルネイティブ世代）にとって，そこに存在する，見る，感じる立体空間や立体物に対して，そこにあるという「実在」という概念の束縛を受けないかもしれない。そこにモノとしての立体があるということ，その実在するという事実は，VRの世界が日常生活に浸食してくることにより一層重要さを増している。本章は立体作品の，そこにある「実在感」をどのように感じ，それを味わい，自らのものとして感得していくのかの過程，つまり「鑑賞」の方法について述べていく。前章の「平面作品の鑑賞」において鑑賞活動の教育的意義について解説があった

*1　Virtual Reality（仮想現実）：コンピューターの発達により，創造された擬似感覚。

ことを踏まえて，特に「立体作品」「立体」を鑑賞することの特徴を解説するとともに，それを踏まえた立体作品鑑賞の授業構想の方法について提案する。

## （2）平成29年版学習指導要領における立体の鑑賞

平成29年版学習指導要領解説図画工作科編の「改訂の趣旨」において「表現及び鑑賞の活動を通して，生活や社会の中の形や色などと豊かに関わる資質・能力を育成することを一層重視し」，「造形的な見方・考え方を働かせ，表現及び鑑賞に関する資質・能力を相互に関連させながら育成できるよう」，目標および内容を改善・充実するとなっている[1]。また，教科の目標の改善に関する記述の中には「生活や社会の中の形や色などと豊かに関わる資質・能力の育成を一層重視することを示す」[2]とあり，図画工作科において学んだ内容が，教科・学校の中で完結するものではなく，現在の日常生活から児童にとっての未来における生活，社会の中でも活用できるようにすることが重点化されている。

特に5・6年では「生活の中の造形」の内容について「作品と呼ぶようなものだけに留まらず，例えば，食器，家具，衣服，用具，パッケージ，ポスター，伝統的な工芸品，建物など，児童を取り巻く生活の中にある様々な造形のことを示している。さらに，それらがつくりだされる過程や生活の中で見られる様々な美術の働きなど，児童の実態に応じて幅広く捉えることも考えられる」[3]と具体例をあげて記述されている。これまでの「我が国や諸外国の親しみのある美術作品」だけでなく，こうした日常生活の中の様々な造形物をも対象にしていることを強調している。

図画工作科において，「鑑賞」する対象は美術作品として美術館に展示されていたり，社会的に一定の評価をされたものだけでなく，図9-1のように児童にとっては鉛筆や机，椅子，ゲーム機，箸やスプーンといった日用品から，普段身に着ける服や靴，カバン，毎日の通学路にある様々な建物や施設，利用するバス

1）文部科学省：小学校学習指導要領解説図画工作編，p.6「図画工作科の改訂の趣旨及び要点」，2017

2）文部科学省：小学校学習指導要領解説図画工作編，p.7「図画工作科の改訂の趣旨及び要点」改訂の要点教科の目標，2017

3）文部科学省：小学校学習指導要領解説図画工作編，p.31，2017

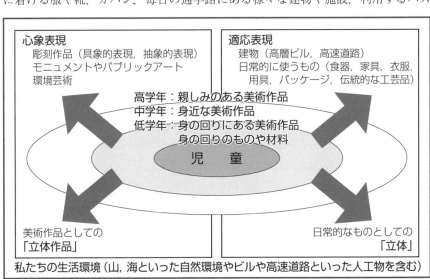

図9-1　「鑑賞」対象の広がり（「立体」と作品）

や自家用車，果ては列車や飛行機，町並みなど，家庭，地域，社会で出会うモノたちを含んでいる。

　しかしながら，それら日常のすべてを学習の対象として扱っていては，鑑賞だけでも膨大な時間数となってしまう。図画工作科の「鑑賞」の授業として，立体を含む「自分たちの作品や身近な材料，我が国や諸外国の親しみのある美術作品」の鑑賞方法としての見方，感じ方，考え方，味わい方を学ぶことによって，その後の生活の中で出会う様々な立体物への見方が変わることが重要である。

　こうした鑑賞対象の広がりを確認した上で，次節では私たちの生活の中にある立体物（以下，「立体」）と，図画工作科の中で主に取り扱う「立体作品」の両方を視野に入れながら，「鑑賞する＝見る」という活動について解説する。

## 2．立体作品の鑑賞方法

　美術作品は平面作品と立体作品という分類以外にも，その成立過程から大きく二つに分けられる。主に，芸術家の内面・思考（心象）を表現する純粋芸術としての作品（心象表現）と，使用する目的に適応するために計画，設計された応用芸術としての作品（適応表現）である。特に立体に関して，前者は一般的に美術作品として認識されており，一方後者は工芸品やデザイン，工業製品といった日常的に触れあっているモノとして生活の中に根付いている。前節でも言及したように平成29年版学習指導要領では，従来の身近で親しみのある美術作品（心象表現）から，「生活の中の造形」（適応表現）までを鑑賞の対象としている。そこで，ここでは立体作品の鑑賞活動を指導する前に，私たち自身が平面作品と異なる多様な立体作品を「鑑賞＝見る，使う」する方法についてポイントを解説する。

### （1）心象表現の鑑賞方法

　心象表現としての立体作品（彫刻など）の場合，平面作品（絵画など）と比較して，その「モノ」自体の実在感＝「塊としての量感」が私たちの感覚を刺激する。絵画などでは描かれた場面・状況や背景から作品内に表現された世界が想像できる場合があるが，立体作品の場合はその「モノ」自身が持つ実在感自体が重要となる。また，心象表現としての立体作品には人物や動物といった具体的なモチーフを具象的に表現[*2]したものと，幾何学形態や有機的な形態などを用いた抽象的な表現[*3]がある。両者はそれぞれに表現方法は異なるが，作者のテーマや表現意図を表すことに違いはない。具象的表現では人体であれば表情やポーズ，全体のバランスに注意して観察すること，抽象的表現であれば幾何学形態や不定型な形からイメージされるものを想像しながら鑑賞することが大切である。

　心象表現としての立体作品を鑑賞する場合，次のような方法が提案できる。

＊2　**具象的表現**：人間や動物，家や車のように具体的なものを表す表現。

＊3　**抽象的表現**：幾何形態や不定形の形態を使用した表現で，抽象的な概念を表現している。

① （少し離れて）全体が視野に入るようにし，作品の全体像（実在感＝塊としての量感）を感じる。

② 作品の周りを一周（360度）することにより，全体の実在感を感じる。

③ 近づいて作品の細部（ディテール）や作品表面の材質感を見て感じる。

④ 可能であれば，作品に触って質感を楽しむ*4。

⑤ 作品の置かれた場所や作品を含む空間全体を見ることにより，空間に占める作品の実在感を感じる。

⑥ 作品の全体像，細部の両方から，作品の表現する意味や作者の意図（「なぜ，このような形になったのか？」「この形は何を表しているのであろうか？」）を考える。

⑦ 全体と細部を検討した後，この作品に対して，自分はどのような見方や感じ方をしているのか内省する。

*4 作品には壊れやすい材質や構造のものがあるため，触って鑑賞する際は確認が必要である。作品の中には，最初から触ることを前提としていたり，触ることで伝わる楽しみを持つものもある。

このように立体作品を鑑賞する際に，重要なポイントとして，立体作品がもつ次のような特徴に着目する必要がある。

## （2） 立体作品鑑賞のポイント

立体作品は作家のテーマや表現意図をもとに，様々な素材と技法によって製作される。その産物である立体物（作品）の鑑賞における平面との大きな違いは，立体が持つ空間を占める実在感と，立体を構成する素材の材質からくる質感，素材の加工による質感と表情，見るだけでなく，触ることにより感じる質感であり，作品の構成要素として重要である。

### 1）多様な素材による質感

「なぜ，作者はその素材で製作したのか」「作者独自の技法（加工や仕上げ）に

**表9－1 立体作品に使用される主な素材とそれから感じる質感・表情**

| 素　材 | 素材から感じる質感・感情 |
|---|---|
| 焼成用粘土（テラコッタ） | ザラザラ，ツルツル → 自然な柔らかさ |
| 紙 | サラサラ → 薄さ，軽さ，はかなさ，もろさ，素朴，張りのある形 |
| 木　材 | 木目 → 自然，柔らかさ，生命感，温かみ |
| 木　材 | カンナやヤスリをかけてツルツルとした仕上げ→滑らかさ |
| 木　材 | ノミの痕を残した表現→規則正しいリズム，統一感 |
| 石 | 御影石（ツルツル，ザラザラ）→ 重厚感 |
| 石 | 自然石（ゴツゴツ）→ 荒々しさ，素の表情 |
| 竹 | 編み込みによる張りのある形，直線的，規則正しいリズム感 |
| 金　属（ブロンズ*5や鉄，銅，アルミニウム，ステンレス） | アルミニウムやステンレス（ピカピカとした鏡のように研磨されたもの）→ 無機質，人工的，強固 |
| 金　属（ブロンズ*5や鉄，銅，アルミニウム，ステンレス） | 錆びた風合い → 時間の経過，重厚感 |
| 発泡スチロール | 着色によって重くも軽くも見える質感 |
| プラスチックやFRP*6 | テカテカした人工物としての質感 |
| プラスチックやFRP*6 | オモチャのような質感 |

*5 ブロンズ：一般的に粘土で製作された彫刻作品は完成後，型どりされ，ブロンズ（青銅）による鋳造が行われる。→銅像

*6 FRP：Fiber-Reinforced Plasticsの略。プラスチックに弾性のある繊維素材を加えることにより，軽量で強度のある造形作品を製作可能。

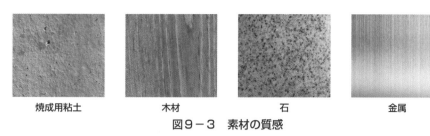

| 焼成用粘土 | 木材 | 石 | 金属 |

**図9-3　素材の質感**

図9-2　立体作品における「素材」と技法の関係

より作品のもつ雰囲気はどのように変わったのか」を考えることは作品理解にとって大切である。特に，立体物はそれが形成されている素材が多岐にわたり，次のようなものがあげられるほか，その素材の加工により，素材は様々な質感・表情が生じることになる（図9-2）。

　こうした素材による印象も鑑賞する際に大きな要因となる。素材の表面処理によって軽そうにも重そうにも見え，新しくも時間を経たようにも見える。そうした素材感が作品の実在感を醸し出すこととなる。

## 2）実在感を感得する

　立体作品を鑑賞する際，鑑賞者は作品がその空間に実在するという圧迫感を感じる。空間の中にある一定の容積を占める作品から，絵画のような平面作品以上に，その奥行き感や重量感を感じざるを得ない。それは，立体作品であるがゆえに一方向からではなく，作品の周り360度，さらには上下からも鑑賞が可能なところである。平面作品の場合はその前を立つだけでその全体像を把握し，何が描かれているのか，どれくらいの大きさでどのような形と色をしているのかがわかる。しかし立体作品の場合にはその周りを一周しなければ，その全体像を把握することはできない。私たちは立体作品であっても，正面とよばれる方向を設定し，そこからの見え方をイメージとして形成しがちであるが，必ずしも正面が存在するわけではない。見る角度から刻々と変化する形態を見ることにより，塊としての量感や立体のムーブメント（流れ）を認識することができる（図9-4）。

## 3）直接触れる

　立体作品の中には，実際に触って質感を直接感じとる鑑賞ができるものがある。

**図9-4　ロダン「考える人」をいろいろな角度から鑑賞する**
オーギュスト・ロダン「考える人」，国立西洋美術館 松方コレクション，
Photo：NMWA/DNPartcom 撮影：©上野則宏

＊7　現代美術：現代美術に関する鑑賞の授業実践については「美術鑑賞宣言」（日本文教出版）に多く掲載されている。デュシャンやステラ，川俣正，舟越桂の芸術家に着目したものや，インスタレーションという表現形式に着目したもの等。

＊8　環境芸術。アースワークやインスタレーションといった環境（自然を含む）を活かした芸術。宮脇理（監修），山口喜雄，天形健（編著）：ベーシック造形技法，建帛社，2006，p.184-185「美術の多様な広がり」に見られるように，既存の美術の枠を超えた現代美術作品は私たちの日常空間に密着した場での展開を模索している。

＊9　自然を対象とした作品。ロバート・スミッソン，アンディ・ゴールズワージー等が有名。

＊10　宮脇理（監修），山口喜雄，天形健（編著）：ベーシック造形技法，建帛社，2006，p.194-195「工芸作品を「見る・触る・使う」日常的に使用している生活用品（特に工芸作品）の鑑賞は，使用者への温かい心遣い，美と機能との調和的な表現，地域素材を生かした伝統的な造形など多様な観点から鑑賞が可能。

美術作品として製作されたものであっても，その素材や表現意図により，触ることが可能なものや触ることを前提とされたものもある。触ることによって，鑑賞者は五感のうち視覚だけでなく，触覚も使って作品を味わうことができる。自然素材としての木に温かみを感じることはもちろん，金属といった本来冷たい素材であっても，その形態から触った感じに温かみを感じることもある。

### 4）　現代美術における立体作品

　現代美術＊7とよばれるジャンルにおける立体作品には，小さな缶詰サイズのものから巨大なものまである。その立体作品自体が私たちを取り囲む環境の一部として存在したり，環境を構成する＊8ことに意味がある場合もある。既存の美術の枠を超えた多様な表現を持つ現代美術において，作品の持つ造形性や形態への問題意識よりも，コミュニケーションをテーマとした作品製作を行う芸術家も多い。モニュメントやパブリックアートとしての作品のように，私たちの生活空間の中に，無意識のうちに存在し，私たちはそれをあたかも当たり前の存在として認識している作品も多い。自然環境を活用したランドアートやアースワークのような作品＊9もある。こうした作品はそのテーマが小学生にとって難しいものである場合もあるが，その実在感を感じたり，形態の美しさや面白さを感じたりすることでも十分である。

図9-5　倉澤實「発展」（松江市）　　図9-6　安田侃「天空」（東京都）　　図9-7　安田侃「妙夢」（東京都）

### （3）　適応表現（工芸・デザイン）の鑑賞方法（機能性・使い心地など）

　冒頭にも取り上げたが，私たちの生活には「立体」が無数に存在し，それに対して「芸術作品」といった意識をしない場合が多い。しかし人工物であれば，そこには製作者としての人や機械があり，それを設計したり，加工したりする製造者がいる。無数の形や色をしたそれらの「立体」には，それぞれに機能というものがある。文字を書くものであったり（＝鉛筆，ペン），ご飯をよそう器（＝茶碗），他者との連絡ツールであり，かつ情報端末（＝スマートフォン）のように，私たちの生活を豊かに便利にするこれらの「立体」＝生活用品＊10には機能性が重要である。しかし，私たちは生活用品を機能性のみで選択するのではなく，見た目や形，触り心地（デザイン）の良さとの両立が必要である。単に色や形が気に入ったとしても，それが使いにくいものであったり，機能が低いもの，さらには高額なものであれば，私たち使用者は満足できない。適応表現において，「鑑

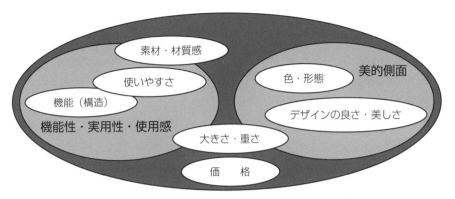

**図9−8　適応表現を鑑賞（選択・購入使用）する際のポイント**

賞」とは「使用する・利用する」ことが前提となる。

　私たちの生活は物質的な豊かさの反面，何でもあるが，たくさんの種類の中から自分の基準や考え・好みで選択する必要がある。実際の生活の中では金銭的な問題もあるが，自分の使用する目的にあったものの選択が私たちの暮らしを楽しく，豊かにしてくれる。当然こうしたモノは，万人に対して使いやすいように（使用目的にあった）製造されているはずであるが，一人一人にあった使いやすさや好みにより選択され，購入されることになる。

　最後に，立体作品への鑑賞活動を繰り返すことにより，立体物への興味・関心を高め，本章冒頭に述べたように，美術作品としての立体作品から，日常生活における立体へと視線を高めることが重要となる。図画工作科の学習が中学校での美術科での学習へとつながり，生涯学習としての美術鑑賞への動機付けになることが期待される。鑑賞の活動を通して，私たちは日常の風景の中に美しさを見いだし，その価値を自らの見方や感じ方といった価値観で認めることができる。さらには，自らそうしたものを発見できるような姿勢を形成することが重要である。

## 3.　立体作品の鑑賞に関する授業の実際

### （1）授業づくりのプロセス

　立体作品の鑑賞方法についていくつかの例を示してきたが，本節では小学校段階における授業づくりを指導案とともに解説する。これまでの鑑賞方法はあくまでも個人内での作品の見方であったが，授業として鑑賞を組み立てる場合，何を目的としてどのような方法で児童に作品を見る活動を計画するかが重要となる。

　実際の授業を行う際に，「作品を見る＝鑑賞する」といっても，どこをどのように見ると良いのかと悩む場合が多い。鑑賞経験の少ない教師の不安は，自分自身の美術的な知識不足からくる「児童に何をどのように鑑賞させてよいのかわからない」といったものである。ここでは，大きく二つの鑑賞方法，「比較鑑賞法」[4]と「対話型鑑賞法」を紹介する。

4）辻泰秀：造形教育への手法 えがく・つくる・みる，萌文書林，2017

### 1）「比較鑑賞法」による鑑賞授業

　「比較鑑賞法」は，ただ眺めるだけではわからない作品の内容や意図を，例えば「人体を表現した彫刻作品」といったような同じ表現テーマの複数の作品をよく見て，類似点・共通点と相違点を見つけ出し，それらを比較してそれぞれの作品の特徴を捉えるものである（比較するポイントとして学習指導案6年「見てみよう！比べてみよう！違いのよさを感じよう！」を参照）。

　比較鑑賞法は，比較する作品の選択と学習環境が重要となる。「SagArt」の実践[5]ではピカソの「泣く女」とゴッホの「タンギー爺さんの肖像」という「人物画」を比較することで，「素材や色彩や形などの違い，表現方法の相違点や共通点を積極的に取り上げ，作者の意図や背景に鋭く迫って」いたと報告されている。そしてその要因として，「全員が積極的に参加できる雰囲気と場」と「お互いに学び合う共感的コミュニケーションの状況」が必要である。

### 2）「対話型鑑賞法」による鑑賞授業

　「対話型鑑賞法」は，一つの作品を見た時に感じる感想（言葉）に対して，「どうしてそのように感じるのか」という根拠をもとにしながら作品を理解していく方法である。美術史的な知識や経験からではなく，作品の中に埋め込まれた情報を客観的に探り出し，それを言葉として周りの鑑賞者と共有し，他者のものの見方を受け入れながら鑑賞を進めるもので，教師は子どもの発言を促すファシリテーター役をすることとなる（学習指導案4年「美術館オリエンテーリング！マイベスト ショットを探せ！」参照）。

　また「対話型鑑賞法」の基礎理論として，「見ること＝鑑賞」から学ぶものとして「VTS（Visual Thinking Strategies）[6]」という方法論がある。教師は，VTSでは次のようなことを子ども達ができるようにファシリテイト[*11]していく。授業の流れとしては次のようなものとなる。

> 作品をよくみる　→　観察した物事について発言する　→　意見の根拠を示す　→　他の人の意見をよく聴いて考える　→　話し合い，さまざまな解釈の可能性について考える　→　作品をさらによくみる　→・・・

　VTSは美術作品に限定されず，様々な視覚的資料をもとに「見て考える」ということを可能にする。ものを観察し，詳細に見るという経験は図画工作科だけでなく，他教科でも活きる力となる。「好き」「嫌い」に留まることなく，モノ（美術作品）を鑑賞すること，自分にとっての意味と，他者にとっての意味，価値を詳細に考える経験は児童の思考力・判断力・表現力を高める活動となる。

　また一方で，「対話型鑑賞」の問題点として児童が作品のどの部分に注目するかがあげられる。既成概念にとらわれて，ステレオタイプ[*12]な発想しかできないと対話が続かない。子どもの発想と客観的な事実をどのように教師がつなげていくのか，そして子ども同士の対話をいかに活発化させるかといった教師の力量にかかってくる。

5）栗山裕至：比較に基づく鑑賞事例1，山本朝彦他 編著，美術鑑賞宣言，日本文教出版，2003

6）フィリップ・ヤノウィン：どこからそう思う？学力をのばす美術鑑賞 ヴィジュアル・シンキング・ストラテジーズ，淡交社，2015

*11　発言を促したり，話しの流れを整理すること。

*12　先入観や思い込みによる固定観念。

また，立体作品の鑑賞全般に言えることであるが，土井，小林が「立体作品の持つ量や面，動きなどの造形要素を平面的な映像資料から理解するのは困難が伴う」[7]と指摘するように，小学校の授業では立体作品の鑑賞の場合，写真やビデオでの実践が多くなる。土井，小林の実践研究のように，複製モデルによる鑑賞活動により鑑賞者の意欲を高めることが望ましいが，実物を実際に見て鑑賞活動を行うことは難しい現状にある。そのためにも，実物のある地域の美術館との連携を図ることが，立体の鑑賞活動には重要となる。

7）土井敬真，小林俊介：彫刻の複製モデルによる美術鑑賞教育—ブランクーシの彫刻を題材に—，教職・教育実践研究（山形大学）：11号，2016

---

| 学習指導案 2年 | ミライのどうぶつ！大発明！ 友だちや上級生の作品を鑑賞し，表現と連携させた授業を例に |

## 1．題材について

本題材は，未来の科学者が発明した新しい動物をつくり出す機械から生まれた動物たちを想像して，粘土を使って自由に製作する活動である。製作前，製作途中，完成後の各段階において，自分や友だちの作品を鑑賞することにより，表現の可能性を広げるとともに，友だちや自分の作品の面白さや楽しさを感じとる。

## 2．題材の目標と評価規準

### （1）題材の目標

・自分や友だちの作品を鑑賞することを通して，その造形的な面白さや楽しさ，表し方の工夫を感じとったり考えたりする資質・能力を高める。

### （2）題材の評価規準（鑑賞に関連する部分のみを抜粋）

| 知識・技能 | 思考力・判断力・表現力等 | 主体的に学習に取り組む態度 |
|---|---|---|
| ・友だちの作品の表現する工夫や材料の扱いなどを参考にして，自分の表現に活かすことができる。 | ・上級生や同級生の作品から，自分の表現に対するイメージを膨らませようとしている。<br>・自分や友だちの作品を鑑賞することを通して，自分の作品のよさや友だちの表現のよさを感じとっている。 | ・上級生や同級生の作品から，造形的な面白さや楽しさを感じ取ることができる。 |

## 3．指導計画（鑑賞部分のみを抜粋）

| 【主な学習活動】 | 【指導上の留意点】 |
|---|---|
| 【活動Ⅰ】　導入における鑑賞活動<br>・上級生が昨年度製作した参考作品を鑑賞する。<br>・自分の想像した動物のイメージを広げる。 | ・上級生の作品の見た目よりも，発想の面白さに着目するように指導する。 |
| 【活動Ⅱ】　製作過程における鑑賞活動<br>・製作途中の段階において，自分の作品の表現の意図を友だちに紹介する。<br>・友だちの作る未来の動物の特徴や工夫，粘土で扱い方を見て，自分の表現に生かす。 | ・自分の考えを躊躇することなく友だちに伝わるような発表の場作りをする。<br>・児童の工夫を取り上げ，周りの児童にも参考になるものや，材料の扱いで注意すべき点を指導する。 |
| 【活動Ⅲ】　完成作品を相互鑑賞<br>・完成した自分や友だちの作品を相互鑑賞する。<br>・自分の作品のよさや友だちの表現の工夫や面白さを味わう。 | ・作品を壊さないように相互鑑賞できる環境を設定する。<br>・ワークシートに自分の工夫した点や友だちのよいところを記入させ，学級全体の場で振り返りを行う。 |

| 学習指導案 4年 | 美術館オリエンテーリング！マイ ベスト ショットを探せ！<br>指導の効果を高めるために美術館と連携し独立した鑑賞の授業を例に |
|---|---|

## 1．題材について

　島根県立美術館に赴き，本物の美術作品に触れあうことにより，映像や写真・ポスターといったもので
の作品鑑賞ではなく，美術作品を実物として見ること，全体と細部を鑑賞することを経験させることがで
きる。具象的な作品と抽象的な作品の違いや特徴に気づき，一つ一つの作品に対して自分のお気に入りの
見る角度を探し，それをもとに友だちとその見え方を話し合うとともに，お互いの考え方を共有しあう。

渡辺豊重「会話」

山根耕「つなぎ石 作品-35」

アントワーヌ・ブールデル「ペネロープ」

図9－9　島根県立美術館収蔵の立体作品の一部

## 2．題材の目標と評価規準

### （1）題材の目標

　　・美術館に展示されている身近な美術作品を鑑賞することを通して，そのよさや面白さを感じとると
　　　ともに自分なりの作品の見方を言語化して友だちと共有する力を高める。

### （2）題材の評価規準

| 知識・技能 | 思考力・判断力・表現力等 | 主体的に学習に取り組む態度 |
|---|---|---|
| ・本物の立体作品について，全体と細部の両面から鑑賞できる。<br>・具象作品，抽象作品のそれぞれのよさや面白さを感じ，味わうことができる。 | ・自分のお気に入りの見る角度を探して，それを友だちと共有し，その理由を言語化して説明できる。<br>・友だちのベストショットやその理由をもとに，改めてその作品の面白さやよさを考えることができる。 | ・美術館周辺にある美術作品に興味・関心を持って鑑賞することができる。 |

## 3．指導計画

| 【主な学習活動】 | 【指導上の留意点】 |
|---|---|
| 【活動Ⅰ】<br>・美術館内外に展示されている美術作品を友だちと一緒に鑑賞して回る。<br>・館内・外に展示されている美術作品を見たり，触ったりしながら，多様な表現のよさや面白さに気づく。 | ・美術館内外に展示されている美術作品を鑑賞する際のルールについて説明し，静かに鑑賞できる体制をつくる。 |
| 【活動Ⅱ】<br>・美術作品それぞれに対して，自分にとっての「ベストショット」となる角度を探して，なぜそれが「ベスト」なのかについて友だちと話し合う。 | ・作品を360度から丁寧に鑑賞することを指導する。 |

| 【活動Ⅲ】 | ・「ベストショット」について，その理由を明確化 |
|---|---|
| ・友だちの意見を聞いた後に，今日鑑賞した作品について振り返りを行う。 | するように指導するとともに，友だちの意見を肯定的に捉えるように支援する。 |

---

| 学習指導案<br>6年 | 見てみよう！比べてみよう！違いのよさを感じよう！<br>親しみのある諸外国の立体作品を鑑賞する授業を例に |
|---|---|

## 1．題材について

　「ミロのヴィーナス」とロダンの「青銅時代」は児童にとって，親しみのある有名な作品であるが落ち着いて鑑賞したことはない。本題材では両者を比較してながら鑑賞することを通して，両者に共通する点や異なる点を友だちと共有し，お互いのよさを感じるとともに，自分自身の感じ方・ものの見方を広げることができる。

## 2．題材の目標と評価規準

### （1）題材の目標

　　・親しみのある美術作品を比較しながら鑑賞することを通して，造形的なよさや美しさ，表現の違いを感じとりながら，自分なりの見方，感じ方の力を高める。

### （2）題材の評価規準

| 知識・技能 | 思考力・判断力・表現力等 | 主体的に学習に取り組む態度 |
|---|---|---|
| ・二つの作品の類似点と相違点について観察を通して見取ることができる。 | ・二つの作品の類似点と相違点を言語化し，友だちと共有することができる。<br>・友だちの考えをもとに，自分なりの感じ方・ものの見方を広げることができる。 | ・二つの作品について関心をもって鑑賞しながら，比較することができる。 |

## 3．指導計画

| 【主な学習活動】 | 【指導上の留意点】 |
|---|---|
| 【活動Ⅰ】<br>「ミロのヴィーナス」とロダンの「青銅時代」の二つの人体像を比較しながら鑑賞する。<br>ヴィーナスと「青銅時代」の比較するポイントについてワークシートに自分の考えを記載する。<br>○大きさ，性別　　○ポーズ（人体表現の流れ）　　○テーマ<br>○素材や質感・色　○展示されている環境　　○製作年代など | ・それぞれの作品の2枚（前後）の写真を鑑賞することにより，作品の全体像を把握させる。<br>・共通点や相違点をワークシートに記載する際に，そこから何を感じたのか，考えたのかをメモするように指示する。 |
| 【活動Ⅱ】<br>・それぞれの作品の違いと類似・共通点について，発表し合い，それが表す意味についてグループで話し合う。<br>・自分たちのグループの意見，あるいは自分の意見を全体に向けて発表する。 | ・グループ活動の中で，メンバー全員共通の意見とともに，少数意見を大切にしながら，意見交換をさせる。<br>・児童の意見から，比較するポイントごとに共通点と相違点を対比できるよう板書する。 |
| 【活動Ⅲ】<br>・他のグループの発表を聞き，同じ，あるいは異なる解釈について考える。<br>・ワークシートに他者の意見を踏まえながら，自分なりの感じ方・ものの見方についてまとめる。 | ・無理にまとめようとすることなく，児童一人ひとりの感じ方，考え方を大切にするように，ワークシートへまとめを記載するように指示する。 |

「ミロのヴィーナス」（ルーブル美術館）　　　　　ロダン「青銅時代」（オルセー美術館）

**図9－10　親しみのある立体作品**

撮影者）天形健・山口喜雄

---

┌─────────────┐
│ **発展的実践への手立て** │　教室の外に出かけて「トマソン」を探そう！
└─────────────┘

　　鑑賞の活動は，最初に作品ありきでスタートする受動的な活動のイメージが強い。しかし，見ることをトレーニングすることにより，能動的な活動として捉えることが可能となる。「トマソン」とは，芸術家の赤瀬川原平たちが始めた身の回りの世界の中の不思議（存在する意味をなくしてしまったけれどもそこにあるもの）を探すものであり，次の3点が条件とされる[8]。

①芸術としてつくられたものではないこと
②作者が存在しないか，意識されないものであること
③発見されたものであること

　　「見る」活動を通して身近な風景やモノに楽しいタイトルを付けてみよう。

**神様用階段**

**赤いテトリス**

8）赤瀬川原平：超芸術トマソン，ちくま文庫，1987

# 第10章　〔共通事項〕を踏まえた学習指導

## 1．図画工作における指導内容の構成

### （1）「A表現」及び「B鑑賞」と〔共通事項〕の関係

　小学校の図画工作科の授業といえば，絵を描いたり，粘土で立体をつくったり，ものを自由に組み合わせて遊んだりする光景を想起するであろう。しかし，そこで「何を教えているのか？」と問われると，戸惑う教師も少なくない。その戸惑いをなくすためにも，学習指導要領図画工作の指導内容を理解する必要がある。その際，自らの持つ感覚とともに読み解くことが大切になる。また，ここで説明する指導内容としての〔共通事項〕については，つくることや描くことの指導事項の具体的なイメージとともに理解することが求められる。さらに〔共通事項〕の理解には，感覚や質感の感受といった，必ずしも視覚で確認できない内容も含まれる。そのため，図画工作科の指導内容を理解するためには，学習指導要領図画工作の解説で示されている同様の体験を自ら行ってみることも大切である。

　学習指導要領図画工作の指導内容は，「A表現」「B鑑賞」の二つの領域に分けて示されている。「A表現」とは，児童が形や色，材料などにかかわりながら，描いたりつくったりする造形活動を通して，発想や構想の能力，創造的な技能を高めるものである。「B鑑賞」とは，児童が自分の感覚や体験などをもとに自分たちの作品や親しみのある美術作品などを見たり，それについて話したりする鑑賞活動を通して，鑑賞の能力を高めるものである。そして，これら「A表現」「B鑑賞」の活動の基盤に〔共通事項〕がある。「A表現」と「B鑑賞」は，本来一体である指導内容の二つの側面として，図画工作科を大きく特徴付ける領域であり，〔共通事項〕はこの「A表現」と「B鑑賞」二つの領域の活動を支える資質や能力であり指導事項となる（図10－1）。

**図10－1　図画工作科の内容の構成**

### （2）〔共通事項〕設定の経緯

　ここでは，〔共通事項〕が設定された経緯について取り上げる。文部科学省ホームページの学習指導要領について解説しているQ&Aの中では，〔共通事項〕が設定された経緯について，次のように説明している。

~〔共通事項〕設定の経緯~

　小学校図画工作科に関しては，いろいろな調査などから，児童が図画工作を勉強しても，生活や社会にどのように役立つのか分からないと感じていることが分かりました。また，中央教育審議会などで，膨大な視覚情報にさらされている児童に必要な力を身につけてほしいという声がありました。そこで，表現でも鑑賞でも，造形遊びでも絵や立体，工作でも，共通して働いている資質や能力を〔共通事項〕としてまとめ，これをもとに指導を行うことを示しました。具体的には，児童が自分の感覚や活動を通して形，色，動きや奥行きなどの造形的な特徴をとらえ，これを基に自分のイメージをもつことが十分に行われるように学習活動を検討する必要があります。[1]

1）文部科学省：学習指導要領改訂の基本的な考え方に関するQ&A, http://www.mext.go.jp/a_menu/shotou/new-cs/qa/08.htm（2018年2月1日）

　この説明では，図画工作科の学びの中で得たことが，生活や社会の中でどのような形で活用できるのか見えにくいという教科としての問題点が指摘されている。そして，その解決のための一つとして，図画工作科の中で働いている資質や能力を，図画工作科全体で，かつ子ども自身において意識し捉えるものとして〔共通事項〕を設定し，具体的な指導事項として扱われることになったとしている。

　ここで大切なことは，「表現でも鑑賞でも，造形遊びでも絵や立体，工作でも，共通して働いている資質や能力」という部分である。〔共通事項〕は，図画工作科の中で行う活動のすべてに関係を持ち，また，活動と活動とがつながっていることを意識させるものである。さらには，この〔共通事項〕を通して育成される資質・能力が，生活や社会の中で活かされる，といったことにも目を向ける必要がある（図10−2）。

　図画工作科における〔共通事項〕は，平成20年版小学校学習指導要領より新設された内容であり，「A表現」「B鑑賞」という領域と並列で示されている。〔共通事項〕について，平成20年版小学校学習指導要領解説図画工作編の中では，「表現及び鑑賞の活動の中で，共通に働いている資質や能力であり，造形活動や鑑賞活動を豊かにするための指導事項として示している。」[2] としている。一方，平成29年版小学校学習指導要領解説図画工作編の中では，「表現及び鑑賞の活動の中で，共通に必要となる資質・能力であり，造形活動や鑑賞活動を豊かにする

2）文部科学省：小学校学習指導要領解説図画工作編，2010, p.19

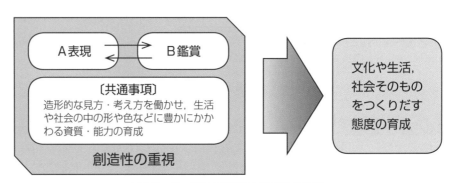

図10−2　図画工作科の学びの全体像

ための指導事項として示している。」[3] としている。このように，平成29年の学習指導要領改訂でも，〔共通事項〕の設定の基本的な考え方は従前のものと大きな変化はないといえる。しかし，この改訂では，すべての教科等の目標及び内容を「知識及び技能」，「思考力，判断力，表現力等」，「学びに向かう力，人間性等」の三つの柱で整理されているため，教科の内容構成の項目，事項に変更がある。この点に関しては，あとで解説する。

3）文部科学省：小学校学習指導要領解説図画工作編，2017，p.33

2016（平成28）年8月の教育課程部会による「次期学習指導要領等に向けたこれまでの審議のまとめについて」の報告の中では，表現及び鑑賞に関する能力を育成する上で共通に必要となる資質・能力としての〔共通事項〕を，「見方・考え方」との関連を考慮して位置付けると述べている[4]。図画工作科における「見方・考え方」は，感性や想像力を働かせ，対象や事象を形や色などの造形的な視点で捉え，自分のイメージを持ちながら意味や価値をつくりだすことである。

4）文部科学省：次期学習指導要領等に向けたこれまでの審議のまとめについて（報告），教育課程部会，2016，p.208

平成29年版小学校学習指導要領解説図画工作編では，〔共通事項〕について児童の様子とともに次のように示している。

> **児童は，幼いころから**，身近なものを見たり，手にしたりするなど，自ら身の回りの世界に進んで働きかけ，様々な形や色などと出会っている。それはやがて，形や色などを手掛かりにして，選んだり，使ったりするなど，思いを形や色などに託し表現するようになる。また，ものに触れて心の中に様々なイメージを思い描くとともに，ものをいろいろな表現に使うことからイメージを広げている。[5]

5）文部科学省：前掲注3），pp.32-33

> **大まかな内容は**，自分の感覚や行為を通して形や色などを理解すること，及び，自分のイメージをもつことである。自分の感覚や行為とは，視覚や触覚などの感覚，持ち上げたり動かしたりする行為や活動のことであり，児童自身の主体性や能動性を示している。形や色などとは，形や色，線や面，動きや奥行きなどの対象の造形的な特徴のことである。自分のイメージとは，児童が心の中につくりだす像や全体的な感じ，又は，心に思い浮かべる情景や姿などのことである。どちらも，生まれてからこれまでの経験と深く関わっており，児童は，そのときの感情や気持ちとともに，心の中に浮かび上がらせている。[6]

6）文部科学省：前掲注3），p.33

ここで示された内容を，①児童のこれまでの経験，②児童の持つ感覚や行為，③対象によって発生するイメージ，の三つの視点で解説する。

① **児童のこれまでの経験**：ここでいう経験とは，図画工作科内での経験のみではなく，児童が現在持つすべての経験をさしている。日常生活や旅行，学校行事など，児童の様々な体験から経験化されたことが，図画工作科のつくる・描く・みることなどの活動を支えている。つまり，図画工作科での活動においては，個々人の経験が重要であるといえる。また，経験の違いによって生まれる表現の違いも，〔共通事項〕の視点から捉えることによって理解

**図10-3　これまでの様々な経験**

**図10-4 身近にある様々な素材**

することが可能となる。

② **児童の持つ感覚や行為**：児童は，材料に触れ「形の感じ」や「質感」を捉えたり，材料を見つめながら「色」や「形」の変化に気づいたりする。木の表面に触れることで，①で示した経験につながり，これまで触れてきたものと比較し，「ゴツゴツした感じがする」と身体を介して質感を感受する。その際児童は，自らの行為を通して能動的にものと関わり，直観的に対象の特徴を捉え理解する。

③ **対象と接することで発生するイメージ**：ものや言葉に触れることで，児童の心の中には自分なりのイメージが想像される。このことは，そのときの気持ちや，他の児童とのかかわり，環境への働きかけによって変化する。自らがなぜこのようなイメージを持ったのか，①と②の内容とともに考える経験が大切である。

このような，形や色などの造形的な特徴を理解したり，感覚や行為からイメージを持ったりする資質・能力は，表現及び鑑賞の活動のもとになるとともに，形や色などを活用したコミュニケーションの基盤となる（図10-5）。

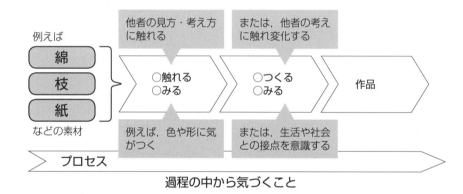

**図10-5 つくる行為の関係性**

### （3）〔共通事項〕をイメージする

次に〔共通事項〕について，文章から具体的な様子をイメージすることから説明する。

最初に，次の文章から実際の様子を頭の中でイメージしてほしい。

「ゴツゴツした大きな木。そしてその足下には，枯れ葉や土。枯れ葉と湿った土の間を動く虫。木々や葉を揺らす風と遠くから聴こえる鳥のさえずり。身体に当たる太陽の光を感じながら歩く自分の姿。」

どうだろうか。言葉からこの場面の様子を頭の中でイメージできただろうか。ゴツゴツした木の表面に触れたときの感覚，または枯れ葉の上を歩く感覚，湿度，そして風の音，遠くに聴こえる鳥の声によって感じる距離。自分の身体にあたる太陽の暖かさなどがイメージできたのではないだろうか。これらはあくまでもたとえだが，児童は生活を通して様々な体験をしているといえる。それは，生まれ

てから積み上げてきた体験の連続であり，また学校の内外で触れるものすべてから感じ取っているものであって，学校の内側だけで知覚・感受したことの体験から図画工作科の学びが成立しているわけではない。このような考え方を根底にし，小学校学習指導要領図画工作が示す〔共通事項〕を理解する必要がある。

図10-6　木と触れ合った

　例えば，「木を絵の具で描くこと」を想定した場合，目標としている木の他，木が育っている周囲の環境，風が揺らす葉や枝の音，木の表面に触れたときの感触，土のにおい，虫の音，鳥のさえずりなど，全身の感覚で受けとったことが表現のもとになる。さらには，その木で幼少期に遊んだことがある，他の木に触れたときとの質感の違いを感じるなど，描く者のこれまでの経験から生まれる自分なりのイメージが含まれる。この他に，これまで築いた描くことの経験が反映される。絵の具を使って紙に絵を描くという図画工作科の活動の内容には，現在感受したことだけでなく，このように様々な情報が土台となる。

　このような特色を持つ図画工作科の活動において，〔共通事項〕は対象から色や形，質感，空間を捉え，それらを自分の内側にある記憶や価値観と対峙させ，イメージを広げ表現につなげたり，鑑賞の視点をもったりする能力のことをさしている。

## 2．学習指導要領における〔共通事項〕の表記

### （1）平成20年版学習指導要領から平成29年版学習指導要領へ

　はじめに，指導内容の構成の違いについて示す。

　平成29年版小学校学習指導要領図画工作からは，指導の項目が変更されている。「A表現」の項目が，「（1）造形遊びをする活動」と「（2）絵や立体，工作に表す活動」から「（1）発想や構想に関する事項」と「（2）技能に関する事項」に変更され，そして，これらそれぞれの指導の項目の下に「ア 造形遊びをする活動」と「イ 絵や立体，工作に表す活動」の二つの指導事項が示されている。ここからわかるように，図画工作科の内容構成の考え方が，より資質・能力の視点で示されたことが読み取れる。このことは，ア，イの指導事項の中で示されている造形遊びや絵，立体，工作それぞれを通して育成する「思考力，判断力，表現力」「技能」という文言から捉えることができる。

　〔共通事項〕の内容は，「A表現」及び「B鑑賞」の活動を通して，ア「A表現」及び「B鑑賞」の指導を通して育成する「知識」，イ「A表現」及び「B鑑賞」の指導を通して育成する「思考力，判断力，表現力等」と示されている。ここでいう「知識」とは，道具や色の名前を知る，といった事実的な知識のみをさしているのではない。これまで説明してきた児童の捉える「色や形の感じ」が，表現や鑑賞といった体験と関係を構築することで，新たな概念的知識となって定着することである。このような質的な経験が，知識として位置づけられていることになる（表10-1）。

**表10-1　平成20年版と平成29年版の指導内容構成の比較**

**平成20年版学習指導要領より示す指導内容の構成**

| A表現 | 項目（1）造形遊びをする活動<br>ア　発想や構想の能力と活動の概要<br>イ　発想や構想の能力と活動の方法<br>ウ　創造的な技能 |
| --- | --- |
| | 項目（2）絵や立体，工作に表す活動<br>ア　発想や構想の能力と活動の概要<br>イ　発想や構想の能力と活動の方法 |
| B鑑賞 | 項目（1）鑑賞する活動<br>ア　鑑賞の能力と活動の概要<br>イ　鑑賞の能力と活動の方法 |
| 〔共通事項〕 | 項目（1）「A表現」及び「B表現」の指導を通して<br>ア　形や色などに関する事項<br>イ　イメージに関する事項 |

**平成29年版学習指導要領より示す指導内容の構成**

| A表現 | 項目（1）発想や構想に関する事項<br>ア　造形遊びをする活動を通して育成する「思考力，判断力，表現力等」<br>イ　絵や立体，工作に表す活動を通して育成する「思考力，判断力，表現力等」 |
| --- | --- |
| | 項目（2）技能に関する事項<br>ア　造形遊びをする活動を通して育成する「技能」<br>イ　絵や立体，工作に表す活動を通して育成する「技能」 |
| B鑑賞 | 項目（1）鑑賞に関する事項<br>ア　鑑賞する活動を通して育成する「思考力，判断力，表現力等」 |
| 〔共通事項〕 | 項目（1）「A表現」及び「B鑑賞」の指導を通して<br>ア「A表現」及び「B鑑賞」の指導を通して育成する「知識」<br>イ「A表現」及び「B鑑賞」の指導を通して育成する「思考力，判断力，表現力等」 |

### （2）学年による〔共通事項〕の違い

　　学年別の〔共通事項〕の内容を表10-2（下線は筆者による追記）に示す。

　　平成20年版学習指導要領図画工作の〔共通事項〕では，「自分の感覚や活動を通して」と示していたが，平成29年版学習指導要領では「自分の感覚や行為を通して」と示している。このように平成29年版のものでは，「活動」から「行為」に変更されているが，これは「活動」が学習活動，鑑賞活動などのようなまとまりを意味するのに対して，「行為」は子どもの主体的で具体的な一つ一つの行為を通して，形や色などに気づくことを重視したためである。なお〔共通事項〕を第1学年及び第2学年から第3学年及び第4学年へ，第5学年及び第6学年へと学年段階で見ていくと「気付く」，「分かる」，「理解する」というように発展性があり，この変化には形や色を知覚・感じ，それを知識にしていくという能力育成の発展性が読み取れる。

**表10-2　学年別の〔共通事項〕の内容**

| 第1学年及び第2学年〔共通事項〕(1) |
| --- |
| (1)「A表現」及び「B鑑賞」の指導を通して，次の事項を身に付けることができるよう指導する。<br>ア 自分の感覚や行為を通して，形や色などに気付くこと。<br>イ 形や色などを基に，自分のイメージをもつこと |
| 第3学年及び第4学年〔共通事項〕(1) |
| (1)「A表現」及び「B鑑賞」の指導を通して，次の事項を身に付けることができるよう指導する。<br>ア 自分の感覚や行為を通して，形や色などの感じが分かること。<br>イ 形や色などの感じを基に，自分のイメージをもつこと。 |
| 第5学年及び第6学年〔共通事項〕(1) |
| (1)「A表現」及び「B鑑賞」の指導を通して，次の事項を身に付けることができるよう指導する。<br>ア 自分の感覚や行為を通して，形や色などの造形的な特徴を理解すること。<br>イ 形や色などの造形的な特徴を基に，自分のイメージをもつこと。 |

# 3．学生の指導案から読み取る〔共通事項〕

## (1)〔共通事項〕の指導ポイント

　まず，〔共通事項〕の指導のポイントについて，平成29年版学習指導要領解説図画工作編ではどのように捉えているか示す。

> 　**指導に当たっては**，〔共通事項〕のアが「知識」，イが「思考力，判断力，表現力等」で整理されたことや，表現や鑑賞の領域や活動などの全体に関わる事項であることを踏まえ，これまで行われてきた指導内容や方法を〔共通事項〕の視点で検討し，改善することが重要である。例えば，児童が絵の具を混ぜてつくった色にどのようなイメージをもっているのかを確かめながら指導を展開することや，のこぎりで板材を切っているときの音や動きのリズムなどからどのような技能を働かせているのか捉えて指導を改善することなどが考えられる。[7)]

7) 文部科学省：前掲注 3)，p.34

> 　**また，〔共通事項〕は**，児童がふだんの生活で発揮している資質・能力であり，形や色などを活用してコミュニケーションを図る児童の姿としてあらわれることに配慮しながら，指導を具体化することが必要である。例えば，グループで活動をしている児童がどのようなイメージを友人と共有しているのか，児童がつまずいたり活動が停滞したりしている原因は何かなどを把握する視点として活用することも大切である。[8)]

8) 文部科学省：前掲注 3)，p.34

**図10-7　絵の具を混ぜる**

　ここでの例は，絵の具を混ぜるという，描く過程に視点が置かれている。描くという行為の過程に含まれる要素は，絵の具の色を混ぜるという行為だけではない。色の選択，絵の具の混ぜ具合，水分の調節，筆と画面が接する様子，画面にえがかれるイメージの定着などがあげられる。これらの行為には，児童のこれま

での描くという経験とともに行為が行われている。そのため，児童の行為の内側には，何らかの意味や目的があり表現へと結びついている。この視点は，作品を鑑賞する際にも表れることである。

　また，グループでの活動の際には，形や色という共通する要素からコミュニケーションをとることが考えられる。例えば，自らが描いたきれいな形や色を，その「きれいさ」について他の児童と共感する場面がある。白黒でわかりにくいが，図10-8は鮮やかな色彩で描かれた鳥の絵である。それを見た際に，形や色から受ける感じや，どうやって描いたのか，描いた際の方法とともに共感が行われる。図画工作科では，「知性」（知的に捉える）と「感性」（感覚的に捉える）の両方を働かせて対象や事象を捉えることが求められる。そして，図画工作科で育成する資質・能力としての「知識・技能」，「思考力・判断力・表現力等」，「学びに向かう力・人間性等」の三つの柱は相互に関連し合い，一体となって働くようにして育成することが重要である。さらに，一つの活動が次の表現や鑑賞につながるように児童の活動の流れを理解して展開するようにし，また，グループやクラス単位での活動の様子とともに，児童の一つの活動を捉えることも重要である。

　そして，指導の方法について以下の点に注意したい。

図10-8　鮮やかな色彩

> 　〔共通事項〕は，〔共通事項〕だけを題材にしたり，どの時間でも〔共通事項〕を教えてから授業を始めたりするなどの硬直的な指導を意図したものではないことに，十分に配慮して指導することが大切である。[9]

9) 文部科学省：前掲注3), p.34

　まず，指導方法において大事なことは〔共通事項〕は児童の中にある資質や能力であり，表現や鑑賞を通して活動の中に含まれていることである。教師は，様々な活動において指導事項の観点で児童に気づかせるようアプローチをしたり，気づくきっかけを示したりすることが重要である。ただし，児童に対して〔共通事項〕の内容について，「これに気づきなさい」というものではない，ということに留意する必要がある。

### （2）学生Aによる指導案

　以下の指導案は，学生によって書かれたものである。ここでは，この指導案の一部を例に，共通事項に関する内容を解説する。原文のまま表記し，①〜⑤は筆者によるものである。ここでは，平成29年版小学校学習指導要領図画工作を指標する。

| 学習指導案 1年 | やぶいた　かたちから　うまれたよ |
|---|---|

**1．題材の目標（①）**
　紙を破くことを通して破いた紙から様々なものをイメージするとともに，紙の貼り方やクレヨンなどで書き加えるなどの工夫をしてイメージしたものを絵に表す。

**2．題材観**

　この題材は，学習指導要領の第1学年及び第2学年の内容A表現（1）ア「造形遊びをする活動（②）を通して，身近な自然物や人工の材料の形や色などを基に思い付いてつくること」や，イ「感覚や気持ちを生かしながら楽しくつくること」を受け設定したものである。本題材では，紙を破いた感覚やそれによって生み出される不定形な紙片から様々なものをイメージ（③）し，そのイメージを元に画用紙の上に貼るなどして表現する活動を行う。この活動を通して，目だけでなく耳など様々な感覚からイメージを想起し，紙の置き方や組み合わせ方を工夫しながら表現する能力（④）を育てると同時に，表現を広げていく楽しさや喜びを味わえるようにしたい。

**3．児童観**

　本学級は，絵を描くことが好きな児童が多いことから，図画工作の授業では意欲的に取り組む児童が多い。しかし，具体的にテーマを示さないと製作ができない。すなわち，想像力に欠ける児童が多い。破った紙から自らの力でイメージを膨らませることができる力（⑤）を養っていきたい。また，本教材では紙を破る活動や，貼る活動を行ったり，表したりしながら様々な紙の違いを感じ取ることで，いろいろな紙で想像する楽しさや面白さを味わいたい。

**4．指導観**

　児童の実態から想像力を伸ばすために破った紙をすぐに画用紙に貼っていくのではなく，形に着目させ，破った紙を並べたり，組み合わせたりする時間をとり，イメージを広げさせていきたい。また，新聞紙や広告，画用紙などの様々な紙を用意することでやぶる感触の違いや音の違いを楽しむとともに，それぞれの材料の特徴を見つけ，それをいかして使用したり，形を生かして表すことの面白さを感じさせたい。

　第1学年及び第2学年の〔共通事項〕は，A表現とB鑑賞を通して「ア　自分の感覚や行為を通して，形や色などに気付くこと。（知識）」「イ　形や色などを基に，自分のイメージをもつこと。（思考力，判断力，表現力等）」を育成するものである。このアとイの事項は，一体的であったり，相互に行き来しながら明らかになる性質を持っている。そして，そのことに児童が気づくことが重要である。指導案の中に筆者が付した①～⑤の番号から，〔共通事項〕の視点を解説する。

**①題材の目標**

　題材名が，「やぶいた　かたちから　うまれたよ」となっており，そのため指導案全体の内容では，形について多く触れられている。しかし，つくる行為の中には，色の視点もある（図10-4）。〔共通事項〕にあるように，「形や色などに気付くこと」「形や色などを基に」といった形と色で捉えることが求めら

**図10-4　背景の色や質感によって変わるものの見え方の違い**

れる。そこで，題材の目標の中にも，例えば「紙を破くことを通して破いた紙
から，形や色などを手掛かりに様々なものをイメージするとともに……」と加
えることで，学びの質がより具体的になる。題材の目標に，色に関することが
加わると，必然的に題材観・児童観・指導観にも，色に関する内容が加わるこ
とになる。

### ②造形遊びをする活動

　この題材では，まず数種類の紙を破ることで得られる質感の違いを知覚し，
感受すること（知識）が大切になる。ここには，紙に触れたときの感触（紙の
表面の感じや，ちぎったときの感じ），紙を破る際に手に伝わる抵抗感，紙に
触れたり破ったりする際に発生する音などがある。造形遊びを中心とした活動
のため，児童は，紙の種類によって質感が異なる点や，紙を破る楽しさ（思考
力）から偶然できた形の発見（判断力）することを大事にする。そこから，形
にイメージを持ち，つくる行為（表現力）に変化する。児童のこの一連の行為
を教師は見逃さないことである。

### ③紙を破いた感覚やそれによって生み出される不定形な紙片から様々なものを イメージ

　偶然生み出された形から構成する際は，児童自身が知っている形をしっかり
とイメージさせてつくることも考えられるが，逆にあまり具体的にせずに紙を
貼るという行為自体を楽しむことで，その過程の中でイメージが表出するとい
う可能性も考えられる。そのため造形遊びが中心であるならば，教師は，児童
の行為とともに作品の変化にも目を向け，児童の「発見する視点」を読み取る
ことが大切である。

### ④目だけでなく耳など様々な感覚からイメージを想起し，紙の置き方や組み合 わせ方を工夫しながら表現する能力

　つくる際の形を読み取るという行為は，目で「みる」という視覚的な要素だ
けではなく，指の先から伝わる感触や，触れ方の違いによって現れる音の変化
などもふくまれる。つまり，「ものをみる」ということは視覚的な意味だけで
はなく，様々な感覚を通して「ものを捉える」ことであるといえる。児童は，
素材から得る質感の差異を感受し，道具をコントロールしながら作品へと展開
している。

### ⑤破った紙から自らの力でイメージを膨らませることができる力

　図画工作科の中で培われた「思考力，判断力，表現力等」は，教科内でのみ
使える能力ではない。ここでいうイメージを膨らませることにどのようなプロ
セスが含まれているのか，教科を越えてこの「思考力，判断力，表現力等」の
能力を活用することが大事になる。その際，自らの力は，友だちなど他者との
関係によってさらに異なる視点の獲得となる。他者とイメージを共有すること
も求められる。

## 発展的実践への手立て

　**人間の感覚**は，色に対して様々な感じ方を持っている。例えば，他者との共有のために「あお・あか」などの名前でよんだり，色相・明度・彩度と構造的に理解したり，生活や文化から得る色の経験，さらには心の状態を読み取る心理的な視点などもあげられる。色には様々な意味が含まれ，人間はそれを感受していることになる。

　**図画工作科の中で児童が捉える「色」**も，これらの内容が含まれている。児童の行為や作品を読み解く上で，これらの内容と合わせて児童の心的・社会的・身体的発達について，ピアジェやヴィゴツキーなどの発達心理学の側面に触れ理解することが大切である。また，描画の発達について知ることで，幼児期のどのような経験が小学校での活動を支えているのかを理解することができる。指導者として，子どもの成長の理解とともに，図画工作科で扱う「色や形」について深く掘り下げていくことで，活動を捉える際の視点が明確になる。

　**図画工作科での活動を介した児童の学び**を明確にするためには，ルーブリックの活用も考えられる。「何を学ばせたいのか」，それを「どうやって身につけさせるのか」活動内容について根拠を持ってデザインし，可視化することで，学びは具体的になり指導者の視点も明確になる。その際，児童の「色や形」への意識は，上記のような背景があることを忘れてはならない。

# 第11章　可能性を伸ばす図画工作の評価

## 1．図画工作における評価とは

### （1）評価の意義と役割

　なぜ，教育において評価という行為が必要なのか，何のために評価をするのか，教育活動における評価の意義とその重要な役割について十分理解しておくことは，教師にとって必要不可欠であり必須事項である。

　評価は，単に通知表や学習のあゆみに記入するためだけのものではなく，また学年末に指導要録に記載するためだけのものでもない。評価（evaluation）の中における評定（valuation）との相違をまず理解しておく必要がある。

　評定は，評価の中のほんの一部であり，学校管理上における評価を数値化する行為のことである[1]。

　図画工作・美術教育については，でき上がった作品によって評価する傾向が強かった。それは，単純に作品がうまいとか下手というような狭い尺度で比較し評価するあり方である。そして，誠に残念なことに，いまだに作品のできや完成度によって評価しているケースも見受けられる。

　その中では，作品のできが最も重視され，一人一人の児童の学びについてはあまり目を向けられてこなかったといえよう。この傾向は，作品（結果）主義の教育を助長し，得意な児童はいいが，そうでない多くの児童に苦手意識と不得意感を抱かせる大きな問題点を生み出していたのである[2]。

　以上のことから，なぜ評価が重要なのかといえば，評価と教育のあり方と密接にリンクしているからといえる。

　完成した作品のみをもって評価する教師は，その過程よりも完成度の高い作品を求める教育を行いがちである。そこでは上手な作品を描きつくる児童が高く評価され，それ以外の児童たちは努力の如何にかかわらず十分な評価が得られない。そのため図画工作への意欲も高まらず，向上心も生まれず，不信感を抱くことになる。

　その逆に，児童一人一人の学びに寄り添い，そのよさを見ていこうと努力している教師は，一人一人の表現を認め尊重していく教育を行っている。

　ゆえに，教育者のみならず研究者にとっても，図画工作・美術教育における評価は，目指すべき教育を探究するためにも重要な研究課題と成り得る。大学の教員養成講義においては，扱うべき重要な必須内容といえるのである。

　また，学校管理職や学校リーダーを目指す教職大学院生にとっては，個々の教師の指導力や資質・能力を見極めるための重要な観点でもあり，教育課程改善の

1）梶田叡一：教育における評価の理論，金子書房，1975，pp. 5-10

2）降籏孝：図画工作・美術への苦手意識の実態解消のための要素，美術教育学研究，第48号，2016

ためのカリキュラム・マネジメントの視点からも，評価は無視できない重要な要素といえる。

　図画工作科が学校教育における一つの教科である限りは，一人一人の児童の表現を認めるとともに，その子の資質・能力をより高めていく義務がある。

　そして，授業の教育的効果をさらに高め，教育方法を具体的に改善するためにも，評価という教育的行為は絶対に必要といえよう。

　評価があってこそ，児童は自ら学びの確認をすることが可能になるし，次の学習への動機付けともなる。教師にとっては，自身の指導について見直し，教育方法を改善することが可能になるのである。

## （2）代表的な評価概念とその方法

　評価概念と具体的な評価の仕方については，一般的にはいくつかの方法がある。以下が，その代表的な評価法であり，教師は必須事項として理解しておく必要がある。基本的知識として，表11－1に記述しておく。

　図画工作は，特に一人一人の児童の学びを見取る評価法が必要となる。

### 表11－1　代表的な評価概念と評価方法

| A | 相対評価 | クラスの中や全体における個人の位置を示す評価で，例えば，上位○○％を5，下位○○％を1と評価する相対曲線比率に合わせて比較しながら相対的に評価する方法。個人間評価ともいう。 |
|---|---|---|
| B | 絶対評価 | 相対評価のクラスの中の位置を明らかにする評価方法に対して，一人一人の個の学びや成長に着目し，学習によってどれほど個が変容したのか評価する方法。個人内評価ともいう。 |
| C | 形成的評価 | 学習の成果を最終的な結果で評価する総括的評価に対して，途中段階を評価し，修正や改善をしようとする評価方法である。 |
| D | 到達度評価 | 到達すべき目標を設定し，その目標にどれだけ到達することができたのか，その度合いを評価する方法である。 |
| E | 自己評価<br>個人内評価 | 学習の主体である子ども自身が自分の学習を振り返って，児童が自分自身を評価する方法である。自己への評価の個人差が課題でもある。 |
| F | 相互評価 | 教師や児童本人のみでなく，児童同士がお互いに評価し合う方法で，自己評価と共に併用することで評価の客観性を高めることができる。 |
| G | ポートフォリオ評価 | 学習の過程とその成果を保存ケース（ポートフォリオ）にそのすべてを収納し，過程を含めたすべてを対象にして，総合的に評価しようとする評価方法。 |

## （3）評価と教師の教育観との関連

　評価が教育のあり方と密接にリンクしているということは，教師の抱いている教育観と評価とが直結していることを意味している。

　それは，この教科で児童に何を求め，どのように育てようとしていくのかという教師の抱いている教育観が授業のあり方を左右するばかりではなく，この教科で何をどのように評価するのかという評価のあり方にまでそのまま反映し，評価

そのものを大きく左右するからである。

　児童の成長を願った教育的な指導と，その教育的効果を高めるために評価をする上でも，教師の抱く教育観はとても重要なのである。

　特に，図画工作科では，他教科のように明快な回答があるわけではない。また，テストをして点数を付けられる教科とも異なる。そして，同じ題材でもでき上がった作品は，児童一人一人が異なっている。

　評価は，一人一人の児童の学びや資質・能力がいかに育ったのか確認するとともに，その可能性を伸ばす指導を行うための重要な教育活動の一つである。

　指導と評価の一体化といわれ，強調されている所以がここにある[3]。

3）現代小学校学級担任事典第19巻，一人ひとりを生かす評価，ぎょうせい，1884

### （4）作品と図画工作の評価

　図画工作・美術教育においては，表現の最終結果である作品は，児童・生徒の学習の成果を見極めるための重要な評価の対象であった。

　1872（明治5）年に学制がスタートしてから昭和時代にかけて，「臨画」とよばれる図画教育が行われてきた。臨画教育では，教科書をお手本として，それをいかに正確に再現したのかという観点で評価が行われてきた。そこでは，児童一人一人の創造性や個性の育成より手の巧緻性と技能面が最も重視されてきたといえよう。

　一方現在の図画工作・美術教育では，児童生徒の一人一人の思いや感じ方をもとにした豊かな表現が求められている。故に，うまい下手という狭い尺度や価値観で作品を仕分けしたり，表現の丁寧さや緻密さだけの観点で作品を評価することは適切ではない。単純に完成した作品のみで評価することは評価の本質ではない[4]。

　しかしながら，学習の成果が最終的な作品，表現の姿に現れることは否定しない。個々の児童にとって充実した学習が行われていれば，当然それは作品にも反映されてくるものである。充実した学習からは豊かな表現が生まれる。

　ここで大切なのは，見栄えのよい作品を残すために児童に学習に取り組ませることではなくて，よりよい学習が実現されるように努力することであり，結果的によい作品が生まれてくることである。

　評価のための評価，評価のための教育がなされるような本末転倒の教育が行われないように注意する必要がある。

4）藤澤英昭・水島尚喜編：図画工作・美術教育研究，教育出版，2010，pp.90-94

## 2．学習指導要領と評価の観点

　平成29年版学習指導要領では，今までの教科構造が大きく変わり，すべての教科において未来の社会にとって必要な育成すべき資質・能力を明確にし，それを具体的に実現していくというこれからの教育の方向性が強く打ち出された。以下の3本柱で，教科で育成すべき資質・能力が整理された。

◎「何を理解しているか，何ができるか」

　　（生きて働く「知識・知能」の習得）

◎「理解していること・できることをどう使うのか」

　　（未知の状況にも対応できる「思考力・判断力・表現力等」の育成）

◎「どのように社会・世界とかかわり，よりよい人生を送るか」

　　（学びを人生や社会に生かそうとする「学びに向かう力・人間性」の涵養）

　とかく図画工作・美術ではその傾向が強かった「どのように作品をつくらせるのか」「どのような作品を描きつくったのか」ということよりも，その過程や最終段階において一人一人の子どもたちにとってどのような学びがあり，どのように理解し，どのような資質・能力が育成されたのかという視点が重要な評価観点となる。

　その後，文部科学省は，指導と評価の一体化を推進する視点から，観点別学習状況の評価観点についても，これらの資質に関わる「知識・技能」，「思考・判断・表現」，「主体的に学習に取り組む態度」の3観点に整理して示し，適切な観点を設定することにした。

　「学びに向かう力，人間性について」は，「主体的に学習に取り組む態度」として観点別学習状況の評価を通じて見取ることができる部分と，観点別学習状況の評価にはなじまず，個人内評価等を通じて見取る部分があることに留意する必要があることを明確にした。このことは，児童一人一人のよい点や可能性，進歩の状況などを積極的に評価し，児童に伝えることが重要である。

### （1）「図画工作科」における評価の観点及びその趣旨

　図画工作科における評価の観点とその趣旨については，表11−2にまとめて示した。「知識・技能」，「思考・判断。表現」，「主体的に学習に取り組む態度」を評価の3観点としている。

**表11−2　教科「図画工作」における評価の観点及びその趣旨**

| 知識・技能 | 思考力・判断力・表現力等 | 主体的に学習に取り組む態度 |
|---|---|---|
| ・対象や事象を捉える造形的な視点について自分の感覚や行為を通して理解している。<br>・材料や用具を使い，表し方などを工夫して，創造的につくったり表したりしている。 | ・形や色などの造形的な特徴をもとに，自分のイメージをもちながら，造形的なよさや美しさ，表したいこと，表し方などについて考えるとともに，創造的に発想や構想したり，作品などに対する自分の見方や感じ方を深めたりしている。 | ・つくりだす喜びを味わい主体的に表現及び鑑賞の学習活動に取り組もうとしている。 |

　以下に，1・2年生，3・4年生，5・6年生における評価の観点について，それぞれ解説する。

### 1）低学年（第1学年及び第2学年）における評価の観点

　低学年における評価の観点については，表11-3に示したように基本的に「楽しく」表現や鑑賞に取り組み，「楽しく」発想や構想をしていることが評価の観点となっている。そこから，その子なりに自分の見方や感じ方を広げようとしているかを見取ることが重要となる。

**表11-3　低学年における評価の観点とその趣旨**

| 知識・技能 | 思考力・判断力・表現力等 | 主体的に学習に取り組む態度 |
|---|---|---|
| ・対象や事象を捉える造形的な視点について自分の感覚や行為を通して気付いている。<br>・手や体全体の感覚などを働かせ材料や用具を使い，表し方などを工夫して，創造的につくったり表したりしている。 | ・形や色などをもとに，自分のイメージをもちながら，造形的な面白さや楽しさ，表したいこと，表し方などについて考えるとともに，楽しく発想や構想したり，身の回りの作品などから自分の見方や感じ方を広げたりしている。 | ・つくりだす喜びを味わい楽しく表現したり鑑賞したりする学習活動に取り組もうとしている。 |

### 2）中学年（第3学年及び第4学年）における評価の観点

　中学年における評価の観点については，表11-4に示したように手や体全体の感覚を「十分に」働かせて，「造形的なよさ」や面白さ，表したいこと，表し方を考えながら，「豊かに」発想・構想を生かしていること。「身近な作品」などから見方や感じ方を広げて，つくりだす喜びを味わい「進んで」表現や鑑賞活動に取り組もうとしているかが重要である。

**表11-4　中学年における評価の観点とその趣旨**

| 知識・技能 | 思考力・判断力・表現力等 | 主体的に学習に取り組む態度 |
|---|---|---|
| ・対象や事象を捉える造形的な視点について自分の感覚や行為を通して分かっている。<br>・手や体全体を十分に働かせ材料や用具を使い，表し方などを工夫して，創造的につくったり表したりしている。 | ・形や色などの感じをもとに，自分のイメージをもちながら，造形的なよさや面白さ，表したいこと，表し方などについて考えるとともに，豊かに発想や構想をしたり，身近にある作品などから自分の見方や感じ方を広げたりしている。 | ・つくりだす喜びを味わい進んで表現したり鑑賞したりする学習活動に取り組もうとしている。 |

### 3）高学年（第5学年及び第6学年）における評価の観点

　高学年における評価の観点については，表11-5に示したように「主体的」に表現や鑑賞に取り組み，造形的な視点について自分の感覚や行為を通して「理解している」こと。そして「形や色などの造形的な特徴」をもとにして，造形的なよさや「美しさ」について考え「創造的」に発想・構想していること。「親しみのある作品」などから見方や感じ方を「深めて」いることが重要となる。

**表11−5 高学年における評価の観点とその趣旨**

| 知識・技能 | 思考力・判断力・表現力等 | 主体的に学習に取り組む態度 |
|---|---|---|
| ・対象や事象を捉える造形的な視点について自分の感覚や行為を通して理解している。<br>・材料や用具を活用し，表し方などを工夫して，創造的につくったり表したりしている。 | ・形や色などの造形的な特徴をもとに，自分のイメージをもちながら，造形的なよさや美しさ，表したいこと，表し方などについて考えるとともに，創造的に発想や構想をしたり，親しみのある作品などから自分の見方や感じ方を深めたりしている。 | ・つくりだす喜びを味わい主体的に表現したり鑑賞したりする学習活動に取り組もうとしている。 |

## 3．児童・教師の可能性を伸ばす評価を実現するために

### （1）一人一人の児童の学びに寄り添い見て取る過程

　図画工作においては，まず目指すべき作品が先にあるのではなく，一人一人の児童の資質・能力が育つことを目指し取り組む教育が求められる。その充実した学習過程の中からこそ，一人一人の子どもたちの本当の表現が生まれ，結果的に素晴らしい作品が出現するのである。

　そのためには，日ごろから一人一人の児童に寄り添う温かいまなざしを子ども達に向けられる教師自身の姿勢と，その努力が必要である。これも重要な教師力の一つともいえる。このまなざしは，教師自身の可能性を伸ばすことにもつながる。

　授業の中で机間巡視しながら，教師は個々の児童に声かけしながら，その子がどのような思いや願いを抱きながら表現に取り組んでいるのか把握していく。それを忘れないうちに座席表や児童記録簿などに記録しておくことで，次時の学習の指導に生かすこともできるし，評価の重要な情報と成り得る。

　また途中段階においては，自分の思いや願いを実現するためにどのように工夫し，試行錯誤したのか，うまくいかないことや苦労していることなどあれば，教師が個々に対応するのではなく，クラスのみんなに投げかけて共有しながら，よりよい方法をみんなで考えることができる。このような学びの共有化が重要である。

### （2）一人一人の児童の学びの過程を客観的に記録

　実際の授業では，一人の教師が，学級内のすべての児童の学習の学びを客観的に把握することは，物理的にも時間的にも難しい。

　そこで一人一人の学びの過程を把握するために，具体的な手段として学習プリントや図工ノートなどを授業の中で有効に活用することができる[5]。

　そこには，一人一人の子どもの発想やアイデアなどを記入させるとともに，形や色に至る前段階では，発想のもとのキーワードやマインドマップなどを書くことで，新たにアイデアが生まれたり，構想を具体的に練ることが可能になる。こ

5）藤澤英明：子どもの意欲が高まる図画工作科の評価，開隆堂，1996，pp.143-189

れが，一人一人の表現をより豊かにすることにつながっていく。

　また，デジタルカメラやタブレット端末などを用いて，児童の表現の過程を画像として記録することもできる。この画像データを見返すことで，児童の学びの過程の場面を思い起こすこともできるし，具体的な事実の記録となり有効である。

　それらの，客観的に記録された情報と共に，児童自身が書いた学習プリントや図工ノートの記載などとを照らし合わせることで，一人一人の学びの成果を多角的に把握することができる。複数の情報から評価することで，その信頼性と客観性を高めることができる。

## （3）児童がお互いに可能性を伸ばし育つ授業の展開と評価

　児童の資質・能力を育成するために，授業の最初には，この題材のねらいとともに身につける資質や能力を発達段階に応じてわかりやすい言葉で，授業の目標として明示する必要がある。これは一貫した評価観点にもなる[6]。

6）降旗孝：子ども達に苦手意識を抱かせない教育コンテンツの研究・開発，科学研究費補助金研究成果報告書，2017

　授業の途中段階では，先に明示した目標の視点に立って，特に努力をしていたり工夫をしている児童を紹介してもらったり，お互いの表現を認め，確認し合うような場面を意図的に設定すると効果的である（本章第4節の実践事例を参照）。

　その中で困っている児童がいたら，教師が個別に対応するのではなく，それをクラスに紹介して，みんなで考え合う時間があってもよい。この時間を有効に活用することで，思考力や表現力を相互に高め合うことができる。

　また，個別の表現が中心でも場面，場面で，グループ座席にすることで，お互いに交流し合いながら，学び合いの協働学習が生まれたりする。

　授業の最後も作品を完成させて終わりではなく，お互いの学習成果を認め合える鑑賞の時間を設定することがとても重要である。これは，学習の振り返りも兼ねた相互評価のできる大切な時間でもある。

## （4）可能性を伸ばす評価を支える学習空間

　評価の重要な要素として，学習空間の質がある。これは，自己評価あるいは相互評価の場面においても学習空間の影響は少なくない。これは，児童の可能性を伸ばす評価を実現できるか否かの要となる。

　クラスの雰囲気をも含めた学習空間の質については，教師が意図する所とは別に，無意識のうちに児童に多大な影響を及ぼしている要素である。

　学習指導案や指導計画などのような目に見える顕在的なカリキュラムに対して，見えないかくれたカリキュラム（hidden curriculum）や潜在的なカリキュラムともよばれる重要事項である。

　特に，図画工作においては，この学習空間がとても重要である。それは，一人一人の児童の内面を表現させる行為には，個々の表現を認め合えるような温かい環境が必要だからである。これは学級経営とも大いにリンクする。

　作品や表現を表面的なうまい・へたというような狭い尺度で見るような学習空間や友だちの表現をふざけてひやかしたり，冗談でけなして面白がるような環境

の中では，児童の本当の表現は生まれ得ないだろう[7]。

学習指導要領においても内容の取扱いと指導上の配慮事項の中で，（5）各活動において「お互いのよさや個性などを認め尊重し合うようにすること。」とあり，教師は日頃から一人一人の児童のよさや個性などを認め尊重することが重要となる。ゆえに，教師は全体や個々の指導だけでなく，それらと同等かそれ以上に学習空間をよりよくさせる努力が求められる。

7）降籏孝：図画工作・美術科における教育コンテンツの研究，美術教育学研究，第47号，2015

## （5）児童だけでなく教師自身の可能性を伸ばす評価

評価によって児童の可能性が伸びる。さらに教師の教育力をも伸ばす可能性をも内包している。評価の対象は，児童だけでなく教師自身でもある。

・題材設定は，適切であったか。
・材料や用具については，その扱いの指導も含めて適切であったか。
・導入での提案の仕方はどうだったか，動機付けはできたか。
・一人一人の児童への個別の言葉がけや助言はどうだったか。
・一人一人の児童の資質・能力を授業によってどれほど育成できたか。
・鑑賞活動では，それぞれの作品のよさを味わわせることができたか。

様々な場面において，教師自身が授業を振り返ることは重要である。教師が，自身の教育実践を客観的に評価することで課題や改善点も明らかになると考える。ここから教師の可能性を伸ばすことができる。

充実した教育活動を実現するためには，教育課程・カリキュラムのあり方が求められ，教師のカリキュラム・マネジメント能力も問われている。

カリキュラム・マネジメントとは，PDCAサイクル[*1]つまり，カリキュラムの立案から実践を通して，省察・振り返りをしながら教育課程を評価し修正・改善していく行為である。ここに常に学び続ける教師の姿がある。

教育的な効果は，ふだんの学級経営の成果が影響する場面でもある。すべての児童が，一人一人の個々の学びや発見を尊重し合いながら，お互いに認め学び合うことができれば，本当に目指すべき教育の実現が可能になると考える。

教師の努力を惜しまない前向きの姿勢が，児童だけではなく教師自身の可能性をも伸ばすことができるのである。

*1 PDCAサイクル：Plan（計画），Do（実践），Check（評価），Act（改善）の頭文字であり，この4段階を経て上向き螺旋状に向上させる構造のこと。

## ４．可能性を伸ばす評価の実際　　（自己評価と相互評価）

| 実践事例<br>３学年 | 「立ち上がった絵のせかい」の実践より | 山形市立楯山小学校<br>指導：芦野繁樹 |

### １．本題材の意義

　紙を折ったり丸めたりして立たせた形から想像したことを絵に表す学習である。立たせ方や見る向き，描き方などを児童に工夫させることで発展的な活動が期待できる。

　導入では，白い画用紙を筒状にしたり，アーチ形にしたりしていろいろな形を試すことで，内側や外側のせかいがあることに気づき，それらを対比して考える様子も見られた。紙を丸めてのぞいてみるなど試行錯誤しながら，自分が想像した「せかい」を描くことに意欲が高まっていった。

### ２．指導について

　図画工作科の指導の重要な課題として評価のあり方がある。通常，完成された児童の作品を展示し，作品の面白さやそれを感じさせる工夫，製作中の児童の様子を思い浮かべながら，一つ一つを見取っていく。

　しかし，子どもたちの夢中になっている姿，困っている姿，その過程の中で進められていく様子を一人一人しっかりと把握することはとてもむずかしいと感じている。

　また，表現は友だちの作品やアドバイスなど互いに影響を受けながら変化していくものである。友だちからの称賛があれば，制作意欲も向上・継続し満足感も高まる。そのようなかかわりや活動の様子を自ら振り返り言葉にすることで，より学びを顕在化していくことをねらいとした。本題材は，６時間扱いとし，毎時間学習カードを使って自己評価を行い，また，３時間目と６時間目の終わりに鑑賞会を行い，相互評価を行うことにした。

### ３．授業の実際　（児童のふり返りカードから）

　A児は，紙を筒状にして太くしたり細くしたりしていろいろ試していた。円すい状にすることを面白いと感じたようだ。重ならない部分から紙の内側が見え下からのぞきこむようにしている。友だちとの会話から「プラネタリウム」の言葉が生まれ，星をたくさん描き始めた。

　〜A児の振り返り〜

・かいたものが見えるように，まるめ方をくふうしました，星をかこうと思ったので，自分が見た星を思いうかべながら，かきました。

〈２・３時間目〉

　A児は，円すい形の外側に星空を描き，内側の世界をどうするか考えた。内と外のせかいを対にすることが面白いと考えたA児は，外側を夜，内側を昼のせかいととらえ，大空をはばたく鳥を描くことに決めた。また，紙を立てる台紙のことも考え，海が広がる様子を描き始めた。

〜A児の振り返り〜

・鳥をそうぞうしながら，羽はどうなっているのか，目はどんな感じにすればいいかを考えながらかきました。海の中は，貝がらをきれいにかきました。いろいろな生き物をかいたら，にぎやかな感じになってお気に入りになりました。次の時間が楽しみです。

《中間発表会　第1回鑑賞会の様子》

〜A児へ向けた感想より〜

・いろんな鳥がいてきれい。海の中の貝とヒトデもありますね。魚もいるともっといいですね。

〜A児の反応〜

・アドバイスから魚をかきました。魚がいると本当の海みたいになって，アドバイスをもらってよかったです。友だちに聞くと考え方が変わっていいなと思いました。ありがとうございます。

中間発表会「魚が見えるのが面白い！」

《最終発表会　第2回鑑賞会の様子》

　紙をアーチ状にして台紙に立てたB児は，自分の家を描くことに決めた。立てた紙の内側は，自分が住んでみたい部屋の様子を細かく表現した。

〜B児に向けた感想より〜

・たなやへやにゆかをきれいに合わせているところがすごいなぁ。車やじめんなど外の様子もしっかりかいているのがいいと思います。

〜B児の反応〜

・ほめてくれてありがとう。わたしがくふうしたところはゆかのところで，そこを気づいてほめてくれたのでうれしいです。もっと作品をすきになりました。

すんでみたい，わたしのへや

## 4．成果と課題

　中間発表会では，友だちの意見を聞くことで，さらに想像を広げたり，表したいことが具体的になったりする様子が見られた。「これでいい。」と早い時間帯に作品を仕上げた児童もはじめは見られたが，「もっとこうしたい。」という意欲が，子どもたちのかかわりや認め合いの中で生まれた。

　また，最後の鑑賞会では，自分の作品を友だちに評価してもらうことで，愛着が高まり，満足感を得る児童が多かった。

　見る視点や評価するポイントを教師側がしっかり持ち，より具体的に子どもたちに伝えることで，より児童同士が認め合いながら学びは深まっていくと思われた。

**発展的実践への手立て**　　おとなしく目立たない子にこそ，まなざしを

　児童や教師の可能性を伸ばす評価の視点に立って発展的に実践するためには，発達段階に応じた児童自身の自己評価や児童同士による相互評価を，一人一人すべての児童の学びに有効につなげていくことが重要な課題となる。

　クラスの中には様々な子どもがいる。元気がよくて活発な子や明るくて積極的な子，おとなしくて目立たない子，自信がない子，寡黙な子などいろいろである。

　積極的で明るい児童の姿は，教師の目にも子ども同士の目にも入りやすい。評価行為においてもその対象になりがちである。評価のための情報も得やすい。

　その逆に，おとなしくて目立たない子は見落としがちである。しかしながら，目立たない子もその子なりに感じており，いろいろと考えているものである。

　教師が，机間巡視しながら，「〇〇さんのここが工夫しているね」「ここの色がいいね」などの声をかけることで，たとえ言葉はなくとも，小さなうなずきや微笑で返してくれる。その積み重ねで，徐々に信頼関係が築かれていく。

　教師の力量とは，そのような子にも一様に温かいまなざしを向けられることと，その子らの思いにどれほど具体的に寄り添えるかどうかにかかっていると言っても過言ではないだろう。ゆえに，児童との信頼関係がとても重要なのである。

　最終的には，そのような子も認められる学習環境を具体的にどれほどつくり上げることができるか否かが，教師の資質・能力とも相まって重要なポイントになる。

　ここに，学級経営と教科指導との重要な関連性が存在してくるのである。一人一人の子どもの存在や個性を認め合い，たとえ誰かが間違っても冷やかしたり茶化したりしないような温かいクラスの雰囲気が必要であろう。お互いの個性やよさを認め合える学級があって，はじめて，一人一人の子どもの可能性を伸ばせる評価の教育的効果が発揮されるものと考える。

# 第12章 伝統や文化に関する教育と図画工作

## 1．教育の目的と図画工作における伝統や文化に関する教育

### （1）教育の目的

　どのような人間の育成を目指して，伝統や文化に関する教育の充実を図るのか。そう問われれば，「平和で民主的な国家及び社会の形成者の育成」と答えることができるであろう。教育基本法（平成18年12月改正）および学校教育法（平成19年6月改正）を踏まえて，2017（平成29）年3月，学習指導要領が改訂され，教育内容の主な改善事項の一つとして，「伝統や文化に関する教育の充実」という方向が示されたからである。

　教育基本法第1条には，教育の目的について，「教育は，人格の完成を目指し，平和で民主的な国家及び社会の形成者として必要な資質を備えた心身ともに健康な国民の育成を期して行われなければならない。」と記されており，それを実現するための教育の目標については，同法第2条に次の五つが掲げられている。

① 幅広い知識と教養を身に付け，真理を求める態度を養い，豊かな情操と道徳心を培うとともに，健やかな身体を養うこと。

② 個人の価値を尊重して，その能力を伸ばし，創造性を培い，自主及び自律の精神を養うとともに，職業及び生活との関連を重視し，勤労を重んずる態度を養うこと。

③ 正義と責任，男女の平等，自他の敬愛と協力を重んずるとともに，公共の精神に基づき，主体的に社会の形成に参画し，その発展に寄与する態度を養うこと。

④ 生命を尊び，自然を大切にし，環境の保全に寄与する態度を養うこと。

⑤ 伝統と文化を尊重し，それらをはぐくんできた我が国と郷土を愛するとともに，他国を尊重し，国際社会の平和と発展に寄与する態度を養うこと。

　学校教育法第21条第3号には，義務教育の目標の一つとして，「我が国と郷土の現状と歴史について，正しい理解に導き，伝統と文化を尊重し，それらをはぐくんできた我が国と郷土を愛する態度を養うとともに，進んで外国の文化の理解を通じて，他国を尊重し，国際社会の平和と発展に寄与する態度を養うこと。」と記されている。

　こうした教育基本法や学校教育法を踏まえ，小学校学習指導要領解説図画工作編（文部科学省，平成29年6月）には，冒頭で述べたように，教育内容の主な改善事項の一つとして，「伝統や文化に関する教育の充実」が示された。さらに改訂の趣旨には，「美術文化についての理解を深める学習の充実」という具体的な

方向が明示されるとともに，鑑賞領域の改善については，第５学年及び第６学年の鑑賞の対象に「生活の中の造形」が位置付けられた。

### （2）伝統や文化に関する教育

　教育基本法，学校教育法，小学校学習指導要領解説図画工作編，中学校学習指導要領解説美術編での伝統や文化の教育に関する主な記述を表12－１に示した。

**表12－１　伝統や文化の教育に関する記述（教育基本法・学校教育法・学習指導要領）**

| | 伝統や文化の教育に関する記述 |
|---|---|
| 教育基本法<br>（平成18年12月） | 【教育の目的】<br>第１条　教育は，人格の完成を目指し，平和で民主的な国家及び社会の形成者として必要な資質を備えた心身ともに健康な国民の育成を期して行われなければならない。<br>【教育の目標】<br>第２条　教育は，その目的を実現するため，学問の自由を尊重しつつ，次に掲げる目標を達成するよう行われるものとする。<br>五　伝統と文化を尊重し，それらをはぐくんできた我が国と郷土を愛するとともに，他国を尊重し，国際社会の平和と発展に寄与する態度を養うこと。 |
| 学校教育法<br>（平成19年6月） | 【第２章　義務教育】<br>第21条<br>三　我が国と郷土の現状と歴史について，正しい理解に導き，伝統と文化を尊重し，それらをはぐくんできた我が国と郷土を愛する態度を養うとともに，進んで外国の文化の理解を通じて，他国を尊重し，国際社会の平和と発展に寄与する態度を養うこと。 |
| 小学校学習指導要領解説<br>総則編<br>（平成29年6月） | 【第１章　総説】<br>■1-(2)-⑤　教育内容の主な改善事項<br>伝統や文化に関する教育の充実（p.5）<br>【第３章　教育課程の編成及び実施】<br>■2-(2)-④-ウ　伝統と文化を尊重し，それらを育んできた我が国と郷土を愛し，個性豊かな文化の創造を図る。<br>個性豊かな文化の継承・発展・創造のためには，先人の残した有形・無形の文化遺産の中に優れたものを見いだし，それを生み出した精神に学び，それを継承し発展させることも必要である。また，国際社会の中で主体性をもって生きていくためには，国際感覚をもち，国際的視野に立ちながらも，自らの国や地域の伝統や文化についての理解を深め，尊重する態度を身に付けることが重要である。<br>したがって，我が国や郷土の伝統と文化に対する関心や理解を深め，それを尊重し，継承，発展させる態度を育成するとともに，それらを育んできた我が国と郷土への親しみや愛着の情を深め，世界と日本との関わりについて考え，日本人としての自覚をもって，文化の継承・発展・創造と社会の発展に貢献し得る能力や態度が養われなければならない。（p.30） |
| 小学校学習指導要領解説<br>図画工作編<br>（平成29年6月） | 【２　図画工作科の改訂の趣旨及び要点】<br>■2-(1)改訂の趣旨<br>美術文化についての理解を深める学習の充実（p.6）<br>「B　鑑賞」<br>■我が国の伝統や文化について取り扱う場合は，人々が前の世代から受け継ぎ，維持，変化させながらつくりだしてきたことや，生活の中で今も生きて働いており自分たちの感じ方や見方を支えるものであることを踏まえる必要がある。（p.98）<br>■鑑賞領域の改善…第５学年及び第６学年の鑑賞の対象に『生活の中の造形』を位置付け，生活を楽しく豊かにする形や色などについての学習を深めることができるようにする。（p.8） |

| | |
|---|---|
| | ■生活の中の造形とは，児童が身の回りの形や色，造形などに目を向けられるように，新たに示したものである。作品と呼ぶようなものだけに留まらず，例えば，食器，家具，衣服，用具，パッケージ，ポスター，伝統的な工芸品，建物など，児童を取り巻く生活の中にある様々な造形のことを示している。(p.96) |
| 中学校学習指導要領解説 美術編 （平成29年6月） | 【B　鑑賞】 ■伝統や文化のよさや美しさを感じ取り愛情を深めるとは，独自の文化を生み出してきた日本の美術文化のよさを感じ取り十分に味わい，よきものとしてそれらの愛情を深めることである。ここでは，日本文化の根底に受け継がれてきた独自の美意識や創造的精神，生活に求めた願いや心の豊かさなどを捉えさせることが重要である。（中略）アイヌや琉球の文化などの各地域の文化の独自性にも着目させ，日本文化の多様性についても学ばせるようにする。そして，美術としての文化遺産そのものや，その背景となる日本文化の特質への関心を高め，それらが現代においても大きな意味をもつとともに，未来に向かっての新たな創造の糧となっていることに気付かせるようにすることが大切である。(p.109) |

## ２．図画工作科と伝統や文化に関する教育の充実

### （1）教材としての教育的意義

　では，図画工作科において伝統や文化に関する教育の充実を図るためには何を重視すべきなのか。その要になるのは，授業で取り上げようとする伝統や文化に関する教材の教育的意義を指導者自身が把握するということであろう。前述した「平和で民主的な国家及び社会の形成者の育成」ということも教育的意義の大きな柱であるが，より踏み込んで授業で取り上げようとする教材そのものについての意義を考察するのである。教材としての意義が明確にならなければ，授業のねらいと教材とが乖離するだけではなく，効果的な指導法を検討することもできにくくなる。教材としての意義を探るための主な観点を次に三つ示した。

### （2）教育的意義を探るための三つの観点

#### 1）関連する資料の収集

　関連する資料の収集に関しては，主に三つのジャンルに関する文献等（ウェブサイトも含む）が参考になる（図12−1）。第一は，伝統や文化に関する資料。

【例】

① 宮脇　理：『工藝による教育の研究』[*1]，建帛社，1993

② 岡本夏木：『ことばと発達』[*2]，岩波新書，1985

③ 中津燎子：『こども・外国・外国語』[*3]，文藝春秋，1979

　第二は，鑑賞教育に関する資料。教材として取り上げる際の効果的な鑑賞の方法を検討する。

【例】

① 中村雄二郎：『共通感覚論』[*4]，岩波書店，1979

② 市川　浩：『精神としての身体』[*5]，勁草書房，1975

③ 監修／真鍋一男・宮脇　理：『造形教育事典』[*6]，建帛社，1991

[*1]　人間が手渡しつつ創りあげたフォークアート（スロイド，民芸，民衆工芸，民間工芸）を教育の規範としたフィンランドのU・シグネウス（Uno Cygnaeus 1810-1888）に注目し，「U・シグネウスが考える20世紀へ向かう人間学の方向は，人間の責任によって創られた媒体を教育の規範とする方向にふみ切ったというべきであろう」（宮脇 理，p.79）と述べる。

[*2]　「子どもの母語を極力制限し，排除する役割を果たす方向に標準語が働いてゆくなら，子どもの自我体験は空洞化され，二次的ことばの機械的使用のみがはびこることになりはしないか」（岡本夏木，p.143）と述べ，一人一人の自我形成に深くかかわる風土の重要性を示す（一次的こ

とば…母語，方言。二次的ことば…標準語）。

＊3　帰国児童の深刻な悩みを通して，ことばがコミュニケーションの役割を果たすためには，そのことばの背景に，「場」，「雰囲気」，「しぐさ」，「物腰」など，文化的訓練を重ね合わせて受けることが欠かせないという状況を示している（中津燎子，p.40）。

＊4　離人症患者の症状について，「患者は，音楽を聞いても絵を見ても，ただ単に『いろいろな音が耳の中に入り込んでくるだけ』だし，『いろいろの色や形が眼の中にはいり込んでくるだけ』なのである。『美しいということ』がまるでわからず，『何の内容もないし，何の意味も感じない』のである」（中村雄二郎，p.47）と述べ，身体の根源的能力である共通感覚の重要性を示している。

＊5　「他人の感情や考えや性格を洞察する秘訣は，その人と同じ状況に自分をおき，同じ行動，同じ姿勢，同じ表情をしてみることだ」というポオのデュパン探偵に関する事例をあげるとともに，「じっさいテレビを見ている子どもは，悲しみの場面では，いかにも悲しそうな表情になって見ている。このような感応によって，知的には理解をこえる内

第三は，教材化しようとする伝統や文化に関する資料。地域の伝統的な造形の教材化では，材料や用具，製作過程などとともに，背景にあるつくり手の考え方，地域の自然や人々の生活との関係などを学ぶことができる。

【例】

① 鈴木紀美代：『父からの伝言』[*7]，藤田印刷，2007

② 萱野　茂：『アイヌの民具』[*8]，すずさわ書店，1978

③ 文／萱野　茂，絵／石倉欣二：『アイヌとキツネ』[*9]，小峰書店，2001

■宮脇　理：『工藝による教育の研究』，建帛社，1993　　■岡本夏木：『ことばと発達』，岩波新書，1985　　■中村雄二郎：『共通感覚論』，岩波書店，1979　　■市川　浩：『精神としての身体』，勁草書房，1975

図12−1　「関連する資料の収集」における主な文献

## 2）製作者からの聞き取り

製作者を訪ねて直接に指導を受けることができれば，文献だけではわかりにくい事柄についても理解を深めることができる。

北海道川上郡川上町層雲峡（そううんきょう）で，アイヌ民族の民具を長い間つくり続けている差間秀夫氏（さしまひでお）の言葉はそのことをよく表している。差間氏は，シナの木の皮から採取した繊維で糸をつくった後に次のように話している[1]。

○　シナの木の皮から糸をつくるためには，まず山の中へ行ってシナの木の樹皮を採取し，それを2〜3ヶ月，水につけておくのです。そうするとダンボールのような木の皮が八層ぐらいに分かれます。その薄くなった層をさらに細く裂いたものをねじり合わせて一本の糸をつくるのです。短く切れた樹皮も全部使います。ものを大切にすることを身体で覚えるのです。身体で覚えたことは一生忘れません。

○　長い時間をかけて一本の糸をつくるということを身体で知っていますから，簡単に捨ててしまうことはありません。他の人がつくったものもその大変さを知っていますから粗末にせず大切に使います。

○　このようなことはみなアイヌの長老から教えていただいたことです。大事なことを教えていただいた長老に心から感謝しています。この素晴らしい教えを眠らせてしまいたくないので，子どもたちにも伝えていきたいと思います。

○　昔は，民具をつくりながら，自然の生命を大切にすること，ものを大切にす

るること，人と人とのつながりを大切にすることを自然に覚えてきました。

　以上のことは，ほとんどが文献に記載されていない内容である。それらの言葉からは，アイヌの人々の伝統的なものづくりに内包されている様々な価値を知ることができる。造形にかかわる課題に直結することとともに，その背景にある自然と人間との関係，ものと人間との関係，人間と人間との関係をも学ぶことができるということである。「世代を超えた叡智を学ぶ」ともいえる。人間形成にかかわる総体として，子どもとの出会いの場をつくることも可能になるだろう。

### 3）製作過程の追体験

　これまでに述べてきた「関連する資料の収集」や「製作者からの聞き取り」に加えて，「製作過程の追体験」を重視した。なぜなら，教材として取り上げようとする伝統や文化のよさを実感として捉えることができるからである。製作過程のすべてを追体験することは難しいが，その一部だけでも体験したいものである。

### （3）伝統や文化に関する教育実践

　伝統や文化に関する教育実践として，大学，地域の文化施設，小学校における事例を以下に四つ示した。追体験にかかわる製作過程も記した。

### 1）アイヌの人々の伝統楽器「口琴（こうきん）／ムックリ」に関する実践

アイヌ文化振興・研究推進機構（札幌市）の「アイヌ文化活動アドバイザー派

**図12−2　アイヌの人々の伝統楽器「口琴／ムックリ」をつくろう（北海道教育大学）**

**図12−3　親子アイヌ民具工作教室―ヤラス（樹皮の鍋）をつくろう―（旭川市民生活館）**

遣事業」の一環として，前述した『父からの伝言』の著者，鈴木紀美代氏に指導（製作方法や背景にある考え方など）を受けることができた[2]（図12−2）。

　【追体験に関わる製作過程】①側面を削る。②厚さを整える。③弁の根元を薄く削る（弾いたときの弁の振動が「1・2・3・4」と4秒間程度振れるように調整する）。④音色を確かめる。

### 2）アイヌの人々の伝統的な造形「ヤラス（樹皮の鍋）」に関する実践

　講師は，杉村満氏（平成9年度アイヌ文化賞受賞）と杉村フサ氏（平成13年度アイヌ文化奨励賞受賞）。材料となる白樺の樹皮を採取する際には，「材料を少しいただきます」[3]と自然に感謝し，白樺が枯れてしまわないように樹皮の一部分だけを採取する。満氏は，子どもの頃から父

容のドラマであっても，子どもは，おどろくほど的確に，当の人物の内面的状況を把握するのである」（市川浩，pp.190-191）と述べ，他者理解の基盤となる身体のはたらきについて記している。

＊6　「共通感覚と身体的鑑賞」，「批評的鑑賞と歴史的鑑賞」，「審美的鑑賞と美の思索」，「限界芸術の鑑賞」，「環境の鑑賞」など，鑑賞の意義や方法などについて記載されている。

＊7　人間は自然の一部。自然に支えられてこそ，生きることができる。本書には，そうしたアイヌの人々の自然に対する考え方が，口琴（ムックリ）という伝統的な楽器をつくる姿を通して示されている。巻末には口琴の調べを録音したCDも添えられている。

＊8　自然に逆らっていないか，自然に無理をかけていないか，自然の理に適っているか。本書には，こうした自然と人間との関係を重視した伝統的なものづくりについての考え方や具体的な状況がアイヌの人々の生活と民具を通して詳しく述べられている。

＊9　シャケを独り占めしようとした人間に対して，「シャケは，アイヌだけがたべるものではありません。そ

のほかのどうぶつたち
もたべられるように神
様が，あたえてくれた
ものなのです」と，キ
ツネが必死になってチ
ャランケ（談判）をす
る場面が出てくる。

1）佐藤昌彦：「ヤラ
ス（樹皮の鍋）の教材
化考（1）―アイヌ民
族の伝統的造形の教育
的意義と造形教材とし
ての可能性を探る―」，
美術教育学―美術科教
育学会誌―；第21号，
2000，p.144

2）佐藤昌彦：ムック
リ（口琴）の教材化考
（2）―小学校における
アイヌ民族の伝統的造
形に関する実践と考察
―，美術教育学―美術
科教育学会誌―；第
20号，1999，pp.
171-182

3）佐藤昌彦：ヤラス
（樹皮の鍋）の教材化
考（2）―親子アイヌ
民具工作教室における
ヤラス製作とその考察
―，美術教育学―美術
科教育学会誌―；第
24号，2003，pp.
119-129

4）佐藤昌彦：三春張
子と鑑賞教育，大学美
術教育学会誌；第29
号，1997，pp.117-
126

5）佐藤昌彦：地域の
伝統的造形と鑑賞教育
―眺めるだけの花火か
ら文化としての花火へ
―，日本美術教育研究
論集；第29号，日本
美術教育連合，1996，
pp.37-42

親に連れられて山歩きをしていたため，段々と白樺の木肌を見ただけで，その樹皮の柔らかさがわかるようになっていったという。

【追体験にかかわる製作過程】①白樺樹皮を選ぶ。②正方形に切る（図12-3）。③四隅に折り目を入れる。④容器の形に折る（裂けないように，皮目の方向を読み取りそれに合わせて折る）。⑤取っ手をつける。

### 3）地域の伝統的な造形「三春張子（みはるはりこ）」に関する実践

　三春張子は，地元の和紙を材料として，人々の幸せを願って江戸時代から約300年以上つくり続けられてきたものである。300種類を超える人形や面，だるまなどがつくられている[4]。子どもは，製作過程の追体験を通して，張子に込められた幸せを願う心を学ぶことができた。

　授業づくりにかかわって，高柴デコ屋敷恵比寿屋17代目の橋本廣司氏から三春張子についての指導を受けた（デコ：人形の別名の木偶がなまり，デコ屋敷とよばれる）。

【追体験にかかわる製作過程】①木型を選ぶ（獅子，毘沙門天，狐，恵比寿，福禄寿，弁天，からす天狗，天狗，大黒などの張子面から選ぶ）。②木型に和紙（すじ紙：乾燥しても木型の凹凸が残る）をはる。③彩色する（図12-4）。

図12-4　三春張子：幸せを願うかたち（福島県福島市立鎌田小学校）

### 4）地域の伝統的な造形「昼花火（ひるはなび）」に関する実践

　花火には，夜花火と昼花火がある。教材化の対象は昼花火（落下傘の下に旗をつけた旗物や小石を重りにした袋物など）[5]。軽くて丈夫な雁皮紙という和紙に子どもたちが染料や墨で絵を描き，それを花火師の方が三寸玉の中に詰め込んだ。

　校庭から大空へ打ち上げられた昼花火に大きな歓声が上がり，舞い降りてくる旗物や袋物を大勢の子どもたちが追いかけた（図12-5）。昼花火（歴史や製造過程など）については，本多俊夫氏，長尾幸七氏，長尾八郎氏，渡辺藤助氏に指導を受けた。

【追体験にかかわる製作過程】①雁皮紙に染料（凧絵の具）や墨で絵を描く。②雁皮紙をはさみで切り取る。

図12-5　昼花火：ふるさとの文化を学ぼう（福島県福島市立鎌田小学校）

## （4）世界における伝統や文化に関する教育実践—中国：「剪紙（せんし）／切紙」—

　世界における伝統や文化に関する教育実践の事例として，中国の伝統的な造形である「剪紙／切紙」に関する実践を取り上げた[6]。世界最大級の日用雑貨市場：中国・義烏（イーウー，浙江省）での急激な多量生産（社会の急激な変化）に対して学校はどう対応しているのか。2013（平成25）年9月，その解明のため，中国・義烏塘李小学校を訪問した。学校では，中国の伝統的な造形である「剪紙／切紙」の実践を通して（時代の変化に左右されることのない普遍的な教育[*10]として），造形能力を高めるとともに，長寿や子孫繁栄など，剪紙に込められた人々の幸せを願う思いを次世代へ伝えていた（図12-6）。

左：「創作・胡蝶剪紙」に関する授業。剪紙の代表的な図案は，動物，植物，人物，風景，文字。材料は一枚の紙。用具ははさみや小刀。剪紙テキストも学校で作成している。
右：塘李小学校の剪紙陳列室。

**図12-6　世界における伝統や文化に関する教育実践—中国：「剪紙／切紙」—**

## 3．鑑賞領域の改善と「生活の中の造形」（5・6学年の鑑賞）
## —地域の伝統的な造形「沖縄のシーサー」を事例として—

　伝統や文化に関する教育に関して，小学校学習指導要領解説図画工作編には，鑑賞領域の改善として，「第5学年及び第6学年の鑑賞の対象に『生活の中の造形』を位置付け，生活を楽しく豊かにする形や色などについての学習を深めることができるようにする」（p.8）[*11]と示されている。

　生活の中の造形の一例として，沖縄のシーサー（獅子）を図12-7にあげる[*12]。魔物から家を守るために屋根や門柱の上などに置かれるもので，表情や姿はつくり手により違う。屋根獅子とよばれるものは屋根左官が瓦屋根を葺き終えるときに屋根の上でつくったものである。大塚清吾『沖縄の屋根獅子』[*13]には，屋根左官が瓦屋根やシーサーに強い責任をもつ様子について，「台風などの過ぎ去った後には必ず自分の仕事をした屋根を見てまわる」と記載され，ものづくりに責任をもつ姿を具体的に学ぶことができる。また，柳宗悦（1889-1961）は，「屋根獅子」（『柳宗悦選集』第5巻）[*14]の中で，「琉球に於ける民間彫刻として最も興味深いのは，屋根の上に安置してある獅子である」と述べ，「出来ることならいつか諸所で是等の作を写し集め一冊の本に纏めたい」とも記している。伝統や文化に関する教育，そして生活の中の造形として貴重な教材になるだろう。

6）佐藤昌彦：「次世代『ものづくり教育のカリキュラム構想』への助走—中国・義烏塘李小学校における『剪紙（せんし／切紙）授業に関する考察から』—」，美術教育学；第36号，美術科教育学会，2015,pp.193-205

*10　世代を超えた叡智：レイ・カーツワイル（Ray Kurzweil, 1948-）は，その著書 The Singularity is Near : When Humans Transcend Biology（邦訳版『ポスト・ヒューマン誕生 コンピュータが人類の知性を超えるとき』井上健監訳他，NHK出版，2007）において，人工知能（AI／Artificial Intelligence）は加速度的に進化し，人類の能力を2045年には超えるという未来予測（シンギュラリティ，技術的特異点／technological singularity）を発表した。

　そうした未来予測を踏まえれば，伝統や文化に関する教育は，「世代を超えた叡智」を受け渡す普遍的な教育として，より重視する必要があるだろう。

*11　生活の中の造形：文部科学省：小学校学習指導要領解説図画工作編，2017には，「表12-1」で示した

ように，「生活の中の
造形とは，児童が身の
回りの形や色，造形な
どに目を向けられるよ
うに，新たに示したも
のである」（p. 96）
と記載されている。

＊12　撮影者：佐藤
昌彦，撮影日：2017
年4月9日

＊13　ものづくりの
責任にかかわって，次
のように述べられてい
る。
「屋根を葺き，漆喰で
しっかりと目地接ぎを
して完成させた屋根に
屋根左官は責任を持た
なければならない。台
風などの過ぎ去った後
には必ず自分の仕事を

那覇警察署 首里交番

沖縄県立博物館・美術館

沖縄県立芸術大学

那覇市立城西小学校

図12－7　生活の中の造形「沖縄のシーサー」（地域の伝統的な造形）

## 4．世代を超えた叡智の受け渡し
### ―科学技術と造形芸術（伝統や文化）の連動を通して―

した屋根を見てまわる。
このような責任感の強
い屋根左官たちの看板
としての役目も屋根獅
子にはある。」（大塚清
吾，葦書房，1984，
pp.48-49）

＊14　柳宗悦は，沖
縄のシーサーについて，
「琉球に於ける民間彫
刻として最も興味深い
のは，屋根の上に安置
してある獅子である。
沖縄口では『しいさ
あ』といふ。凡て漆喰
細工で，左官屋の仕事
である。普通屋根の傾
斜面の中央に位してゐ
るが，時によって必ず
しもさうでなく，魔除
けの位置で決まるやう
である」（『柳宗悦選

　伝統や文化に継承されてきた叡智をどうすれば誰にでもわかるように示すこと
ができるか。沖縄科学技術大学院大学（OIST：Okinawa Institute of Science
and Technology Graduate University）の佐二木健一氏の研究は，その問いに応
える重要な事例である。沖縄科学技術大学院大学は，5年一貫制の博士課程を置
く大学院大学であり，沖縄の自立的発展と世界の科学技術の向上に寄与すること
を目的としている。佐二木氏は，X線回析装置，蛍光X線分析装置，走査型電子
顕微鏡などの最先端機器を用い，陶土を混ぜてつくる標準土や釉薬の構成成分を
分析した（図12－8）。

左：沖縄科学技術大学院大学　右：読谷山焼北窯
図12－8　世代を超えた叡智の受け渡し―科学技術と造形芸術（伝統や文化）の連動
を通して―

沖縄科学技術大学院大学のウェブサイト[*15]には，「沖縄の焼き物『やちむん』の秘密に迫る」（2015.5.18）と題して，佐二木氏の研究が紹介されている。

> 　沖縄の陶工の技法は，幾世代にもわたり親方から弟子へと連綿と受け継がれてきました。沖縄特有の美しい焼き物の作り方を説明する教科書はありません。熟練した陶工は手触りや色彩，炎の形などを手掛かりに作品を生みだします。しかし今日では，現代的技法を取り入れる陶工も少なくありません。さらに，陶土として本来入手可能な地元の粘土資源の減少により，伝統的な技法に関する知識が沖縄から失われつつあります。
> 　そこで，沖縄科学技術大学院大学（OIST）と読谷村の共同窯である読谷山焼北窯が協力し，沖縄陶芸の伝統技法を科学的に解析・記録しました。OISTの研究者らは最先端機器を駆使し，沖縄の伝統的な焼き物である「やちむん」に使われる様々な材料や技法を研究しました。

科学技術と造形芸術（伝統や文化）の連動による沖縄の焼き物の研究は，伝統技法の見える化であり，世代を超えた叡智を次世代へ伝えていく取り組みでもある[*16]。

---

### 発展的実践への手立て　　―日本の伝統的な造形「折紙」の教材化―

　これまでにアイヌの人々の伝統的な造形や地域の伝統的な造形，そして世界における事例として，中国の伝統的な造形について述べてきた。ここでは日本の伝統的な造形の代表的な事例である折紙を取り上げたい。「限定空間の最大活用の精神を学ぶ」という折紙の教育的意義を再認識することができるからである。
　大橋晧也「折紙を生んだ日本の文化的特質」[7]（『秘傳千羽鶴折形〈復刻と解説〉』）には，水田農業と方形の美学，村落共同体と畳む美学という観点を示しながら，次のように記されている。

> 　日本は島国であり国の大半は山林でおおわれている。したがって，限られた土地をできるだけ有効に使いながら生きていくことが，その自然条件から要請されていたのである。このことは陸続きの大陸における農耕と極めて対照的である。外側に向くフロンティアスピリットに対して内側に向いた，いわば限定空間の最大活用の精神を涵養していったといってもよいであろう。

> 　日本建築の手法である間仕切り[*17]や扇[*18]などがその事例として取り上げられている。そして以下のようにも述べられている。

> 　扇に限らず布団も毎朝たたんで押入にしまい，着物もそのつど綺麗に畳んで箪笥に幾重にも重ねてしまう。そして，使うときはそれらを再び広げて使用するのである。畳む，折るという文化もこうした限られた空間におけるフレックシブル

集』第5巻，日本民芸協会，1954，pp.276-277）と述べている。
※旧かなづかいはそのままにしたが，旧漢字は新漢字に改めた。

*15　URL https://www.oist.jp/ja/news-center/news/2015/5/18/19727

*16　科学技術と造形芸術（伝統や文化）との連動にかかわって，2017（平成29）年4月10日，沖縄科学技術大学院大学で「沖縄ミーティング（研究会）」が開催された。出席者は次の6名である。宮脇理（Independent Scholar／元・筑波大学教授），江川孝俊（グリーンリバーリサーチ株式会社代表取締役），佐二木健一（沖縄科学技術大学院大学 GO細胞ユニットスタッフ），山木朝彦（鳴門教育大学教授），徐英傑（筑波大学芸術系博士特別研究員），佐藤昌彦（北海道教育大学教授）。
読谷山焼北窯の親方は次の4人。松田米司：松田米司工房，松田共司：松田共司工房，宮城正享：宮城正享工房，與那原正守：與那原正守工房。

7）大橋晧也：「折紙を生んだ日本の文化的特質」，『秘傳千羽鶴折形〈復刻と解説〉』，日本折紙協会，1991，pp.136-139

＊17 「間を仕切るということは，限られた空間をいかに有効に使うかという思考そのものを意味している」と記されている。

＊18 「畳むことは同時に開くことを前提としている」と述べられている。

＊19身体的鑑賞：折紙などにかかわる「身体的鑑賞」について，『造形教育事典』（前掲書＊6）には，次のように記載されている。「身体を契機とした鑑賞法を特に身体的鑑賞と呼ぶこととする。身体的鑑賞には，鑑賞作品を前にして作品と同じような服装をし同じようなポーズをとって，その作品に出てくる人物のロールプレイング（役割演技）による方法などがあるが，これは最も直接的な身体的鑑賞といってよい。また，原作と同じ大きさの紙に模写することなども，原作者の視線や体の動き，筆の運び方などまで追体験することができ，これも極めて直接的な身体的鑑賞といってよいであろう。」（大橋晧也，p.474）

な精神から醸成されてきたのである。私は，座る（正座）という習慣もこの折る美学から生まれたものだと考えている。折紙の生まれてきた背景も，また，そこにある。

　限定空間の最大活用の精神を学ぶ。そうした教育的意義を踏まえることは，折紙の教育実践＊19における重要な視点である。『秘傳千羽鶴折形〈復刻と解説〉』には，寛政九年（1797年）に出版された「世界最古の折紙の本」が和紙和綴で復刻されている。

日本折紙協会編集：『秘傳千羽鶴折形〈復刻と解説〉』，日本折紙協会，1991
【右から二つ目】世界最古の折紙の本。和紙和綴での復刻。

日本折紙協会編：おりがみ ORIGAMI 4か国語テキスト，東京印書館，1980

大橋晧也：創作おりがみ，美術出版社，1977

■日本折紙協会編『おりがみ ORIGAMI 4か国語テキスト』に掲載されている「おりづる」（上）と「はばたくつる」（下），p.40
■大橋晧也『創作おりがみ』には，折紙に関する創作の原理と創作のプロセスが示されている。伝統と創造，双方への理解を深めることができる。

図12－9　『秘傳千羽鶴折形〈復刻と解説〉』と「折紙」の教材化に関する文献

# 第13章 図画工作科における教科書・美術館の利活用

## 1. 図画工作科における教科書の利活用

### （1）教科書の定義と図画工作における配慮

　授業の実施にあたっては，教科書の定義を知った上でその扱いに留意する必要がある。本節では，図画工作科教科書の変遷に触れ，過去と現在を往還しながら，目の前の子どもたちのために教科書をどう活用していくかを考えるきっかけとしたい。

　「教科書の発行に関する臨時措置法」では，教科書とは，「教科の主たる教材として，教授の用に供せられる児童又は生徒用図書」であると規定されている[*1]。また，「義務教育諸学校教科用図書検定基準」の総則には，教育基本法に示す教育の目標並びに学校教育法及び学習指導要領に示す目標を達成するために，定められた目標に基づいて適切であるかを審査するものとしている[*2]。同基準第3章の「各教科固有の条件」における〔図画工作科及び美術科〕の「選択・扱い及び構成・排列（原文ママ）」では，下記の配慮が必要であると記されている。

---

①材料及び用具の選択及び扱いの適切さへの配慮。
②色に関する学習について，単なる知識や理論の学習に偏らないような配慮。
③参考作品や図版には，作者名のほか，原則として年代，国名，大きさ，材質などが付記され，美術館所蔵の作品については必要に応じて所在を示すような配慮。

---

　これらのことから，教科書は，児童も参照・活用する「教具」であり，用具や色の知識や作品に関する情報をもとに学習を深めていく「補助的資料」として存在しているといえる。

　一方，実際の授業での教科書活用の実際はどうだろうか。教科書を「教具」や「補助的資料」として活用できているだろうか。教科書に収録されている作品を「お手本」とするような，例えば「臨画」のような活用の仕方は，今日の図画工作科における活用とは同義ではない。

### （2）学校教育の課題と図画工作科教科書の変遷

　21世紀の私たちが手にしている図画工作科の教科書は，上述した規定に適した内容で構成されている。一方，戦前（1945年以前）からの教科書の存在と活用の仕方は今日まで普遍的ではなかった。ここでは明治期から戦後（1945年以降）に

*1　教科書の発行に関する臨時措置法（最終改正：平成28年5月20日法律第47号）第2条より。「小学校，中学校，義務教育学校，高等学校，中等教育学校及びこれらに準ずる学校において，教育課程の構成に応じた組織排列（原文ママ）された教科の主たる教材として，教授の用に供せられる児童又は生徒用図書」

*2　文部科学省「義務教育諸学校教科用図書検定基準（改正後全文）」平成26年2月登録
第1章 総則「知・徳・体の調和がとれ，生涯にわたって自己実現を目指す自立した人間，公共の精神を尊び，国家・社会の形成に主体的に参画する国民及び我が国の伝統と文化を基盤として国際社会を生きる日本人の育成を目指す教育基本法に示す教育の目標並びに学校教育法及び学習指導要領に示す目標を達成するため，これらの目標に基づき，各項目に照らして適切であるかどうかを審査するものとする」

**＊3**　例えば首都圏の場合は，「公益財団法人 教科書研究センター附属教科書図書館」（江東区）や横浜美術館「美術情報センター」に所蔵がある。また，国立国会図書館はデジタルコレクションとして公開している。大学の博物館に所蔵されている場合もある。また，文科省管轄の「教科書センター」は全国各地に設置されている。

**＊4**　当時の教科目は，「修身（今日の道徳教育に相当）」，「国語」，「算術」，「体操」，「唱歌」，「手工」，「裁縫」そして今日の図画工作科の前身である「図画」であった。

**＊5**　当時は写真や印刷技術が普及している時代ではないので，産業の振興等に即し，対象を正確に描写する力が求められたといってよいだろう。

**＊6**　それまでの教育においては，大人の美術を子どもに教えるという考え方が主流であったので，西洋画と日本画の優劣や，学校で指導することとしてどちらの方が価値があるか，といった鉛筆画と毛筆画の優位論の対立が長く続いたのである。

**＊7**　教科書の編集や発行などの権限を国家が有するという制度に基づき，かつて文部省が発行して全国一律で用いられた教科書のことである。

かけての教科書をとりあげ，時代や社会様態における図画工作科の教科書の差異をごく大略的に記す。なお，紙幅が限られているため，教科書に関するさらなる探究のために参考となる文献・資料等を適宜示す。また，提示する一連の教科書は，各地の諸機関＊3で現物を手にとって閲覧してみることを勧める。

### 1）明治初期から昭和戦前期までの国家主義下における教科書

　我が国の学校教育は1872（明治5）年の「学制」および「小学教則」が公布されると同時に始まった＊4。我が国の図画教育で指定された最古の教科書は，『西画指南』である。教科書といっても内容は西洋からの直輸入で，「図画」の定義や必要性について述べられた翻訳書であった。図を掲げて描き方や描く順序が示されており，子どもたちがそれを手本にその通りに描く「臨画」の学習が行われていた＊5。明治初期は，西洋の先進国の文化や科学技術を輸入・習得し，我が国の近代化を図ることが学校教育の目標だったのである。

　他方，1888（明治21）年頃にはフェノロサ（Ernest Francisco Fenollosa, 1853-1908）や岡倉天心（1863-1913）によって日本美術を重視する国粋主義の美術教育が提唱されたことを皮切りに，毛筆画（日本画）教育が盛んになる。同時代に欧米において日本の工芸品や美術品が高く評価されたことも拍車をかけたと考えられる。後の1902（明治35）年には明治初期の西洋模倣の鉛筆画普及と，その反動としての毛筆画との得失も含めて図画教育のあり方が検討された＊6。その議論を終結に導くために，1904〜1905（明治37〜38）年には自由選択が可能な鉛筆画と毛筆画の「国定教科書＊7」が生まれている。

　そのような中で，1910（明治43）年に発行された『尋常小学新定画帖』（以下，『新定画帖』）は，従来の鉛筆毛筆得失論争を解消し，国定教科書として教材の論理的体系化が図られ，根本的な改訂のもとに発行された教科書である＊8。「根本的な改訂」の所以の一つとして，教科書に掲載する題材に毛筆画と鉛筆画を併存し，題材それ自体の獲得ではなく，それを学ぶことで他の何かのためになることをねらいとしたことがあげられる＊9。換言すると，「専門的図画」から「教育的図画」への転換を図ろうとしたことが図画教育への大きな影響力となったと考えられることから，この時代を代表する教科書として位置付けられるのだ。ただ，「教育的図画」として児童の発達と教師の指導に重点化している理念は読み取れるものの，実施内容は未だ訓練的要素の強い教科書であることは否めない。『新定画帖』は「児童用」と「教師用」の2種類が発行されているが，低学年である第1，2学年は「教師用」のみであり，児童は教師の手本をもとにして授業を受けていた＊10。高学年の第5，6学年では「児童用」は「男生用」と「女生用」が発行され，授業は男女別学で，使用する教科書も区別されていた。高学年の題材の内容は，男女共通の内容に加えて男児独自に学ぶ題材が付加されているため「男生用」の方が圧倒的に目録の項目が多い。男児独自の内容として，「本箱の工作図」や「笠と鍬」など，生活の中で実用的に活用するようなものが目立つ。

　他方，旧来ほどではないが，手本どおりに絵を模写する臨画と教師の指導法が依然と続いていたこともあり，『新定画帖』は1918（大正7）年に山本鼎による

自由画教育運動によって批判の矢面に立つこととなった[*11]。この自由画教育運動の普及が促進された背景としては，西洋の児童中心主義の教育観が広く紹介され，単に手本を模写させる学習への疑問を感じ始める現場教師が増えたこと，色彩的に表現の幅を広げるクレヨン等が学校に普及し始め，併せて児童画の展覧会も各地で開催されたことなどがあげられる。

[*8] 『新定画帖』は，以降22年間も使用され続けた。

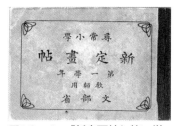

図13－1　『新定画帖』第一学年教師用　表紙

図13-2　『新定画帖』第五学年 女生用 目録

図13－3　『新定画帖』第五学年 男生用　題材：《位置の取り方》

　自由画教育運動などによる『新定画帖』への批判や，諸外国からの美術教育思潮の移入などを背景とし，文部省は1932（昭和7）年に国定教科書『尋常小学図画』を発行した。『新定画帖』が実に22年間も使用された後の発行である。先の『新定画帖』では，第1，2学年の「児童用」は発行されていなかったが，『尋常小学図画』では低学年の「児童用」が発行された点において画期的である。第5，6学年では「男児用」と「女児用」の2種が発行されており，「教師用」が別に発行されている。また，第6学年には，初めて鑑賞の題材（室内装飾）が取り入れられた[*12]。

　「教師用」の巻頭には「編纂要旨」が記載されており，その中の「指導」の項目には，「教科書の活用に勤め，個人指導に重きを置き，児童の性能を自由に発揮せしむべきである。但し徒に放任に流れてはいけない」と明記されている。

[*9] 『新定画帖』の「教師用」における各題材の「要旨」の欄には，ほぼすべてに「○○の練習をなす」とある。題材それ自体ではなく，他の何かのための練習である。

[*10] 『新定画帖』の「教師用」は，「児童用」に掲載している全教材の解説が図とともに示され，全体の教育

図13－4　『尋常小学図画』第一学年 児童用 表紙

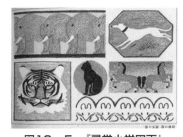

図13－5　『尋常小学図画』第二学年 児童用 題材名《獣の模様》

図13－6　『尋常小学図画』第六学年 女生用　鑑賞の題材《室内装飾》

## 2）戦時下の教科書と無教科書時代の断層

　1941（昭和16）年，我が国は太平洋戦争の勃発とともに，学校教育は「お国」のために尽くすことが至上価値とされた。従来の小学校は「国民学校」と改称され，図画及び工作は「芸能科」という科目に位置付けられた。芸能科の要旨として「芸能科ハ国民ニ須要ナル芸術技能ヲ修練セシメ情操ヲ醇化シ国民生活ノ充実ニ資セシムルヲ以テ要旨トス」と示されたように，国民的情操の陶冶や精神の訓

計画を把握できるようになっているのが大きな特徴である。

[*11] 「自由画教育運動」とは，教科書を手本にした模倣や臨画が強調されると子ども

の個性が減退してしまうため，子ども自身が対象から創造力を発揮して表現していくべきという主張である。提唱者の山本鼎は，ロシア滞在中に子どもの自由画や農民美術に魅せられ，帰国後に臨画を排斥する運動を興した。当時の自由教育の機運に乗って全国化したが，その後，自由画における自由と創造の精神を忘失し，写生という形式だけが一般化した。

練，工夫創造の力等が強調されている。教科書は初等科低学年用の『ヱノホン』，初等科中学年～高学年用の『初等科図画』及び『初等科工作』が発行された[*13]。また，『初等科図画』及び『初等科工作』は「男子用」と「女子用」とに分けられそれぞれの教科書に指導のための教師用が存在した。

　『ヱノホン』には，「カルタ」や「ドウブツ」などの他に，国家イメージを強調した「ヒカウキ（飛行機）」，「トリヰ（鳥居）」，軍国主義を象徴する「兵タイサン」などが掲載されている。『初等科図画』では「雪げしき」や「菊」など平時の風景画や植物画もあるが，「配色」や「要塞」など戦時色的・国家主義的な題材がひときわ目立つ。また，『初等科工作』の教科書は戦前の「手工」を引き継ぎ，「ラジオ受信機」や「グライダー」，「歯車」，「板金ノ工作」などの題材が掲載されている。日本の伝統技術を中心に，器具の分解や組み立て，製図や機械工作などの訓練的要素を含み，戦争道具への慣れをねらいとしていることを垣間見ることができる。このように，戦時下における教科書の『ヱノホン』，『初等科図画』及び『初等科工作』は，情緒の育成等が掲げられていながらも，軍事的要素が色濃く現れ，また内容もかなり実用的なものであった。

図13−7　『ヱノホン』四（第二学年用）表紙

図13−8　『ヱノホン』題材：《ニフエイ》（入営[*14]）

図13−9　『初等科工作』（第三学年女子用）表紙

*12　『尋常小学図画』の総説における「指導」において，第6学年では，「観察・表現・鑑賞等の能力を高め，美的で確実な表現を重んじ，実生活との関係を一層密接ならしめる。」ことが示されている。

*13　低学年は「図画」と「工作」を一体化して教科書を編纂し，中学生以上は「図画」と「工作」を分離して教科書を編纂したということである。したがって，『ヱノホン』には描画だけでなく，エ

　1945（昭和20）年，日本はポツダム宣言を受諾し，太平洋戦争は終わりを告げた。文部省からの教科書から軍事主義・国家主義の部分の削除要請を受け，同年「終戦ニ伴フ教科用圖書取扱方ニ關スル件」の通牒が出された。それに伴い，当時の教科書の使用が禁止され，いわゆる「墨塗り教科書」や「縫いつけ教科書」が出現する。

　1947（昭和22）年3月，「教育基本法」と「学校教育法」の原案が議会に上程され，同年5月に「学校教育法施行規則」が文部省令として出された。この省令において小学校及び中学校に「図画工作科」が誕生した[*15]。1948（昭和23）年には「教科用図書検定要項」ができ，1949（昭和24）年度からは各教科で検定教科書が使用された。しかし，民間情報教育局（CIE）の意向により図画工作科の検定基準は作られず，小学校図画工作科は1954（昭和29）年まで「無教科書時代」が続くこととなる。以降，昭和22（1947）年に学習指導要領が示されるまで，下記の「図画工作指導上の注意」が唯一の基準だった[*16]。各種の民間美術教育団体が設立され始めたのもこの頃からである。

　「図画工作指導上の注意」（項目のみ抜粋）
　①　創造力の養成，個性の伸長に留意すること。

② つとめて共同制作を多く課し，協力して働くという精神を養成すること。

③ 道具や材料の性質をよく教へ，そのものの中にふくまれてゐる科学的法則を知らしめ，それから正しい使用法，手入れの仕方を教へ，道具，材料を愛護する精神を養うこと。

④ 理科の教材と密接な関連をもたせ，自然美の再構成である図画，工作の作品にも自然界の真実や法則をそのまま正確に表現するやうに指導すること。

⑤ 教材を身のまはりから豊富に取り入れること。

⑥ 地方に特有な工芸品，生活必需品の制作を取り入れて指導すること。

⑦ 見学，鑑賞などを適当に取り入れること。

### 3）戦後の検定教科書の特徴

先述したように，1946（昭和21）年に芸能科図画・工作教科書の使用が禁止されて以来，図画工作科は無教科書の時代が続いた。1949（昭和24）年度から検定教科書使用措置となり，文部省学校教科書があった教科は検定教科書に切り替わって実施に移され，図画工作科においては1955（昭和30）年度から使用することになった。

1955（昭和30）年度における図画工作科の教科用図書目録に載ったものは，発行者18社，21種類と実に多数であった。しかし，その後1975（昭和50）年度には，4社4種にまで激減しており，2018（平成30）年度現在は2社2種となっている。要因は様々あると考えられるが，採択数の少ないところが自然に淘汰されていったとみられている[1]。

戦後の図画工作科教科書とそれ以前の教科書の大きな違いは，戦後の教科書の方が児童生徒を主体に編集されていることである。先に示した『新定画帖』や『エノホン』等は，まず教師用が作成され，その後に児童用ができたようである。一方，戦後の教科書は児童生徒用が編集されてから，その解説を付与するかたちで指導書が作成された。戦後の教科書には児童の作品が多数掲載されるようになったことも大きな特徴である。

戦後には学習指導要領（試案）が1947（昭和22）年と1951（昭和26）年に示され，1958（昭和33）年には「告示」として法的拘束力をもつようになった。学習指導要領の変遷については他章（第3章など）にて述べられているのでここでは触れないが，学習指導要領の目標と教科書内容とを比較することで，教育観の様変わりをより一層理解できる。

下図は教科書研究のための参考文献の一例である。また，山口は，研究の一環として20世紀後半の日本の美術科教科書を体系的・構造的に研究した成果をWebサイトおよび報告書にて公開しており参考になる[2]。

### （3）授業で図画工作科教科書を活用するために

戦前から戦後までの教科書のあり方を概括してみると，同教科でありながら，時代背景や社会の様相によって教育観の変容があり，教科書の内容もその教育観

作・粘土・デザインに相当する項目もある。

*14 **入営**：軍隊に招致すること。軍務に就くために兵営に入ること。入隊。

*15 「芸能科図画・工作」の科目名が統一されたのは，連合国軍事司令（GHQ）の民間情報教育局（CIE）の指導による。"Art and Handicraft"の英訳を日本語で「図画工作」としたものである。

*16 「終戦ニ伴フ教科用圖書取扱方ニ關スル件」の通牒が出された翌年（1946年），図画・工作教科書の禁止通牒が出された。その「別紙」に記載がある。

1）中村亨：日本美術教育の変遷―教科書・文献による体系，日本文教出版，1979，pp. 352-373

2）「芸術教育文献のアーカイビングに関する還元的研究」Webサイト：http://www.ae-archiving.jp/art-e/　研究代表者：山口喜雄，2008

図13−10　山形寛『日本美術教育史』黎明書房，1967年

図13−11　中村亨『日本美術教育の変遷〜教科書・文献による体系〜』日本文教出版，1979年

図13−12　真鍋一男，宮脇理『造形教育事典』建帛社，1991年

図13−13　滋賀大学附属図書館（編）『近代日本の教科書のあゆみ〜明治期から現代まで〜』サンライズ出版，2006年

に符合していることがわかる。このような史的な変遷や動向を読み解いていくことは，現在と過去の比較だけでなく，とりわけ情報化・国際化が進む現代や，これからの美術教育の学習指導のあり方を探るためにも重要である。学校教育法第21条が美術等の目標を「生活を明るく豊かにする*17」と規定しているように，現代は児童生徒中心の教育観であり，教科書には学習指導要領の目標と内容を踏まえた題材が掲載されている。そして，本章「（1）教科書の定義」でも述べたように，教科書は児童生徒も参照，活用するための教材・教具として存在しているのである。

　現在私たちが手にしている教科書は，画像や資料が鮮明であり，多彩な活動の様子や完成作品がコンテンツとして収録されていることで授業イメージが湧きやすい。ただし，そこに収録されている題材や作品は，ある教師と子どもたちによる，ある特定の授業の中で生まれた固有の産物であり，決して「手本」のようなものではない。したがって，授業で教科書を使用する際は，単に題材をそのまま模倣したり教科書に載っている成果物を目標にするような作品主義的な使い方をしたりせずに，目の前の児童のどのような力を育もうとするのかを主軸にしながら，児童の発達や実態に合わせて材料や道具を選択したり，活動のプロセスなどをつくり変えたりする意識をもつことが望ましい。

### （4）図画工作科におけるデジタル教科書およびICT機器の利活用

　2018（平成30）年段階における教育の新しい動向として，ICT*18教育を推進する動きや，そのための教材の開発があげられる*19。教育のICT化は我が国に限ったことではなく，世界的に注目されている*20。

　我が国において現在主流のICT教材の一つにデジタル教科書*21がある。図画工作科のデジタル教科書も電子黒板や大型テレビなどの提示機器，タブレットPCなどの個人端末に対応しており，教科書誌面の提示，拡大，書き込み等が可能である。また，紙の教科書に掲載しきれなかった作品を多数収録し，学習履歴保存や動画の再生，教師によるカスタマイズ機能も付与されている。ICTは多機能で

*17　学校教育法第21条9号には「生活を明るく豊かにする音楽，美術，文芸その他の芸術について基礎的な理解と技能を養うこと。」と示されている。

*18　Information and Communication Technology・情報通信技術

*19　教育のICT化が進む中，図画工作・美術科に限らず，デジタル教科書や電子黒板，タブレット端末の活用を視野に，効果的なデジタル教科書・教材が求められている。

*20　2017年8月に行われたInSEA（International Society for Education through Art・国際美術教育学会）世界大会2017於：韓国，大邱の大会テーマが「Spirit∞Art∞Digital」であったことからもうかがえる。

あるため，一斉授業，協働学習，個人学習の各場面にあった活用の仕方ができるのが利点である[22]。

　一方で，図画工作科という教科では，実材を用い，手を使って試行錯誤しながらつくりだす活動が大切である。したがって，ICT機器を使った学習活動においては，その仮想性から，実在感を伴った学びを創出しにくい側面も考えられる。そのため，教師にとってICT機器の活用に心理的ハードルがあるかもしれないし，そもそもどう活用したらよいか不明瞭であるかもしれない。

　授業でICTを使う際は，あまり特別で難しい活用法は考えずに，子どもの創造性と授業の活性化のための環境設定の一環として，まずは活用してみる意識が大切である。例えば，ある児童の製作中の作品を参考資料としてクラスに提示したいとき，これまでの場面では，当該児童の手を止めさせて作品を一時拝借し，実物投影器などに映すことがあったかもしれない。他の児童にとって表現の参考になるかもしれないが，一方で，夢中になっていた製作を一時中断しなければいけなくなった児童の想いにも配慮したい。そのような場面では，例えばタブレット端末を使って製作中の児童の作品を撮影し，その画像や動画を電子黒板に映し出すことで，児童の手を休ませることなく参考作品の共有ができる。他にも，彫刻や工芸品など，立体作品を画面上で360度回転して鑑賞できるようなソフトもある。実際の感触や実物大などを実感することは難しいが，普段見られない作品の背面や細部の工夫を味わうことで児童の表現の幅を広げることもできる。

　教育におけるICTの活用は我が国の今後の課題でもあり，各教科でより多様な活用場面が見られるようになってくると考えられる。図画工作科においてもおそらく例外ではないが，同時に身体の感覚も研ぎ澄ます機会が減衰しないよう，鑑賞におけるレプリカの使用や美術館等との連携の重要性に関する議論がより活発化することも予想される。

*21　複数の教科書会社が集結して，使いやすいデジタル教科書・教材の推進を図るために「CoNETS」が立ち上げられた。(CoNETS＝Connecting to the Next Education for Teachers and Students.) ①教育の多様化への貢献，②教育のネットワーク化を実現，③グローバル化に対応できる子どもたちの育成，④紙とデジタルコンテンツの融合，を理念とする。参加企業は総勢14社である（2018年時点）。

*22　例えば，電子黒板に教科書の誌面や作品画像を投影して教師が一部を拡大してみせることで，クラス皆で情報を共有することができる。また，学習内容によってタブレットPCを個人とペアで使い分けることで，個人学習や協働学習に対応することもできる。

## 2．地域の美術館などの利用や連携の充実

### （1）学習指導要領における美術館などの利用や連携の課題

　学習指導要領には，鑑賞の指導に当たり配慮すべき事項として，「第3指導計画の作成と内容の取扱い」の事項に「各学年の「B鑑賞」の指導に当たっては，児童や学校の実態に応じて，地域の美術館などを利用したり，連携を図ったりすること。」という記載がある。地域の美術館「など」という言い回しには，美術館へ行くこと自体を目的化しないよう，子どもや地域の実態に応じた施設との連携や取組みへの配慮が込められている。

　我が国の美術館教育における学校教育と社会教育の連携は，主に生涯学習社会への移行を見据えた社会要請等を背景に，そのつながりの一層の強化をねらいとして近年ますます活発化している。とりわけ，1992（平成4）年に開催された「美術館教育普及国際シンポジウム」は我が国の美術館教育の転換点ともいうべき催

しだった。以降，美術館は多彩な展覧会だけでなく教育普及にもより注力し，展覧会と連動させたワークショップや教師のための研修の企画，教育普及ツールの作成など，様々な工夫と努力が行われている。

　学習指導要領で地域との連携についての配慮が謳われるようになったのは平成10年版からである。そこには，「地域の美術館などを利用すること」という一文が示されていた。それに伴い，学校と美術館は各々の教育の相互関連を重視し，地域における多様な連携を構築することが目指されてきてはいたが，一方で学校と美術館の協力体制が不十分な面がみられ，従前は相互の関係が期待していたように結実できていない場面があったといえる。そのため，子ども一人一人が能動的に作品を鑑賞したり美術館を体験したりできるように，施設の「利用」だけでなく，そこでの活動内容についても協力して当たるよう，平成20年版より新たに「連携を図ったりすること」という文言が加わったのである。

　では，「連携」とはどのような関係をイメージすればよいだろうか。多くの場合，教師が児童を引率して美術館を訪問することが想起されると考えられる。他方，近隣に美術館がなかったり，まとまった時間を学校生活の中で捻出することが困難だったりと，学校側には物理的なハードルがあることも事実である。例えば，地域の美術館等との連携に関する質問紙調査がなされても，「連携をしている」，あるいは「連携をしている方だ」と回答する教師の割合は非常に少ない[3]。この結果には，おそらく学校が美術館へなかなか足を運べていない現状があるのではないかと考えられる。

　しかし，「連携」とは必ずしも美術館へ行くことだけをさすものではない。先述したように，美術館は子どもたちの鑑賞を支援するキットやアートカードなど，教育普及ツールの開発に力を入れているところも多い[*23]。そのような教育普及ツールは子どもたちの能動的な鑑賞を支援するのみならず，鑑賞の授業が得意ではない教師にとっての授業補助ツールとしても工夫されている。また，学芸員が学校を訪問して「出前授業」を行ったり，所蔵作品を学校に貸し出す「移動美術館」などの取組みを行ったりしている館も各地にある。このように，学校が美術館を訪問するだけでなく，美術館がもっている様々な学びの資源を普段の図画工作科の授業内で活用することも美術館との連携といえるのである。

## （2）子どもの学びと美術館体験

### 1）事前学習の意義

　多くの美術館が，これまでの日常から隔離された特別な場から，日常と強くつながりのある，学びの補完性のある場へと変化してきている。美術館のミッションや教育理念，方法やあり方については，我が国に限らず諸外国で熱心な議論と実践が繰り返されてきた。その結果の一つが，来館者を能動的な学習者と捉えて館のあり方や学びの環境を考えていくという意識の転換である。つまり，美術館の教育プログラムでは，目的や目標があらかじめ設定された，知識供与による「目的達成型の学習」だけでなく，主体である鑑賞者が，客体である展示作品の

3）国立教育政策研究所：特定の課題に関する調査（図画工作・美術）調査結果，2011

*23　例をあげると，熊本県立美術館の「鑑賞ツール」，滋賀県立美術館の「アートゲームボックス」や「鑑賞授業プログラムパック」，愛知県美術館の「あいパック」，東京都美術館の「資料BOX」などがある。事前に館に申し込めば学校に貸し出したり配布をしてくれたりするようなツールや，過去から現在まで配布中のジュニアガイド等がインターネット上にアーカイブ化されて，教師がいつでもダウンロードして活用できるようにしているものなどである。

鑑賞を通して，自分なりの意味を主体的に構築し学びを生み出していくという
「過程重視型の学習」こそ重要であるという考えである。したがって，美術館教
育では，来館者の多様なニーズや学びに対応しながら，美術館での経験や学びを
どう生み出すかを大切にしている。そこには社会教育施設ならではの学びの柔軟
性が存在し，子どもの日常生活や学校での学習の補完的役割を担うことができる
と捉えてみよう。その効果をより高める手立てとして，美術館訪問に向けた学校
での事前学習を重要視したい。

　子どもを引率して美術館を訪問する場合，いうまでもないが子どもの美術館体
験がより実りあるものになることを教師は考慮しなくてはならない。当然ながら，
美術館に行くことや展示されている作品に対して期待や関心が高められていなけ
れば，せっかくの利用や連携も機能しないのである。

　学校での集団訪問の場合，特にその美術館に行くということがあらかじめ決め
られている場合は，非日常的な時間という楽しみがある一方，子どもの学びにお
ける内発的動機，すなわち作品鑑賞への期待や好奇心などは，もともと希薄であ
ることが予想される。そのため，外発的であるとしてもそれを内発的動機へと置
換できるよう，訪問前の事前授業としての働きかけが重要である。

　アメリカの博物館学の研究者であるフォーク（John H. Falk, 1948-）とディ
アーキング（Lynn D. Dierking, 1956-）は，博物館体験を，「人々の心に博物館
に行こうと考えが浮かんだ瞬間から，実際に博物館に訪れて，そして何日も何か
月も何年も経った後に思い出す時までのトータルな体験」と定義づけている[4]。
そして，博物館を体験する中では，三つのコンテキストの相互作用を含むとして
いる（表13-1）。子どもにとって美術館体験がより充実したものとして記憶に
残るために，訪問前から訪問後まで，教師が下記の三つのコンテキストを踏まえ
た働きかけを考慮することは有効であろう。もちろん，ポジティブな体験による

4）J.H.フォーク,
L.D.ディアーキング
（著），高橋順一（訳）：
博物館体験 学芸員の
ための視点, 雄山閣出
版, 1996, p.9

**表13-1　博物館・美術館体験における三つのコンテキスト**

| コンテキスト | 美術館体験に影響を与える諸要素 | 美術館でのポジティブ体験の例 | 美術館でのネガティブ体験の例 |
|---|---|---|---|
| 個人的コンテキスト　個人に関する状況 | 既存の知識や経験／興味・関心／期待感／来館の動機／来館の頻度／心理的・生理的状態 など | 面白かった／感動した／驚いた／好きな作家ができた／目当ての作品があったなど | 義務的に行った／理解できなかった／なんとなく終わった／体調不良だったなど |
| 社会的コンテキスト　他者との関係性に関する状況 | 同行者・他の来館者・スタッフからの影響やコミュニケーション など | 友だちみんなと行った／家族と行った／スタッフが優しかった／作品の見方を教えてもらった／グッズを買ってもらったなど | 友だちとけんかした／スタッフに注意された／勝手な行動をして先生に叱られた／考えを否定されたなど |
| 物理的コンテキスト　環境による状況 | 建築意匠／空間演出／雰囲気／音／におい／光／展示作品／施設 など | 建物がきれい／本で見た作品があった／幻想的だった／レプリカに触った／涼しい／静かで落ち着くなど | 迷子になった／薄暗くて怖かった／長時間で疲れた／作品が高い所にあってよく見えなかったなど |

（ポジティブ／ネガティブ体験の例は筆者の経験に基づいて作成）

**図13-14　美術館活用術 鑑賞教育の手引き**
ロンドン・テートギャラリー（編），奥村高明，長田謙一（訳），美術出版社，2012

*24　例えば琵琶湖博物館では，「教育普及」ではなく「交流」という言葉を用いることで，博物館スタッフと来館者が共に情報を提供し，活動を展開していく同館の姿勢を示している。
参照）川那部浩哉：博物館を楽しむ 琵琶湖博物館ものがたり，pp.205-209，（嘉田由紀子，「世界の湖，世界の博物館と連携して」）

*25　例えば東京都庭園美術館を例にあげると，「ラーニング・プログラム」の一環として「ウェルカムルーム」を新規に立ち上げている。「ウェルカムルーム」には「展示室に入る前に心の準備をする部屋，または展覧会を観た後で，ちょっとのんびりして気持ちを整理したり，感想をシェアしたりするための部屋」というコンセプトがあり，入り口から展示室に入る前に立ち寄れる位置に存在している。

記憶の形成を念頭に置くことはいうまでもなく，美術館訪問でありがちな「ネガティブ体験」を少しでもポジティブに変えていくための準備が問われる。

　充実した美術館体験には，子どもが展覧会や活動に対して事前に期待や見通しをもち，その期待感と訪問時の活動が結実することが大切なのである。ただし留意しなければならないのは，その事前授業の内容である。普段美術館をなかなか利用できない学校の大半は，美術館という場所やそこでのマナー，開催されている展覧会の概要を知るという内容が多いと予想される。無論，多くの来館者に混じって美術館を安全に楽しむために，そのような学習は行うべきであるし，大切である。しかし，それだけではなく，展覧会に関連する作家や作品を取り上げた鑑賞授業をするなどして，展覧会を鑑賞するための自分なりの造形的な見方や楽しみ方をあらかじめ醸成しておく機会をできるだけ確保することが肝要である。美術館訪問に向けての準備や美術館体験が活きる授業デザインなどについては，ロンドン・テートギャラリー（編）の文献で視覚的に触れられている（図13-14）。

### 2）学習を充実するための博物館・美術館の取組み

　近年は，知識や情報を伝達して啓蒙する「教育普及」という言葉自体を意識的に用いない館もある*24。また，教育活動の一環として，来館者の鑑賞に対する能動性を支援したり館の継続的な活動を伝えたりするための空間の創出を行っている館もある*25。そこは展示室とは違ってツールやレプリカを触って思考・鑑賞することができたり，来館者同士で積極的に会話ができたりする場所として存在する。学校単位で来館した際も，展示室に入る前に一度その空間を体験してから展示室へ向かうことができるので，訪問の事前事後学習のような時間を教師と学芸員がつくり上げることも可能だろう。このように，プログラムの開催だけでなく，いつでも来館者が自律的に学べるラーニング・ルームのような機能を館に付随させる動きもある。

### （3）美術館訪問の留意点と教師の役割

　先述したように，多くの美術館で多彩な教育普及プログラムの工夫がなされている。そのため美術館へ訪問すると，専門家である学芸員が代わって子どもたちの学びを支援してくれるように感じてしまうが，それでは連携とはいえない。美術館へ子どもを引率するにあたって心がけるべきは，美術館に入った瞬間からは学芸員に全面的に依存するのではなく，教師も共に鑑賞体験のつくり手でありファシリテーター（支援者）であることを自覚することであろう。美術館での活動内容が展覧会鑑賞のみであっても，「何を学ばせたいのか」，「何を見せたいのか」等，事前に学習の目標や訪問の目的を館に伝えることが連携において重要である。そうすることで，作品等の見どころを知ることができるほか，当日の「学びのポイント」を明確に設定することが可能となる。

　また，普段の授業において美術館での取組みを知ったり鑑賞を追体験したりするような場面を設けることも，子どものみならず教師自身も美術館理解を深めることへ寄与するだろう。例えば，図画工作科の各教科書には，美術館に関する題材

が収録されている。実際に美術館が行っている活動を知ることができるような内容もさることながら，様々な見方ができそうな造形的に面白い作品を多数掲載し，教科書の誌面を美術館のように見立てる工夫もなされている。図版を大きく掲載し，鑑賞の手立てとなる投げかけが併記されているので，美術館で作品を鑑賞する際の手がかりや造形的な見方や考え方の基盤づくりになることも期待される。

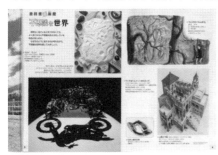

図13−15　日本文教出版，2017，5・6上，pp.3-4　題材：《教科書美術館 不思議な世界》

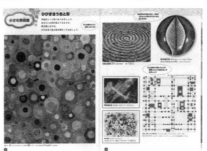

図13−16　開隆堂，2017，5・6上，pp.2-3　題材：《小さな美術館 ひびき合う色と形》

### 発展的実践への手立て

　下表は，児童を引率して美術館を訪問するにあたっての実践手順と内容の一例を示したものである。しかし，何よりも大切にすべきは，子どもが建築や作品と対峙した際に発する「うわぁ」「すごい」などの素直な驚きの反応や，子どもそれぞれがもつ多様な見方や感じ方である。図画工作科における学びのよさの一つは，たくさんの正解が存在し，それらを認め合えることである。

#### 博学連携の実現に向けた準備の内容

| 訪問前後の主な流れ | ①学校（担当教師）から美術館への訪問予約<br>②担当教師による美術館の事前訪問またはプラン検討<br>③訪問に向けた教材作成や事前学習<br>④美術館訪問後の振り返り（フォローアップ） |
| --- | --- |

| 訪問2〜3週間前まで | 訪問1週間前まで | 訪問1週間〜数日前まで | 訪問後〜 |
| --- | --- | --- | --- |
| ①美術館への訪問予約 | ②事前訪問とプラン検討 | ③教材作成や事前学習 | ④訪問後の振り返り |
| ●目的の美術館HPを参照<br>多くの美術館のHPに学校訪問用のフォームが設けられており，申し込み方法が記載されているのでそれに従う。<br><br>●伝えるべき主な項目<br>・希望日時<br>・交通手段<br>・学年，人数<br>・配慮が必要な児童の有無<br>・訪問目的<br>・滞在時間　など | ●教師の事前訪問の意義<br>・施設等の確認ができる。<br>・美術館での活動について学芸員に相談できる。<br>・当日の時間配分や学習内容などについて，学芸員と直接打ち合わせができる。<br>・訪問目的が明確化する。<br>・事前訪問が難しい場合は，電話や電子メール等でプランを共有するのが望ましい。 | ●展示情報や資料の取寄せ<br>・開催中の展覧会情報や，子ども向け資料などがあれば館から取寄せる。<br>・学習目標や児童の実態に合わせてワークシートなどを作成してみる。<br><br>●事前学習の実施<br>・当日のスケジュール確認<br>・交通手段の確認<br>・鑑賞のマナーの確認<br>・可能な限り鑑賞の内容に合わせた事前学習の実施 | ●授業での振り返り<br>・美術館の感想記入<br>・ワークシートの共有<br>・美術館での鑑賞を活かした表現活動<br><br>●教室内掲示の充実<br>・展覧会ポスターや鑑賞中の写真などを使って視覚的に掲示物を作成してみる。<br>・関連した表現活動での作品や感想などを追加しながら更新していく。 |

# 第14章 国内外の美術教育研究の動き

## 1. 国内外の美術教育研究の動きを学ぶ意義

### （1）これからの美術教育研究に求められるもの

　PISA型学力やグローバル化に対応する学力が優先される現在，芸術教科の週当たり授業時間数の削減傾向は世界的に共通する問題である。一方で，芸術体験がもたらす転移効果についての期待から，芸術教育がもたらす効果に着目し，そのあり方の見直しを始めた国もある。今後「学校で図画工作科・美術科をなぜ教えなければならないのか？　これらの教科で獲得されるスキルは転移可能なスキル（transferable skills）であるか？」に対する答えがより実証的に明らかになれば，美術教育への期待は一層高まるだろう[1]。今一度，諸外国との比較から日本の美術教育のあり方を十分に検討する必要がある。

　本章では，これまで日本と諸外国ではどのような美術教育実践や研究への取り組みがなされてきたのかを振り返り，その成果について捉える。

1）OECD教育研究革新センター編著：アートの教育学　革新型社会を拓く学びの技，明石書店，2016

## 2. 日本と諸外国の美術教育研究（1945年以前）

### （1）日本：実利的な図画教育から「人間教育としての美術教育」へ

　多くの日本人の美意識の形成には，古くから「子ども組」における村の年中行事への参加，茶道や歌舞伎等の芸道が大きな役割を果たしていた[2]。絵師を目指す者のための徒弟教育や，幕末の蕃書調所（開成所）等での専門教育もあったが，それらは庶民のためのものではない。江戸幕府が終わり，明治政府が欧化政策を推進する中，文部省布達の「学制」（1872（明治5）年）から近代公教育制度が始まった。新しい学校では，鉛筆で臨本模写を行う技術指導優先の「画学」「図学」等といった実利的な図画教育が行われた。教科書『西画指南』前編（1871（明治4）年）は，川上寛によるRobert Scott Burn：*The Illustrated Drawing Book*，1857の翻訳抄本である。欧化の反動で強まった国粋主義の中で日本画（毛筆画）が隆盛し，鉛筆画・毛筆画論争[3]を巻き起こしたが，これらの指導法は子どもの思いや表現の可能性を無視した臨画教育であった。1890（明治23）年には「改正小学校令」の施行により尋常小学校で「手工」（1941（昭和16）年「国民学校令」で科目名が「工作」に変更）が始まった。忠君愛国の精神的・道徳的支柱となった「教育勅語」の発布，「大日本帝国憲法」も施行され，ここに学校教育の基本が据えられた。

2）上野浩道：美術教育思想，風間書房，2001，pp.17-24

3）真鍋一男，宮脇理：造形教育事典，建帛社，1992，p.17

　第一次世界大戦期（1914-18）は機械文明の到来，大正デモクラシーの風潮とあいまって教育運動が活発化し，綴り方運動，児童自由詩運動，文芸教育論等の様々な芸術教育運動が盛んとなった。その一つに，画家の山本鼎（1882-1946）による自由画教育運動[4]がある。海外で先進的な美術を見聞した山本は，臨画中心の図画教育を徹底的に批判して写生による教育を主張し，臨画によらない美術教育を目指す改革の旗手となった。しかし，再び戦時下に突入すると，1925（大正14）年の治安維持法の公布により思想・言論が弾圧された。1941（昭和16）年に国民学校令が公布され，国策に結びつく軍国主義教育が求められていった。当時の国定図画教科書[*1]は，愛国心を高揚させる教材や，手や感覚の能力を養う訓練に傾倒した内容で構成されている。

## ■（2）諸外国：芸術の教育から「芸術による教育」へ

　中世のヨーロッパの美術教育は，アカデミーや職業訓練校において芸術に関わる職業を選択する者を対象にしていた。人体の写実的な表現と芸術作品の模写による専門的な技術指導が行われ，美術の専門家養成が目的とされた。1770年代にはドイツのデッサウのギムナジウムで美術の授業が始まり，1870年にはイギリスの普通教育学校で初めて図画工作科が導入された。それらは，徒弟制度の中で行われていた手と目の職能的訓練という芸術の教育であった[5]。19世紀の産業革命の中で，スウェーデンのサロモン（Otto Aron Salomon，1849-1907）とフィンランドのシグネウス（Uno Cygnaeus，1810-88）らが，伝統工芸など古くから伝わる手仕事をスロイド教育「手で考える手工教育」として展開し，学校の教科に位置づけた。この後，イギリスのクック（Ebenezer Cooke，1837-1913）らによる児童美術の発見と研究，手本模写を否定して記憶や想像で絵を描かせる創造主義教育が始まり，普通教育の図画に大転換を促すこととなった。

　19世紀末〜20世紀にかけて，教育学の考え方に変革が起きたことにより，各国で児童芸術教育に対する関心が高まった。[6] イタリアの美術史家リッチ（Corrado Ricci，1858-1934）は『子供の芸術』（1887）を著し，大人と子どもの絵を区別して認識する試みを行った。イギリスのサリー（James Sully，1842-1923）は，『児童の研究』（1895）で子どもの認知図式によって描画の発達段階を包括的に分析し分類した。スウェーデンの教育者ケイ（Ellen Karolina Sofia Key，1849-1926）は『子どもの世紀』（1900）を著し，子どもは大人の未成熟なものではなく，生来の本能と素質，個性とを無制限に開発するべきとし，教育の中心に子どもを置くことを主張した。オーストリアのチゼック（Franz Cižek，1865-1946）は，子どもが路上や塀に描いた落書きの中に大人が忘れてしまった瑞々しい感性を発見し，その素晴らしさに感動して，子どもの生まれながらの素質，能力を伸ばすことを重視した指導法を実践した[7]。チゼックの教育論は，友人であるヴィオラ（Wilhelm Viola，生没年不詳）によって「子どもの美術」として紹介され，日本でも久保貞次郎（1906-96）が創造主義美術教育論の研究用テキストとして活用するなど世界の美術教育に大きな影響を与えてきた。そこには，ルソー（Jean

4）山本鼎：自由畫教育（復刻版），黎明書房，1972

*1　金子一夫（1950-）：美術科教育の方法論と歴史（新定増補），中央公論美術出版，2012，p.167によると，1909（明治42）年から大正元年にかけて『鉛筆画帖』『毛筆画帖』『新定画帖』の三種類の国定図画教科書が発行された。

5）斎藤清，中村亨，宮脇理：図画工作科教材研究，建帛社，1985，pp.7-8

6）要真理子，前田茂監訳：西洋児童美術教育の思想：ドローイングは豊かな感性と創造性を育むか？，東信堂，2017

7）石崎和宏：フランツ・チゼックの美術教育論とその方法に関する研究，建帛社，1992

Jacques Rousseau, 1712-78) の『エミール』(1762) の中で述べられた「自然から学ぶ」という教育論や, フレーベル (Friedrich Wilhelm August Fröbel, 1782-1852) の「恩物」という遊具による製作を中心に据えた児童神性論という教育観もみることができる。イギリスのリチャードソン (Marion Richardson, 1892-1946) は, 児童描画教育における「パターン」の重要性を主張した[8]。このような児童美術教育の思想が美術教育の実践・研究に大きな影響を与え, 芸術の教育から「芸術による教育」へと展開した。1920年代には創造的・情緒豊かな人間を育てることを教育の目的とする「ミューズ運動」として, 学校教育全体に大きな影響を与えた。20世紀以降は, 工業化が進展し, 生産性の向上に伴う大量生産・消費社会と経済成長が図られる中で, 子ども・学校観も変化していった。

8) 直江俊雄：20世紀前半の英国における美術教育改革の研究-マリオン・ロチャードソンの理論と実践, 建帛社, 2002

## 3. 日本と諸外国の美術教育研究の動き（1945年以降）

### （1）日本：起点としての『米国教育使節団報告書（第一次，第二次）』

1945（昭和20）年8月, 日本はポツダム宣言を受け入れ, 連合国軍の占領下に置かれた。翌年に総指令部 (GHQ)[*2] は, デューイ (John Dewey, 1859-1952) など優れた教育専門家による教育使節団の派遣を本国に要請し, 日本の教育の目的・内容, 国語の改革, 教育行政, 教授法と教師養成教育, 成人教育, 高等教育の6章および序論と摘要からなる『米国教育使節団報告書』[9]（1946年3月31日）を作成させた。当時の日本の軍国主義と極端な国家主義を廃して民主主義の教育に改革することがねらいであり, 教育の地方分権化やローマ字の推進等も記されている。アメリカの教育理想論が示された内容としても興味深い。約4年半後の朝鮮戦争の最中, 再びマッカーサー元帥 (Douglas MacArthur, 1880-1964) の招請によって本国から教育使節団が来日し, 報告書の勧告内容の実行状況が調査・研究された。国家間情勢の変化に伴い, 日本は特需景気の中で戦後の貧しさから立ち上がり高度経済成長へと突き進んでいた。『第二次訪日アメリカ教育使節団報告書』（1950年9月22日）は, 日本の学校設備や教師養成, 高等教育機関の改組, 教育予算の充実等が書かれ教育投資論的な現実主義に転換している。

＊2 General Head quarter（連合国軍最高司令官総司令部）

原典対訳
米国教育使節団
報告書

教科教育百年史編集委員会 編

建帛社

9) 教科教育百年史編集委員会編：米国教育使節団報告書：原典対訳, 建帛社, 1985

### （2）日本：美術教育研究団体の設立と民間美術教育運動

教育使節団の第一次報告書を受けて「教育基本法」(1947（昭和22）年3月) が制定され, 翌年に衆参両院で教育勅語の排除失効が決まると, 国民の権利に基づく教育が目指された。同年, 民間情報教育局 (CIE)[*3] の指導下で「学校教育法施行規則」が公布され, 学習指導要領の基準による「図画工作科」(昭和22年（試案）, 昭和26年改訂版) が始まり今日に至る。元文部大臣であり, 中央教育審議会会長として活躍した森戸辰男 (1888-1984) は, 教育における美術教育の意義を訴え続けた。現場教師や研究者は, それぞれの主張の下で美術教育の意義を訴え実践研究を続けてきた。ここではまず, 特定の思想や学校制度に依拠せず,

＊3 Civil Information and Education Section

実践場面や造形的な活動を根拠とする美術教育研究の交流や協議のために結成された組織を取り上げる。

### 1）美術教育研究団体の発足と活動内容

① 　**日本美術教育学会**：1951（昭和26）年，京都大学の美学者井島勉（1908-78）を会長に美術教育関係者で設立された[*4]。美術教育の美学的・芸術学的な理念に基づく教育実践の方策の探究が続けられている。京都大学の湯川秀樹（1907-81）や京都市立美術大学の須田国太郎（1891-1961）等も講演や座談会で協力している。年1回研究大会を開催し，学会誌『美術教育』を発刊する。

② 　**公益社団法人日本美術教育連合**：1953（昭和28）年，翌年のユネスコ国際セミナー開催のための主催団体を作ることを目的に，室靖（1913-94）の呼びかけで設立された。全国規模の学会等8団体を母体とし，山形寛（1888-1972）が初代理事長を務めた。1955（昭和30）年のFEA（国際美術教育連盟）[*5]会議から国際交流の窓口となってきたが，1993（平成5）年にInSEA[*6]の正式な国内窓口となった。戦後美術教育資料の集大成『日本美術教育総鑑　戦後編』（1966）[10]を刊行した。1965（昭和40）年の第17回InSEA東京会議の主催，1989（昭和64）年に世界の美術教育研究にも尽力した倉田三郎（1902-92）[11]らがアイスナー（Elliot W. Eisner, 1933-2014。InSEAの11代会長（1988-90）を務めた）を日本に招聘した研究会，近年では2012（平成24）年にNAEA[*7]会長ロバート・セイボル博士（F. Robert Sabol, 1949-　）講演会の開催等がある。年1回の研究発表会の開催と，機関誌『日本美術教育研究論集』を発刊している。

③ 　**全国造形教育連盟（略称，全造連）**：1949（昭和24）年，各都道府県の美術教育団体が全国組織となり，全国図画工作教育連盟が発足した。前年の全国協議大会での，図画工作教育の根本理念から教科名や目的・内容などの現場指導に関する研究討議の開催が契機となった。準教科書『小学図画工作』を編集した大阪児童美術研究会をはじめ，各県で活発化していた美術教育団体を母体とした。1958（昭和33）年の中学校美術科の新設に伴い現名称に変更した。幼・保，小，中，高，特別支援学校によって構成され，年1回全国研究大会を開催している。

④ 　**大学美術教育学会**：委員長倉田三郎，副委員長松原郁二（1902-77）ら3名のもと，1952（昭和27）年に第1回総会が開催されたのを皮切りに毎年開催され，1963（昭和38）年に現名称が公認となった。日本教育大学協会第二部美術部門の研究組織として出発した本会は，当初は国立教員養成系大学・教育学部の美術科のみで構成されていた。後に組織の改編が行われ，一般公開となった。教材，指導法，カリキュラムの開発や教育評価などの指針を示すこと，諸外国との文化交流の視点から美術・芸術教育の発展に努めることを目的とする。幅広い専門を擁し，美術全般の研究がなされている。2008（平成20）年に「教科内容学検討委員会」を組織し，教科内容学についての

*4　井島勉は学会設立のために『美術教育の原理』都出版社（1956）を執筆した。

*5　仏）Federation internationale pour l' Education Artistique, 英）The International Federation for Art Education, Drawing and Art Applied to Industries

*6　International Society for Education through Art（国際美術教育学会）

10）日本美術教育総鑑　戦後編，日本美術教育連合，1966

11）倉田三郎，手塚又四郎共編：世界の美術教育，美術出版社，1963

*7　National Art Education Association, 全米美術教育学会

議論が重ねられている。年1回全国大会を開催し，学会誌『美術教育学研究』を発行する。

⑤　**美術科教育学会**：大学美術教育学会に所属する美術科教育担当者の中から，鈴木寛男（1921-2009）や大勝恵一郎（1924-2010）の呼びかけにより教科教育を専門とする研究会設置の声があがり，1979（昭和54）年に発足，3年後に現在の美術科教育学会へ改称し，一般に公開した。全国の教育大学，教育学部に教科教育専攻の大学院が設置され，教科教育を専門として研究する学生が育成され始めたことが背景にある。現場や，大学の教員，学芸員などで構成され，美術教育史や海外の美術教育，子どもの表現の分析等，実証的な研究がなされている。年1回全国大会を開催し，学会誌『美術教育学』を発行する。

### 2）民間美術教育運動の興隆

　全国の美術教師にとって，戦前の軍国主義や皇国主義を否定し，新たな自由主義・民主主義の視点から美術教育はどうあるべきかという問いは避けて通れない課題であった。ここでは，個人の解放や人間性の認識に関わる意識改革をめざして昭和20年代に発足した3つの民間美術教育運動の主張を取り上げる。なお，他にも多数の団体が生まれ活発に活動している。

①　**創造美育協会（略称，創美）**：1952（昭和27）年に，15年間メキシコに滞在し優れた児童画指導を行った洋画家北川民治（1894-1989）[11]と久保貞次郎[12]，室靖らを中心に発足した。思想的背景は山本鼎の自由画教育運動，チゼックの美術教育思想，心理学的基盤としてフロイト系の心理学を基盤とする「創造精神」の育成である。「児童の創造力を伸ばすことで児童の個性を鍛える。児童の個性の伸長こそが新しい教育の目標」を掲げ，戦後の日本の美術教育，特に幼少期の描画指導に重要な足跡を残した。1955（昭和30）年の全国セミナー（長野県湯田中）には1670名の参加があった（図14-1は1958（昭和33）年8月，兵庫県有馬温泉）。久保が1938（昭和13）年に栃木県真岡の小学校で始めた公開審査型の児童画展は，真岡市青年会議所らにより今日に引き継がれている。現在は栃木，愛知，静岡等で支部活動が行われている。

②　**新しい絵の会**：1951（昭和26）年に多田信作（1932-2005）ら数人の若い画家集団が「新しい画の会」を結成し，井手則雄（1916-86），箕田源二郎（1918-2000）らが加わり，1959（昭和34）年に全国組織として「新しい絵の会」を発足した。認識主義美術教育の代表的な団体として認識派ともよばれた。創美が求めた子どもを抑圧から解放すれば創造性が身に付くという創造主義を批判し，子どもの日常生活をふまえた生活画運動を精

11）北川民治：絵を描く子供たち，岩波書店，1952

12）W.ヴィオラ著，久保貞次郎・深田尚彦訳：チィゼックの美術教育，黎明書房，1976.

**図14-1　創造美育協会　全国セミナー**

写真出典）日本美術教育連合：日本美術教育総鑑 戦後編，日本文教出版，1966

**図14-2　新しい絵の会，全国研究集会**

写真出典）日本美術教育連合：日本美術教育総鑑 戦後編，日本文教出版，1966

**図14-3　造形教育センター，研究大会**

写真出典）日本美術教育連合：日本美術教育総鑑 戦後編，日本文教出版，1966

力的に展開した。現実の社会の矛盾を直視し，その克服をねらいとして子どもの認識と発達に応じた系統的な指導方法の開発を行ってきた。全国各地のサークル活動が活発化し，夏に全国研究集会（図14－2は1965（昭和40）年8月の第6回全国研究集会），春と冬に各地で合同研究会を開催，機関誌『美術の教室』を発行する。

③　造形教育センター：1954（昭和29）年の建築家ヴァルター・グロピウス（Walter Adolph Georg Gropius, 1883-1969）*8の来日が契機となり，1955（昭和30）年に研究会を主催して美術評論家の勝見勝（1909-84），松原郁二（1902-77），高橋正人（1912 -2000），武井勝雄（1898-1979）[13]らが中心となり設立した。当時の表現主義的な教育に対抗し，バウハウスの造形理論の影響を受けたデザイン，工作領域を取り込み，子どもの生活や技術との関連を重視した総合的な造形教育の推進を目的とした。現在は東京に本部，全国数か所に支部が置かれる。月例研究会や講演会，研究大会（図14－3は1959（昭和34）年8月の第4回夏の研究会）を開催し，機関誌『造形教育センターニュース』を発行する。

## （3）諸外国：芸術教育論の類型化と実証的な研究の展開

20世紀初頭から子どもの長期的観察や数量的な研究，医学や心理学的視点から子どもの創造性に関する実証的な研究が取り組まれてきた。世界の美術教育に大きな影響を与えた多くの研究者の中から，美術教育研究のための必読書として次の3氏の著作を取り上げる。

### 1）リードの芸術による教育

リード（Herbert Read, 1893-1968）は，芸術や芸術運動への批評活動と独自の教育原理を構築した。『ART&INDUSTORY』（1953）では，美術は個性の教育ではなく，美術における個性とは人々との協力や討議，仕事の適切な分担の過程で浮上するものとした。『芸術による教育』（1943）[14] で，心理学者ユング（Carl Gustav Jung, 1875-1961）の外向型と内向型の2類型，心的機能を基準とした思考型，感情型，感覚型，直観型の4類型とを組み合せた8類型と，近代以降の美術の様式とを対応させて表現の類型化を行った。これは人間の表現の多様性を認識するための試みであり，美術教育は自分の型の発見とその追求が課題であると考えた。

### 2）ローウェンフェルドの発達論的アプローチ

ローウェンフェルド（Viktor Lowenfeld, 1903-60）は，子どもの造形活動にみられる創造性と精神の成長の発達，個人差に目を向け，芸術学の表現様式や芸術起源論，心理学等を手がかりに，児童画を主とする創造活動のタイプ「視覚型」と「触覚型」の研究を行った[15]。美術を創造力・創造性や自己表現における発達の手段として捉え，子どもの表現に対する深い理解が示されている。実際の指導においては，大人の考えを押し付けてはならない，子どもの作品について大人が趣味趣向を示してはならないなど，児童中心主義と全人的教育観を展開した。

＊8　1919年にドイツ・ワイマールにバウハウス（総合芸術学校）を創立。近代建築・デザインの確立に貢献した。

13）武井勝雄：構成教育入門，造形芸術研究会，1955

14）ハーバート・リード著，宮脇理・岩崎清・直江俊雄訳：芸術による教育，フィルムアート社，2001

15）ビクター・ローウェンフェルド著，竹内清・堀ノ内敏・武井勝雄共訳：美術による人間形成―創造的発達と精神的成長，黎明書房，1995

16）エリオット・アイスナー著，仲瀬律久・前村晃・山田一美・岡崎昭夫他訳：美術教育と子どもの知的発達，黎明書房，1986

**＊9**　DBAE：Discipline Based Art Education

17）John Steers, *InSEA : A Brief History and a Vision of its Future Role*, JADE 20.2, USA:NSEAD, 2001

### 3）アイスナーの美術カリキュラムの開発

　アイスナーはNAEAの会長（1977-99）を務め，人間の創造的行為の類型化に関する研究や，教育学分野への美術教育の意義を訴えてゆく試み，美術教育におけるカリキュラム開発と自己教育目標論，教育評価に関する研究を展開した[16]。特に1980年代の米国におけるDBAE（学問分野に基づく美術教育）＊9の理論化を精力的に主導してきた。ローウェンフェルドらの発達論的アプローチを強く批判し，「創造行為」を知性の働きと捉え，美術カリキュラムの内容に美術製作だけでなく美術批評，美術史，美学を導入することを提案した。

### （4）諸外国と日本：InSEAを通した美術教育研究の国際交流

　1954（昭和29）年，リードの哲学と理想“芸術による教育”を掲げるInSEAの第1回総会がパリで開催され，正式に発足した。[17]芸術の社会への貢献と，芸術が平和のための教育であることを主張する。ユネスコ（国連教育文化機関）から正式なパートナーとしての支援を得た唯一の美術教育研究国際提携団体である。他の国際的な研究団体には，1900年のパリ万博と同時に組織されたFEAがあった。FEAは，第2次世界大戦（1939-45）と戦後の冷戦下の国際的・政治的緊張等から会議を17年間開催できず，1963（昭和38）年にInSEAと合併した。InSEAはアジア，東南アジア・パシフィック，ラテンアメリカ，ヨーロッパ，中近東・アフリカ，北アメリカの6地域から理事を選出して毎年地区会議，2年〜3年に1回世界会議が開催され，美術教育理論・実践研究の貴重な機会となっている（※

**表14-1　InSEA世界会議のテーマと開催地一覧[18]**

| 実施年 | 会議テーマ | 開催地 | 実施年 | 会議テーマ | 開催地 |
|---|---|---|---|---|---|
| 1957年 | 思春期の美術教育 | オランダ／ハーグ | 1987年 | イメージの世界 | ドイツ／ハンブルグ |
| 1960年 | 人間と美術・東と西 | フィリピン／マニラ | 1990年 | 21世紀前夜の美術教育 | フィリピン／マニラ |
| 1963年 | 美術教育による国際理解 | カナダ／モントリオール | 1993年 | 美術教育のルーツ，現在，未来 | カナダ／モントリオール |
| 1966年 | 美術教育-未来の教育 | チェコスロバキア／プラハ | 1999年 | 文化と過渡期 | オーストラリア／ブリスベン |
| 1969年 | 科学技術時代のヒューマニズム | アメリカ／ニューヨーク | 2002年 | 美術を通した国際会話 | アメリカ／ニューヨーク |
| 1970年 | 急速に変化する世界の中の美術 | イギリス／コベントリー | 2006年 | 美術における学際的な対話 | ポルトガル／ヴィゼウ |
| 1972年 | 視覚芸術と個性の発達 | ユーゴスラビア／ザグレブ | 2008年 | こころ・メディア・伝統 | 日本／大阪 |
| 1975年 | 時代における創造性活用の美術教育 | フランス／セーブル | 2011年 | 美術-空間 | ハンガリー／ブダペスト |
| 1978年 | 多様な文化と芸術 | オーストラリア／アデレード | 2014年 | 美術による多様性 | オーストラリア／メルボルン |
| 1981年 | 過程からうまれる成果 | オランダ／ロッテルダム | 2017年 | 精神・美術・デジタル | 韓国／大邱 |
| 1984年 | 21世紀において創造教育の探るべき方向 | ブラジル／リオデジャネイロ | 2019年 | 作ること | カナダ／バンクーバー（開催予定） |

1990年フィリピン・マニラは政治的な理由，1996年フランス・リールは財政危機のため不開催）。世界会議に掲げられたテーマから，美術教育関係者が何を問題と意識していたかを捉えることができる（表14－１）。

18）仲瀬律久：アートエデュケーション Vol.2，No.4，建帛社，1990

### （5）InSEA国際会議における日本人の活躍

　国際会議は現代社会における美術教育の使命を明らかにし，全ての国々の美術・工芸を通した創造的な教育の促進と振興，国際理解と協力を基盤とした具体的な美術教育方法の相互研究が目的である。第４代会長に倉田三郎が就任し（1966-69），1965（昭和40）年に“科学と美術教育”をテーマに第17回東京会議（1963年のFEAとの統合後初の会議となったためか，InSEAの歴史には位置づけられていない）が開催された。1998（平成10）年アジア地区会議東京大会が長谷喜久一（1917-2014）会長と仲瀬律久（1933-）実行委員長の下で開催，2008年第32回世界大会in大阪が平山郁夫（1930-2009）を会長に開催，2014（平成26）年第38回メルボルン大会では2008年のInSEA世界大会で実行委員長を務めた福本謹一（1952-）が，国際的な美術教育実践の実績が高く評価され，学会史上７人目の「功労賞」（El-Bassiouny Award）を授与した。2017（平成29）年第41回大邱大会では日本から基調講演２名と４名の招待講演，一般発表48名ポスターセッション６名による実践・研究の活発な発信が行われた。

## ４．21世紀初頭の諸外国の美術教育事情と研究の視点

### （1）諸外国の最新の美術教育事情

　本稿の内容は，全ての情報を網羅したものではない。2000（平成12）年から国内諸学会誌や大学美術教育学会国際交流委員会刊『IRCN：国際情報』，その他の研究紀要，筆者が入手した書籍等の掲載内容を基に，諸外国の美術教育の近況を紹介する。諸情況は常に流動的であり，現地調査が望ましいが，各国の教育白書や学習指導要領等の第一次資料の調査，国際的な諸学会における他国の教育者や研究者との直接的な交流を通して長期的な視野で捉える必要がある。諸外国の美術教育研究の更なる広がりが期待される。

　文献検索には，山口喜雄編著『美術教育のアーカイビング＆ライティングリサーチ2011（英日対訳)』，『芸術教育文献改題ブックレット（2012～2015，英日対訳)』科研費報告書も活用されたい。

### 1）ア　ジ　ア

　①　**韓　国**：2015年にキー・コンピテンシー（主要能力）を中心に学習指導要領が改訂され，美術科教育課程の資質・能力として視覚的コミュニケーション能力，創造性・総合的な能力，美的感受性，美術文化理解能力，主体的な学習能力が設定された。高等学校の「文・理科統合型教育課程」運用のために小・中学校を含む前段階の指導要領の改訂が推進された[19]。アメリカで開

19）柳芝英：韓国における国家教育課程改訂の方向性：美術の授業における「能力」の視座，東アジア研究 15巻，pp.259-281，2017.

20) 麻麗娟・福田隆眞：中国における新しい美術教育課程改革の動向について：2011年の《全日制義務教育美術過程標準》の改訂を中心に，山口大学教育学部研究論叢（第3部），63巻，pp.235-240，2014

21) 福田隆眞：ベトナムの美術教育を見学して思ったこと，大学美術教育学会IRCN第11号，pp.10-11，2015

22) OECD教育研究革新センター編著：アートの教育学 革新型社会を拓く学びの技，明石書店，pp.32-33，2016

23) 大泉義一：ブータン王国の造形教育Ⅲ－初等教育における新教科"Arts"の導入と内容－，美術教育学研究 第48号，pp.97-104，2016

24) 池内慈朗：エントリー・ポイント，MTV（Making Thinking Visible）およびVTS（Visual Thinking Strategy）アプローチの関連性，大学美術教育学会IRCN第11号，pp.12-15，2015

25) 廣瀬敏史：日本とドイツの造形教育の現状とこれから，東海学院大学紀要7巻，pp.269-278，2014

発されたSTEAM（芸術と科学の融合教育）を導入した取り組みもみられる。

② **中 国**：教育方針「素質教育」に基づいた教育課程改革が進められており，2001年に公布された全日制義務教育美術課程標準が2011年に改訂された。学習者中心の教育環境に学生の総合的な能力と問題解決型能力，創造精神や学習・実践能力を養うことが期待されている。美術科目と他科目との関連や各領域の総合等を重視する傾向がある[20]。

③ **ベトナム**：日本の教育課程を参考に，2017年度現在の学習が教師主導から子ども主体の教育への転換が図られている。指導要領は技術の習得と文化遺産・美術史の理解・継承が重視されており，臨画教育が実施されているといった課題も残されている[21]。

④ **シンガポール**：2008年に芸術学校が創設され，13歳から18歳までの生徒に芸術を通じた6年間の教育プログラムを提供する革新型の学校教育モデルを開発した。生徒は正規のアカデミックな教科の学習に加え週10時間以上の芸術を学び，他教科との教科融合型の総合的な学習を展開した結果，驚くべき学業成績の向上につながった[22]。

⑤ **ブータン**：2014年よりナショナル・カリキュラムに「Arts」が導入された[23]。

### 2）ヨーロッパ

① **オランダ**：イエナプランやドルトンプラン等，子どもの自主性と創造性をはぐくむ多様なアプローチの学校がある。トロッペン美術館のVTS理論（視覚的思考方略）とMTV理論（思考の可視化）を統合した鑑賞教育プログラム"Thinking Museum"のあり方も注目される[24]。

② **ド イ ツ**：2003年からキー・コンピテンシーの獲得を目指すナショナル教育スタンダードが作成され，美術は創造的な行為の過程からその存在意義を社会に示すことに成功した[25]。

③ **フィンランド**：2016年から施行される新ナショナルコアカリキュラムアでは，芸術系科目は小学4－5年生で最大週26-30時間設定でき，教科横断的教育が実践されている[26]。

④ **フランス**：1988年に義務教育で芸術教育の必要性が確認され，2000年から公立学校で義務化，完全履行する法律が制定された。"Historie des Arts（芸術史）"は幼児～社会教育までの芸術教養を習得するナショナルプログラムで，空間・言語・生活・音・舞台・視覚の芸術を提示し，各段階で感性・美・多様性・普遍性を啓発する内容である[27]。

⑤ **オーストリア**：教育省から財政支援を受けた「対話プログラム」での芸術家と教師，生徒による共同作業が生徒の学習意欲と感情表現力に効果的であることが示された[28]。

⑥ **イギリス**：1981年から3年間の国家プロジェクト（CSAE）で開発されたクリティカル・スタディが評価されている[29]。クリティカルな思考や判断を育てる語彙を増やし，視覚言語を理解するスキルの習得を目指す鑑賞活動を

重視し，制作活動との一体化を目指す美術教育であり，成果も注目されている。

⑦　**イタリア**：芸術教育を軸に子どもの創造性を伸ばす幼児教育 “レッジョ・エミリア・アプローチ” の研究が注目される[30]。アメリカのハーバード・プロジェクト・ゼロ[31] との共同研究によるMLV理論（学びの可視化）

**図14－4　2010年英国ロンドンのヴィクトリア・アンド・アルバート博物館内でスケッチする生徒たち**
撮影者）天形健・山口喜雄

はドキュメンテーションを用いて学習を「可視化」する。

### 3）アメリカ

　2001年９月11日の同時多発テロ以降，ニューヨーク州等で教育予算が削減され多くの学校で美術が必修教科から外された。2014年，芸術のプロセス「創造する」「発表する」「応答する」「結びつける」とスキルに焦点を当てた新全米視覚芸術スタンダードが出版され，約1/3の州が採用または修正して導入し始めている[32]。イノベーションと経済成長を促進すると考えられているSTEAM教育の実践も盛んに取り組まれている。

### 4）ラテンアメリカ

　チリでは，2012年にカリキュラムにおける芸術教育の時間数の増加が決定した。芸術教育において動機付けや社会的・行動的スキルに関する評価も計画されている[33]。

### （2）美術教育の今日的課題～芸術効果の測定と検証～

　これまでの美術教育は，美術の視点から人間性を探究する過程であった。今後の人工知能（AI）の進展に伴い，美術教育の学びの効果を検証し，科学的に明らかにすることが求められている。冒頭でも触れたが，OECD教育研究革新センターは，学校のカリキュラムにおいて美術（視覚芸術）の存在意義を主張できる根拠を示した研究の必要性を指摘している。C・リッテルマイヤー（Christian Rittelmeyer, 1940- ）は，芸術体験によって創造性や柔軟な思考，空間認知能力，学問的遂行能力，情緒に関わる能力が促進することを証明できるのは転移効果研究しかないと述べる[34]。多くの人が芸術教育は社会に変革をもたらす力があると期待している[35]。学習効果の測定と検証を通して，図画工作科・美術科が汎用的能力の育成にどのように寄与するのかを示すことが課題である。

26) 畑山未央・結城孝雄「フィンランドの新カリキュラムにみる教育理念と美術教育と検討」日本美術教育研究 論 集No.50，pp. 51-62，2017

27) 結城孝雄：フランス「"Histoire des Arts" 芸術史」の普及活動について―国民教育省と文化情報省によるデジタル情報の提供と活用，美術教育学研究 第47号，pp.391-398，2015

28) 前掲書22)，p.34

29) 阿部靖子「美術教育におけるクリティカル・スタディについて」上越教育大学研究紀要，第25巻第2号，pp.427-441，2006

30) 佐藤学監修，ワタリウム美術館編集：驚くべき学びの世界―レッジョ・エミリアの幼児教育，東京カレンダー，2013

31) 池内慈朗：ハーバード・プロジェクト・ゼロの芸術認知理論とその実践，東信堂，2014

32) ロバート・セイボル特別講演資料：全米視覚芸術スタンダードの美術学習評価と礎石となるアセスメント・モデル，第56回大学美術教育学会広島大会，2017

33) 前掲書22)，p.34

34) C・リッテルマイヤー：芸術体験の転移効果　最新の科学が明らかにした人間形成の真実，東信堂，2015

35) 奥村高明：エグゼクティブが美術館に集う（「能力」を覚醒する美術鑑賞），光村図書出版，2015

36) 宮脇理監修，福田隆眞・茂木一司・福本謹一編集『美術科教育の基礎知識』建帛社，pp.10-11，1985

**発展的実践への手立て**　―美術教育研究を進める手立て―

　美術教育研究は教育実践，理論研究，製作活動，様々な立場で進めることができる。先達の文献精読とともに造形・美術教育研究大会や学会等への参加と発表を通して，多くの教師や研究者の意見から学ぶことが大切である。

### 表14－2　美術科教育の研究方法[36)]

| 各種美術教育研究団体 | 関係学会等 | 幼保小中高短大・大 | 民間教育団体 | 教材業者等 | 美術研究 |
|---|---|---|---|---|---|
| | InSEA.国際美術教育学会／日本教育方法学会／公益社団法人日本美術教育連合／美術科教育学会／大学美術教育学会／日本美術教育学会／日本カリキュラム学会　他 | 各都道府県別造形美術教育研究大会／全国中学校美術教育研究大会／西日本ブロック造形教育研究大会／各ブロック造形教育研究大会／全国造形教育連盟　他 | 創造美育協会／新しい絵の会／造形教育センター／日本色彩教育研究会／公益財団法人日本教育美術振興会／公益財団法人美育文化協会 | ぺんてる株式会社／株式会社サクラクレパス／新日本造形株式会社／株式会社美術出版社／日本色研事業株式会社 | 研究所（日本色彩研究所・桑沢教育研究所　等）／無所属・現代作家／公募展諸会派（日展・二科会・春陽会 等） |
| 美術館博物館 | 美術史からみた美術教育　美術教育からみた美術史　美術（作品）の鑑賞教育　教育普及活動　作家研究　東京国立博物館　奈良国立博物館　京都国立博物館　東京国立近代美術館　国立西洋美術館　国立新美術館　他 | | | | |
| テレビインターネット | NHK教育番組（図工・美術）　NHK・民放（美術特集）　NHK美術番組「日曜美術館」　美術教育関連Webサイト（教科書会社，中学校美術ネット，全造連 他） | | | | |
| 文献 | 学会誌『美術教育学研究』『美術教育学』『美術教育』『日本美術教育研究論集』『International journal of education through art』他 | 学習指導要領　図工・美術教科書（日文・光村・開隆堂）　各教師用指導書　造形・美術教育実践書『造形教育事典』『形 forme』『造形ジャーナル』　教科書会社Webマガジン　『美術の教室』『色彩教育』『教育美術』『美育文化ポケット』『ART EDUCATION』『Studies in Art Education』他 | | 芸術家による美術教育　新聞文化欄　美術新聞　美術雑誌『美術手帖』『美術フォーラム21』　他 | |
| 子ども作品 | 全国教育美術展　世界児童画展　未来の科学の夢絵画展　他 | 全国・地方・都道府県教育美術　市区町村・校内の作品展　図工・美術の授業作品 | | 公募のジュニア展　造形美術教室展　幼保子ども作品展 他 | |
| 学校種 | 大学（大学院・短大） | 幼・保・小・中・高・特別支援・専門学校 | | 一般 | |
| 研究の方向性 | 研究者：理論 | 教育者：授業実践　　学芸員：美術史 | | 美術家研究：制作 | |

## 1．世界的・社会的視野と図画工作

　本章においては，世界的・社会的な視野から図画工作教育のあり方を考えてみたい。なぜならば，かつてグローバル化の進展プロセスにおいて捉えられてきた現代社会は，そこからさらに加速度的に，文化的多元主義（cultural pluralism）に基づく"民族のサラダ・ボウル"化の中にあり，ある国の教育を自国の枠内のみで考えることが不自然になりつつあるからである[1]。無論それは単純に教育をグローバルに捉えることを指すのではなく，むしろ他国との比較においてローカルな自国の教育のあり方を真摯に捉え直す，いわば"グローカル"な営みである。さらに重要なのは，そうした世界的な視野だけでなく，日々子どもが学んでいる学校が，地域や社会などといった外部とのかかわりなくしては成立し得ないことを自覚すること—すなわちイリイチの言う「学校化（schooled）」を克服する意思において，学校と社会とのかかわりを，教育現場の視野から考えていくこと—である[2]。この重要性は，くしくも2017（平成29）年に告示された学習指導要領において，「社会に開かれた教育課程」という考え方が，改訂の大きな命題の一つに掲げられていることからも確認することができる[3]。

　以上のことから，本章ではまず，大きく〈欧米〉，〈アジア〉に分け，前者では〈アメリカ〉，〈イギリス〉，〈ドイツ〉，〈フィンランド〉を，後者では〈中国〉，〈韓国〉，〈台湾〉，〈ブータン王国〉をあげて，それぞれの国で行われている学校教育，さらには美術教育を概観し，日本のそれとの比較を通して，図画工作教育に対して得られる示唆について考えてみたい[*1]。次に「社会に開かれた教育課程」の考え方に基づき，社会とのかかわりを志向する図画工作教育のあり方について構想し，その実践の視点を提示したい。

## 2．世界の図画工作カリキュラムと実践[*2]

### （1）欧米の美術教育

#### 1）アメリカ

① **学校制度の概要**：アメリカ合衆国（以下「アメリカ」）の学校制度は，初等・中等教育を合せて12年間で，義務教育は9〜10年が多い。全米共通の制度はなく，各州において教育課程の大綱が決定され，さらに細かい学区ごとに実施の裁量が委ねられている。

1）越智道雄：エスニックアメリカ —民族のサラダ・ボウル，文化多元主義の国から—，明石書店，1995

2）イヴァン・イリイチ：脱学校の社会，東京創元社，1977

3）初等中等教育分科会教育課程部会「次期学習指導要領 領等に向けたこれまでの審議のまとめ」http://www.mext.go.jp/b_menu/shingi/chukyo/chukyo3/004/gaiyou/1377051.htm（2017.8.10参照）

＊1　本章では，初等・中等教育における美術教育を総称して「美術教育」と表記し，日本の初等教育における美術教育を「図画工作教育」と表記する。

＊2　本節をまとめるにあたっては，主に以下の文献を参考にした。国立教育政策研究所編：図画工作・美術のカリキュラムの改善に関する研究 —諸外国

の動向－，教科等の構成と開発に関する調査研究 研究成果報告書（16），2003

花篤實監修：美術教育の課題と展望，建帛社，2000

福田隆眞，福本建一，茂木一司編：美術科教育の基礎知識，建帛社，2015

大泉義一：ブータン王国の造形教育，美術教育学研究48（1），2016，pp.97-104

文部科学省：諸外国の初等中等教育，明石書店，2016

池内麻依子，福田隆眞：フィンランドの美術教育とデザインについて，山口大学教育学部研究論叢，第3部，2015

佐々木宰：フィンランドにおける美術・デザイン教育，北海道教育大学紀要，教育科学編59（1），2008

**図15－1　アメリカ，シカゴ美術館での授業風景**

*13 Discipline-Based Art Education：学問分野に基づいた美術教育

② **芸術教育に関するスタンダード**：日本の美術教育に大きな影響を与えてきているアメリカの美術教育においては，芸術教育に関するスタンダード（以下「全米基準」）が存在する。そこには芸術教育を通して子どもが目指すべき学びの方向性として，以下の7点が掲げられている。

> 1　過去と現在の人間の経験を理解すること。
> 2　適応することや他人の考え方・行い方・自己表現に敬意をはらうことを学習すること。
> 3　問題解決の芸術的な様式を学習すること。それは，人間のあるゆる状況に対して，表現したり，分析したり，展開したりするための道具となる。
> 4　芸術の影響力を理解すること。例えば，文化を創造し含味するその力，日常生活で使うデザインの力強さ，芸術世界の広い構想や行動を伴いながら互いに支え合う活動において理解すること。
> 5　基準による答えがない場合でも，決断をすること。
> 6　非言語コミュニケーションを分析し，文化財や文化問題に関して見識のある判断を下すこと。
> 7　自分の考えや感情を，さまざまな方法で伝えること。それが自己表現のより強力なレパートリーをもつことになる。

さらにその基準は，「内容基準」と「達成基準」の二つから構成される。内容基準は，六つの「美術教科において，生徒が知らなければならないこと，できなければならないこと」に分けられ，達成基準は「幼稚園～4年」「5～8学年」「8～12学年」の3段階に分けられ，各段階別にその内容が示されている。なお，内容基準は「領域」に，達成基準は「系統性」に相当する。

③ **カリフォルニア州における内容構成**：以上の全米基準をもとにして，各州において具体的な内容構成が設定されているが，ここではカリフォルニア州の事例を紹介する。

州の基準となる枠組みとして，四つの大きな要素（「美術的な知覚」「創造的表現」「歴史的・文化的な状況」「美的な価値付け」）と，各要素をさらに細分化した八つの目標が示されている。四つの要素は，1980年代に誕生した美術教育の方法論であるDBAE*13のディシプリン，すなわち「制作」「美術批評」「美術史」「美学」に対して，順に〈美術的な知覚＝美術批評初歩〉，〈創造的表現＝制作〉，〈歴史的文化的な状況＝美術史〉，〈美的な価値付け＝美術批評・美学〉として対応している。

## 2）イギリス

① **学校制度の概要**：イギリス（ここではイングランドに限定する）の義務教育は5歳から16歳までの11年間であり，そのうち初等教育に相当する期間（初等学校）が5歳から11歳までの6年間，次いで前期中等教育に相当するのは義務教育段階のうち，11歳から16歳までの5年間（中等学校），さらに義務教育後の2年間が後期中等教育に相当する。イギリスの学校には，公費の補助を受けて運営される大多数の初等・中等学校と，パブリック・スクー

ルのような公費を受けない独立学校とが存在し，前者には国が定めるナショナル・カリキュラムの適用が義務付けられている。

② **美術教育のナショナル・カリキュラム**：1992年に導入されたナショナル・カリキュラムにおける教科名は「美術」（Art）であり，そこでは「美術（Art）」とは「一貫して，美術，工芸，デザイン（Art, Craft, Design）を意味すると解釈しなくてはならない」と規定されていた。1999年の改訂では，教科名は「美術・デザイン（Art and Design）」となり，「美術・デザインは工芸を含む」と更新されている。「美術・デザイン」は，キー・ステージ1から3（第1～9学年，5歳から14歳）において必修教科である。授業時数の配当は原則的に示されておらず，各学校の裁量に任されている。必修の年齢段階では，それぞれのキー・ステージに対応した学習プログラムが示されており，公費補助により運営される義務教育初等・中等学校の在籍者は，この規準による教育課程のもとで，「美術・デザイン」を学習する。キー・ステージ4以降では，「美術・デザイン」は選択教科となる。学習の内容として法的拘束力を持つのは，「学習プログラム」として示されている項目群である。それは，「知識，技能，理解」と「学習の範囲」という二つの項目に区分される。前者の項目においては，美術やデザイン，工芸などの領域や分野による区分は見られず，それらは一体化して扱われている。後者の項目は，前者の学習内容の範囲を，実技制作の出発点，学習形態，材料や方法，調査学習の対象とする文化との観点からまとめられている。

図15-2　イギリス，ローハンプトン大学での授業風景

## 3）ド イ ツ

① **学校制度の概要**：ドイツは，16の州からなる連邦国家である。したがって，州を単位とした行政が行われており，教育制度も各州によって違いがある。すなわち，各州で教育を所管する教育担当省を置き，独自の教育関係法令を制定し，教育行政を行っている。ただし，州を越えた移動により，子ども及び家庭が不利益を被ることがないように，各州の教育担当大臣で構成される各州文部大臣会議（KMK）が各州の教育制度や政策を調整し，連邦全体としての統一性の維持に努めている。

　義務教育の期間は，ノルトライン・ヴェストファーレン州，ブレーメン市，ベルリン市などは10年，それ以外で9年となっている州もある。我が国の初等学校にあたるものは，基礎学校（第1～4学年）からなり，初等学校5～6学年は，中等学校における前期中等教育（第5，6学年）からなる。ベルリン市，ブランデンブルク州では，基礎学校は，1～6学年である。中等学校は，ハウプトシューレ，実科学校，ギムナジウムによって構成される。

② **美術教育のカリキュラム（ハンブルク州を例として）**：ここでは，1970年代以降，芸術学者グンター・オットーによる美術教授学に基づいたハンブルク州を例にあげる。小学校での教科名は「造形美術（Bildende Kunst）」であり，その目標は「知覚することや造形することを通して，自分自身の世界に対してアクセスする」ことが掲げられている。授業では，子どもたちが自

ら様々な実験的な試みを行うことに対して許容的であるべきとされるとともに，美術文化に対する理解や感受性を養うことも促される。また自他の作品を言葉で語る能力の育成も求められると同時に，鑑賞は表現プロセスに埋め込まれて指導されるものとされている。中学校は，日本の小学校高学年から中学校までに該当する。その目標には「美的・感覚的な行為や思考を通して感性的に伝達可能な認識諸能力を発達させる」ことにあるとされ，その対象は，造形芸術のみならず，日用品や日常生活における視覚情報も含んでいる。さらに文化や社会に対して積極的に関わっていこうとする姿勢を重視し，メディアやコンピュータなどを含めたプロジェクトとして授業が展開されていくことも期待されている。

### 4）フィンランド

図15−3　フィンランド，ヘルシンキ大学小学校の授業風景

① **学校制度の概要**：フィンランドには，ナショナル・コア・カリキュラムが位置付いているが，拘束力は強くなく，教師が授業を行う際のガイドラインとしての役割を果たしている。義務教育は，7歳から16歳までの9年間であり，その後の「付加教育」とよばれるクラスも含まれる。さらに近年では「エシコウル」もしくは「エスカリ」とよばれる就学前教育も義務教育の中に含まれることとなった。初等教育および前期中等教育からなる基礎学校（ペルスコウル）では，9年間の一貫教育が行われる傾向が強まっている。後期中等教育は，「ルキオ」とよばれる普通教育機関と職業学校から構成され，2〜4年間程度で修了する単位制を採用している。

② **美術教育のナショナル・コア・カリキュラム**：ここでは，基礎教育における美術教育を概観する。基礎教育における美術教育は，1学年から9学年までの全学年に「視覚芸術（Visual Arts）」と「工芸（Crafts）」が位置付いている。これらの教科の目標や内容は，上述したナショナル・コア・カリキュラムによって規定されている。その目的とは「生徒の視覚的思考，美的・倫理的な意識を発展させ，視覚表現ができるようにすること」「社会における視覚文化の現れを理解すること」「フィンランド文化，生徒自身の文化，外国からの文化における視覚文化を鑑賞したり理解したりするための基礎を形成する」という記述からも確認することができる。主な内容は，「視覚芸術」においては，「視覚的表現と思考」「美術の知識と文化的専門知識」「環境美学，建築，デザイン」「メディアと視覚的コミュニケーション」といった柱がある。一方，「工芸」においては，第1から第4学年の段階では，「テキスタイルや技術的な作業に関する基礎的な素材，道具，技術」「生徒の地域社会における伝統的・現代的な工芸製品，道具，素材」「素材や製品の手入れや補修，リサイクルや再利用」などが示されている。第5から第9学年では，「工芸指導の一般的内容」「技術的な作業」「テキスタイル」が示されている。

### （2）アジアの美術教育

#### 1）中　国

① **学校制度の概要**：中華人民共和国（以下，中国）は，1999年に素質教育という教育改革（「素質教育を前面に進める教育改革」）をもとに教育課程が改訂された。その改革とは，国民の資質向上のために創造精神と能力を育成し，全面的に発展する人間の育成を目的とし，そのことを義務教育である小中学校9年間（6 - 3制）の一貫教育を通して実現しようとするものである。

② **「美術課程標準」について**：美術教育においては，2001年に「美術課程標準」が示され，初等・中等教育を一貫して，理念，目標，そして内容が示されている。その基本理念は，以下の五つである。

図15 - 4　中国，上海の小学校の授業風景

> 1　基本的美術の素質を形成する
> 2　美術の興味を奨励する
> 3　広範な文化的背景を知る
> 4　創造的精神と問題解決能力の育成
> 5　発展と促進のための評価

このように「美術課程標準」は，社会主義体制の堅持とともに，個人の素質や創造性の育成を目指すものである。そしてこの理念を実践するために，造形美術教育の内容が，以下の四つの分野として示されている。

「造形・表現」，「設計・応用」，「鑑賞・評論」，「総合・探索」

これら分野に基づく内容が，小学校では2学年ずつまとめて「第1, 2, 3段階」とし，中学校は3学年をまとめて「第4段階」として示されている。

③ **教科書に見られる内容構成等の特色**：上記の「美術課程標準」に基づいて教科書が出版され，具体的な学習内容が示されている。その内容構成の特色としてあげられる事項は以下の通りである。

・伝統的美術文化に関連する教材が全学年に配置されている。
・国家，民族を超えた一般的な教材が取り上げられている。
・現代社会や子どもの生活に関連する教材が設定されている。
・一般的な発達の段階に即した技法による表現教材が設定されている。
・造形要素や視覚言語による技法習得を重視している。

#### 2）韓　国

① **学校制度の概要**：教育制度は，基本的には我が国とほぼ同様である。すなわち，日本の文部科学省に相当する「教育人的資源部」が，九つの道（京畿道，江原道，忠清北道，忠清南道，慶尚北道，慶尚南道，全羅北道，全羅南道，済州道）の学校教育を統括している。各道には，日本の都道府県の教育委員会に相当する「教育庁」があり，それぞれの学校を管轄している。教育制度も日本とほぼ同様であり，小学校6年制，中学校3年制，高等学校3年制である。学期制は，前・後期の二期制をとっている。

② **美術教育のナショナル・カリキュラム**：小学校1, 2年生では，音楽，体

育，美術を中心とした「楽しい生活」として位置付いており，小学校第3学年以上では「美術」という教科名で位置付けられている。「楽しい生活」は，様々な楽しい活動を提供し，児童の基本的活動欲求を充足し，自律的で創意的な遊びと，表現活動，鑑賞活動ができる能力と態度を育成する総合教科である。その領域は「遊びと表現」「鑑賞」「理解」となっている。「美術」科は，感性と思いを視覚的造形言語を通して創造，発展させていく芸術の一つの領域」としての美術に基づく教科である。それは「美的体験」「表現」「鑑賞」の三つの領域に分けられており，それぞれの活動を通して創造的に表現し，美術文化を理解し，それを継承・発展させることのできる全人的育成を目指している。ちなみに「美的体験」とは，生活の中で美的感受性や美意識に関する体験を拡大し，美的文化への積極的参画の態度を養うとともに，美的判断力や批評力を育成することを主眼とするものである。

### 3）台　湾

① **学校制度の概要**：台湾の教育は，中央集権体制の下で全土において統一した制度をとってきている。学校制度は，小学校（國民小學校），中学校（國民中學校），高校（高級中學校）と6－3－3制であり，義務教育は6歳からの9年間である。新学期のスタートは9月からであり，二期制を採用している。義務教育は，日本の小・中学校に該当する「国民小学」（第1～第6学年），「国民中学」（第7～第9学年）の9年間である。

**図15－5　台北市での第33回世界児童画展審査風景**

出典）国立台湾芸術教育館・中華民国児童美術教育学会編：中華民国第33回世界児童画展専集，2002，p.19

　　教育課程の基準は，国（教育部）が教育目標や課程編成を規定する「課程標準総綱」によって示される。しかし，1997年以降の教育改革では教育課程の弾力化，教科の統合化に焦点があてられ，2000年に公布された「小中学校九年一貫課程綱要」においては，「課程標準」が「課程綱要」に改称され，標準（standard）から大綱（guideline）へとカリキュラムの性格の変化が図られ，教育課程編成は，教師，学校，地域の教育委員会に委ねることになった。さらに義務教育9年間の一貫教育の推進と教科の統合が図られた。

② **美術教育のナショナル・カリキュラム**：上述した教科の統合により，「学習領域」として，第3学年以降に「芸術と人文」が位置付けられた（第1・2学年では，「社会」並びに「自然と生活科学」とともに「生活」に統合されている）。この「芸術と人文」は，視覚芸術，音楽，演劇の三つの学習を包括したものであり，さらに目標としては，「探究と創作」，「審美と思弁」，「文化と理解」という三つが目指されている。このことからもわかるように，美術と音楽の合科的な扱いがなされている教科書の教材や，教科担任の教員同士の連携を図った実践も見られる。ただしそれぞれ単独に行われていることも多い。以上のように，第3学年以上の教育課程には，「芸術と人文」が，七つの学習領域の一つとして明記されており必修となっているが，「芸術と人文」に含まれる「視覚芸術」の必修・選択は，各学校に委ねられている。

### 4）ブータン王国

① **GNHという考え方について**：ヒマラヤの麓に位置するブータンの名を世

界に知らしめたのは，「GNH（Gross National Happiness）」であり，和訳すると「国民総幸福量」となる。これは，当時の国王が，1976年に開催された非同盟諸国会議において "GNH is far more important than GNP.（GNHはGNPよりも重要である）" と発言したことから生まれた概念である。GNP（国民総生産（Gross National Product））が国の豊かさを数値化して示すのとは異なり，GNHは国民の幸福度を示す尺度であり，経済的豊かさを中心にした物質社会への警鐘を鳴らす概念として注目されたのである。

② **学校制度の概要**：ブータン王国では，そのGNHの重要な柱の一つとして，教育制度の拡充を国の最優先政策として掲げている。一部の私学を除き，授業料，教科書，文具，宿舎，制服，交通費，スポーツ用品，医療費などはすべて無償である。学校制度は，6－2－2－2制であり，まず6歳が学齢下限となっている就学前教育（Class PP）が1年間位置付いている。初等教育は7歳からの6年間，中等教育は2年制の前期中等学校，2年制の後期中等学校であり，ここまでが基礎教育レベルとして考えられている。

図15－6　ブータンの小学校の授業風景

　教育課程は，2012年時点においては，全学年を通じて英語とゾンカ語，数学とモラル教育の4教科が必修科目であり，他に学年に応じて理科，物理，化学，生物，コンピュータ，環境教育，社会科，歴史，地理，経済の教科が位置付けられる。音楽，体育，図画工作（造形），社会奉仕などの教科は，この時点ではまだ初等中等教育を通じて学校の裁量で扱われるものであった。

③ **新教科 "Arts" について**：現在，美術教育は必修科目 "Arts" として位置付いている。2009年5月にマスター・プランとしてのカリキュラム編さんがなされ，2013年度より試行実施されるに至っている。また同時に教科書も編さん・出版されつつある。

図15－7　Artsの教科書

　"Arts" カリキュラムのマスター・プラン（Arts Curriculum Framework）について，ここでは，Class PP.からClass Ⅳまでを含めた初等教育のプランを紹介する。初等教育における "Arts" の教科目標は，教科内容を束ねている以下四つの "Strands" が該当する。すなわち「1. Perception（認識）」「2. Creative Expression（創造的表現）」「3. History and Culture（歴史と文化）」「4. Response and Evaluation（反応（感応）と評価）」である。これらは，教科の目標概念であると同時にその内容を構成するScopeとしても機能し，それに基づく内容構成は，学年ごとの "Standards" として提示されている。さらにそこから，下記の "Core topics" が初等教育を一貫する内容項目として導出されている。

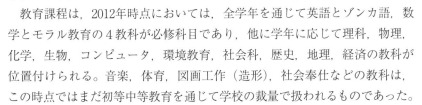

1. Drawing（描画），2. Coloring（色彩），3. Paper Craft（紙工作），
4. Modeling（立体），5. Collage（コラージュ），6. Painting（絵画），
7. Printing（版画），8. Book Binding（装丁），9. Clay Work（粘土），
10. Knitting and Embroidery（編物と刺繍），11. Calligraphy（書）

### （3）国際比較からとらえる日本の図画工作教育

　これまで概観してきた各国と，日本の美術教育のありようとの比較からは，図画工作教育に対する示唆として以下の事項を見出すことができる。国際比較の観点から見えてくるこれらの事項をふまえて図画工作教育を展望していくことは，今後ますます重要になると思われる。

#### 1）ナショナル・カリキュラムと現場実践の関係

　アメリカの美術教育をめぐる状況から示唆されることは，ナショナル・カリキュラムと個々の教育現場において実践されるカリキュラムとの関係である。日本のナショナル・カリキュラムに該当する学習指導要領は大綱的な内容であり，実際には現場の裁量に多くが委ねられている。こうしたことから，より重要なのは，ナショナル・カリキュラムと現場実践を"つなぐ"方途を構想していくことであるといえる。それこそが，まさしく教師に求められる力量なのである。

#### 2）初等・中等教育に一貫した系統性

　多くの国がそうであるように，初等・中等教育を超えた教科の一貫性を志向していく必要がある。そうした意味において，平成20年版の改訂以降，学習指導要領に図画工作・美術科に共通して「共通事項」が位置付けられたことや，平成29年版改訂においては双方に共通の学力構造の視点から育成すべき資質・能力の整理が図られたことは重要である。

#### 3）伝統の継承と創造性の育成

　各国には，特有の文化，伝統が位置付いている。それらを尊重し継承する意思を，美術の視点から子どもに育成していくことは重要である。しかしながら同時に，そうした意思と，一人一人の子どもが未来に向けて新たな意味や価値をつくりだしていく創造性とがどのように関係付けられるのか，具体的な検討が必要であろう。

#### 4）同時代的な内容構成の検討

　現代においては，美術・デザインをめぐる状況は急激な変化の中にある。そうした中で，図画工作教育でどのような内容を扱っていくべきなのか，恒常的に検討を行っていく必要がある。

## 3．社会に開かれた教育課程と図画工作

### （1）社会に開かれた教育課程とは

#### 1）これから求められる資質・能力と教育課程

　平成29年版学習指導要領においては，「アクティブ・ラーニングの視点からの授業改善」，「カリキュラム・マネジメント」など，いくつもの命題が浮上してきているが，それらの根本理念として「社会に開かれた教育課程」の実現が求められている。子どもたちが変化の激しい社会を生きるために必要な資質・能力の育成に向け，社会との連携・協働を重視しながら学校の特色づくりを図っていくこ

と，現実の社会との関わりの中で豊かな学びを実現していくことが必要とされているのである。そしてそのためには，学校教育の中核となる教育課程全体を通して，各教科等における学習と社会とのつながりについて，あらためて考える必要がある。

　また，上述した学校教育の動向と連動し，図画工作・美術科の学習指導要領改訂の具体的方向性を検討する教育課程部会・芸術ワーキンググループにおいては，児童生徒が図画工作・美術科の学習活動において「生活や社会と豊かに関わる態度を育成する」ことが課題として提示されている[4]。

### 2）「社会に開かれた」のもつ意味

　このように要請されている「社会に開かれた教育課程」という考え方における「社会に開かれた」とは，いったいどのようなことを指すのであろうか。吉冨芳正は，「社会に開かれた教育課程」の成立条件として，以下の三つをあげている[5]。

---

① 教育課程を社会に開く主体である学校の教職員が意識を開くこと
② 学校の教育目標を明確化し教育課程を構造的，体系的に編成すること
③ 子どもの学びを中心に諸要素を「つなげる」カリキュラム・マネジメントを行うこと

---

　①は，教育にあたる教職員の意識の問題であり，②はその意識をもとに，学校全体の教育課程を編成する活動であり，③は具体的なカリキュラム編成作業である。③の作業には，以下の三つが考えられるとしている。

- ・子どもの学びに着目して各教科内，または教科間で複数の活動をつなげる
- ・子どもの学校での学びと，学校外での経験や実社会，世界の動き等とをつなげる
- ・就学前の経験と学校教育，学年間，学校段階間，学校教育と卒業後の人生をつなげる

### 3）「教育課程」と「カリキュラム」

　吉冨のいう三つの条件は，これまでとはまったく異なる新しい考え方というわけではなく，これまでも真摯に実践化が目指されてきたカリキュラム構成原理である。実際に図画工作教育においても，すでに実践として取り組まれているものでもある。

　しかしながら，ここで留意しておきたいことは，近年においては「教育課程」と「カリキュラム」という言葉の持つ意味が異なってきているということである。「教育課程」とは一般的に「学習指導要領に基づいて個々の学校が編成する全領域，全学年分の教育計画」であり，さらに学年，教科等で細かく計画化されたものは「指導計画」とよばれる[6]。これらいずれも“事前の計画”としての意味合いが強いことがわかる。対して「カリキュラム（curriculum）」とは，佐藤学によれば「計画としてはゆるやかな未完のシナリオのような手段であり，むしろ，教師と子どもが教材の価値と意味を発見し合い交流し合う活動の所産として生成される，創造的な教育的経験の組織」である。ここからわかるように，“計画”

4）初等中等教育分科会教育課程部会芸術ワーキンググループ：芸術ワーキンググループにおける審議の取りまとめ，http://www.mext.go.jp/b_menu/shingi/chukyo/chukyo3/069/sonota/1377096.htm（2017.8.10参照）

5）吉冨芳正：『社会に開かれた教育課程』の意義と条件，新教育課程ライブラリvol.11，ぎょうせい，2016，p.21

6）グループ・ディダクティカ編：学びのためのカリキュラム論，勁草書房，2000，pp.2-3

7）佐藤学：カリキュラムの批評，世織書房，1996，p.31

という意味と同時に，結果としての学びそのものの総体，あるいは進行中の学習経験を指しているのである[7]。

「社会に開かれた教育課程」について考えるとき，こうした，「教育課程」と「カリキュラム」の実践上の意味の相違に留意する必要がある。

### 4）真正な「社会に開かれたカリキュラム」に向けて

8）安彦忠彦：カリキュラム論からみる『社会に開かれた教育課程』，新教育課程ライブラリvol.11，2016，pp.54-57

安彦忠彦は，「社会に開かれた教育課程」をカリキュラム論から検討している[8]。まず安彦は，「社会に開かれた教育課程」を実現するための要点は，次の三つにあると指摘する。

> ① 社会と目標を共有すること
> ② 社会の要請に応える資質・能力を育てること
> ③ 一般社会の教育資源の活用や社会教育との連携を図ること

その上で，①，そして③においては，公権力としての国や地方自治体の行政府が行う公教育と，私人としての一般市民や保護者，企業家が行う私教育との区別が曖昧になる危険性が存在することを指摘している。さらに，②においては，国が"直接的に"学校に対して"社会に役立つ人材"の養成を要請することにつながり，結果としてそこには「学習者の視点」が欠如すること，すなわち先述したような実践的な「カリキュラム」としての捉え方が弱体化する危険性が存在することを指摘している。

この安彦の警鐘をふまえるならば，子どもの学びのための真正な「社会に開かれた教育課程」を構想するためには，「子ども＝学習の主体」の視点からの構想が求められよう。

9）Peter London, *Step Out-Side : Community-Based Art Education*, Heinemann, 1994

### （2）社会に開かれた図画工作教育のあり方

#### 1）アメリカの美術教育の動向

海外に目を転じてみると，日本の美術教育に大きな影響を与えてきたアメリカの美術教育においては，1980年代には美術の持つ学問・文化体系を重視した系統的学習としてDBAE（Discipline-Based Art Education）が積極的に取り組まれたものの，1990年代以降においては，教室中心のアカデミズムから脱却し，地域・社会との連携・協働における美術活動を通して，その成果を社会還元していこうとするCBAE（Community-based Art Education）の動きが活発に認められるようになってきている[9]。

#### 2）図画工作・美術科の課題と教育課程

10）国立教育政策研究所：小学校学習指導要領実施状況調査 教科別分析と改善点等 図画工作，2012，https://www.nier.go.jp/kaihatsu/shido_h24/06.pdf（2017.8.10参照）

日本においては，平成24年度学習指導要領実施状況調査（小学校 図画工作）における全国児童質問紙調査では，「『図画工作の学習をすれば，ふだんの生活や社会に出て役立つ』という質問に対して，肯定的な回答をした児童の割合は，60.0％であり，前回調査（平成16年度）と比べて肯定的な回答をした児童の割合が10％以上高くなっている。（一部要約）」という結果が報告されている[10]。また，そうした調査結果をふまえた「指導上の改善点」として，鑑賞の対象として示さ

れている「暮らしの中の作品」については，「暮らしの中のものや造形として広く捉え，児童が自分の暮らしと関連付け，生活を豊かにすることに関心をもつことができるよう，鑑賞の方法を工夫することが重要である。」とされている。こうした動向からは，学校教育で行われている図画工作科の学習と「子どもの生活」とを結びつける教育実践が求められていることがわかる。また，デザイン教育に関する研究においては，「スタイリング」や「装飾」としてではなく，子どもが「生活や社会と豊かに関わる」ために必要な能力としての「デザイン」の意味が浮上している[11]。しかしながら，「生活や社会と豊かに関わる態度」を育成するための学習活動とは，そうした「デザイン」や「工作・工芸」といった特定の分野に限定されるものではなく，昨今においてはアートプロジェクトなど，美術自体が地域との関わりにおいて意義付けられるようになってきていることからも，図画工作科の学習活動全般において検討される必要がある。

11）大泉義一：子どものデザイン－その原理と実践，日本文教出版，2017

### （3）図画工作科における社会に開かれた教育課程とその実践

　以上の「社会に開かれた教育課程」に関する考察をふまえ，図画工作教育においてその実践化を行うために必要な視点として「教育課程論的視点」「子ども論的視点」「教育内容論的視点」「教育方法・学習過程論的視点」を提示する。

#### 1）教育課程論的視点

　この視点は，先掲した吉冨の「子どもの学びを中心に諸要素を『つなげる』カリキュラム・マネジメント」が該当する。以下，それら三つの要件に沿って図画工作科の実践について考える。

① 子どもの学びに着目して各教科内又は教科間で複数の活動をつなげる

　　この視点は，教育内容の横断に対するマネジメントの視点である。例えば，第2学年の国語で扱われる単元『かさじぞう』の学習活動と，図画工作の「絵に表す」活動とを関連させることが考えられる。現にこうした工夫は，図画工作の教科書題材でも認められるものである。

② 子どもの学校での学びと学校外での経験や実社会，世界の動き等とをつなげる

　　これは，学校内外を「つなげる」マネジメントの視点である。例えば，平成29年版学習指導要領（図画工作）でも示されているように「学校や地域の実態に応じて，校外に児童の作品を展示する機会を設ける」ことが考えられる。また工作の活動で，子どもが製作したものを実際に使ってみる機会を設定することも推奨されよう。

③ 就学前の経験と学校教育，学年間，学校段階間，学校教育と卒業後の人生をつなげる

　　一貫教育等の取り組みにおいて，すでに様々に実践されている視点であるが，さらに小学校図画工作と中学校美術やその後の人生との「つながり」を意識したカリキュラム・マネジメントが求められる。その「つながり」とは，教育内容の「つながり」のみならず，表現主題の「つながり」としても実現

可能である。例えば，自分の10年後を立体で表す題材は，子どもの"今"と"小学校卒業後の人生"とを「つなげる」表現の活動として，その意味を捉え直すことができる。

### 2）子ども論的視点

安彦が指摘した「カリキュラム」と「教育課程」の意味の相違を克服するためには，子どもと社会の関係をどのように捉えるか，その自覚が学校や教師に必要となる。学校において子どもたちは，社会について，例えば教科の学習（教科書等のメディア）を通して，「神の眼から一望したように」とらえることが促される。たとえ緻密に学習したとしても，その社会の想像のしかたは全体的であり，その境界線ははっきりしたものであるかわりに，自身の身体性に訴えかけるものは少なく，実感する機会は限られている。それに対して，子どもたちが生活している学級教室や家庭における顔の見える人々との関係性は，やがては学級風土や家庭の雰囲気を形成するものとなる。そこでは，子どもたちは実感を伴いながら生きている。このような子どもと社会の関係について，平成29年版学習指導要領では「楽しく豊かな生活とは…（中略）…図画工作科における児童の学習活動を始めとして，学校生活，家庭生活，社会生活へと広がりをもつものであり，そのような社会では，一人一人の児童が楽しさや豊かさの実感をもって生きていくことができる。」と解説がなされている[12]。

12）文部科学省：学習指導要領解説 図画工作編，2017，p.16

### 3）教育内容論的視点

図画工作科の教育内容を「社会に開かれた」ものにするための方策として，ここでは「工作に表す活動における"参画経験"」と「"プロジェクト"としての高学年の造形遊び」について触れておきたい。

#### ①　工作に表す活動における"参画経験"

実際の生活場面（学校行事等）や社会的課題（製作の条件等）との関連を設定することや，その学習過程に問題発見過程（なぜ，それを製作するのか，といった着想）を含めること，製作した作品を自分たちの生活や家庭，異学年との交流場面等において活用してみた効果検証を行うことなどが考えられる。子どもたちの学習活動と実生活とを結び付ける体験をマネジメントすることにより，学習の効力感を味わわせることができる。

#### ②　"プロジェクト"としての高学年の造形遊び

平成29年版学習指導要領では，高学年の造形遊びの対象として「材料や場所」に「空間」が加えられ，そこで「どのように活動するかについて考える」ことが求められている[*4]。例えば，校庭にある遊具とスズランテープで行う造形遊びの活動は，子どもたちの日常生活の舞台である学校という「空間」を変容させるプロジェクトとして捉えることができる。その遊具は他学年の子どもも使うし，活動の様子は学校内外の人々（教職員，地域の人たちなど）の目に触れるものである。こうした意味において，高学年の造形遊びは，学校経営（カリキュラム・マネジメント）の観点も含めたデザイン・プロジェクトであるという見方もできる。

*4　以下を参照（下線は筆者による）。
小学校図画工作　第5・6学年　Ａ表現
表現の活動を通して，発想や構想に関する次の事項を身に付けることができるよう指導する。
ア　造形遊びをする活動を通して，材料や場所，空間などの特徴を基に造形的な活動を思い付くことや，構成したり周囲の様子を考え合わせたりしながら，どのように活動するかについて考えること。

#### 4）教育方法・学習過程論的視点

　表15−1は，従来の図画工作科の授業に典型的に見られた学習過程を示したものである。対して，表15−2は，その学習過程を「社会に開かれた教育課程」の観点から捉え直したものである。すると，いくつかの可能性を見出すことができる。

　例えば，授業前の題材研究（事前）において，地域における材料や主題となるモチーフ等の検討において，学校内外の拡張の可能性を検討することが考えられる。さらに図画工作科の学習が，材料や用具といったモノと関わる学習であることから，表現の題材における授業のはじまり（事中）において，子どもたちが使おうとしている材料や用具が，どこで，どのようにつくられたり発明されたりしたものなのかを捉えさせることも考えられる。そして授業後（事後）においては，子どもが製作した作品を，どこに，どのように展示するのか，誰に見てもらいたいのか，誰に使ってもらいたいのか，という事項を学習の範囲に含めて構想することが考えられる。

**表15−1　従来の学習過程**

| 学習過程 | | | |
|---|---|---|---|
| | 事　前 | 事　中 | 事　後 |
| 子ども | 材料・用具の準備 | 学習活動 | 振り返り（自己評価）<br>片付け<br>作品の持ち帰り |
| 教　師 | 題材研究<br>材料・用具の準備<br>環境設定 | 材料・用具に関する指導<br>学習指導 | 評価<br>片付け<br>作品の保管<br>作品の展示 |

**表15−2「社会に開かれた教育課程」を踏まえた学習過程の捉え直し**

| 学習過程 | | | |
|---|---|---|---|
| | 事　前 | 事　中 | 事　後 |
| 子ども | 主題に向けた材料・用具の準備（家庭と目標の共有）<br>通信等での情報共有 | 学習活動<br>協働的・社会的問題解決プロセス | 振り返り（自己評価と他者評価）<br>片付け<br>作品の持ち帰り<br>効果・効力の検証 |
| 教　師 | 題材研究（学校外への拡張の可能性検討）<br>材料・用具の準備（学校内外への協力要請）<br>環境設定（関係性生起の可能性検討）<br>学校内外の人材，組織との関係マネジメント | 材料・用具の社会的・文化的意味の共有<br>材料・用具に関する指導<br>学習指導<br>生起する関係性の検討と促進 | 学習評価<br>社会的評価のマネジメント（他者，学外）<br>片付け（ESDの視点）<br>作品の保管（展示と同義）<br>作品の展示（学校内外，家庭，地域） |

**発展的実践への手立て**　　国際調査に向けての準備

　国際調査に赴くにあたり，その成否は事前の準備が重要なカギとなる。ここでは，一般的にいわれている事項の他に，いくつかのポイントをあげる。

●体調管理

　当たり前のことだが，体調がすぐれなければ，よい調査はできない。とりわけ，海外へ赴く際には気候の変化もあるため，出発前より体調管理を心がけたい。

●本質的な回答を導く質問を用意

　訪問先でのインタビューにおいては，充実した調査結果の導出のためにも，先方からより本質的な回答を得るためにも，よい質問を用意しておくことが必要である。事前に入念に検討して準備しておく。

●多様な記録

　現在においては，記述の他に多様な記録方法が可能である。例えば，タブレットPCを活用すれば，「手書きメモ」，「音声記録」，「映像記録」，「スケッチ」等のデータを一括管理することができる。

●訪問先へのお土産

　よく考えられるのは日本の伝統文化に関するものであるが，筆者の経験では，ブータン王国においては日本製の防寒下着が喜ばれたり，フィンランドにおいては日本の漫画が喜ばれたりすることもあった。訪問先に応じた検討も大切である。

●事後のお礼・フォロー

　倫理的にも，今後の研究の発展のためにも，事後の振る舞いは非常に大切である。誠実に対応したい。

# 第7節　図画工作

第1　目　標

　表現及び鑑賞の活動を通して，造形的な見方・考え方を働かせ，生活や社会の中の形や色などと豊かに関わる資質・能力を次のとおり育成することを目指す。

　(1)　対象や事象を捉える造形的な視点について自分の感覚や行為を通して理解するとともに，材料や用具を使い，表し方などを工夫して，創造的につくったり表したりすることができるようにする。

　(2)　造形的なよさや美しさ，表したいこと，表し方などについて考え，創造的に発想や構想をしたり，作品などに対する自分の見方や感じ方を深めたりすることができるようにする。

　(3)　つくりだす喜びを味わうとともに，感性を育み，楽しく豊かな生活を創造しようとする態度を養い，豊かな情操を培う。

第2　各学年の目標及び内容

〔第1学年及び第2学年〕

1　目　標

　(1)　対象や事象を捉える造形的な視点について自分の感覚や行為を通して気付くとともに，手や体全体の感覚などを働かせ材料や用具を使い，表し方などを工夫して，創造的につくったり表したりすることができるようにする。

　(2)　造形的な面白さや楽しさ，表したいこと，表し方などについて考え，楽しく発想や構想をしたり，身の回りの作品などから自分の見方や感じ方を広げたりすることができるようにする。

　(3)　楽しく表現したり鑑賞したりする活動に取り組み，つくりだす喜びを味わうとともに，形や色などに関わり楽しい生活を創造しようとする態度を養う。

2　内　容

A　表　現

　(1)　表現の活動を通して，発想や構想に関する次の事項を身に付けることができるよう指導する。

　　ア　造形遊びをする活動を通して，身近な自然物や人工の材料の形や色などを基に造形的な活動を思い付くことや，感覚や気持ちを生かしながら，どのように活動するかについて考えること。

　　イ　絵や立体，工作に表す活動を通して，感じたこと，想像したことから，表したいことを見付けることや，好きな形や色を選んだり，

いろいろな形や色を考えたりしながら，どのように表すかについて考えること。

　(2)　表現の活動を通して，技能に関する次の事項を身に付けることができるよう指導する。

　　ア　造形遊びをする活動を通して，身近で扱いやすい材料や用具に十分に慣れるとともに，並べたり，つないだり，積んだりするなど手や体全体の感覚などを働かせ，活動を工夫してつくること。

　　イ　絵や立体，工作に表す活動を通して，身近で扱いやすい材料や用具に十分に慣れるとともに，手や体全体の感覚などを働かせ，表したいことを基に表し方を工夫して表すこと。

B　鑑　賞

　(1)　鑑賞の活動を通して，次の事項を身に付けることができるよう指導する。

　　ア　身の回りの作品などを鑑賞する活動を通して，自分たちの作品や身近な材料などの造形的な面白さや楽しさ，表したいこと，表し方などについて，感じ取ったり考えたりし，自分の見方や感じ方を広げること。

〔共通事項〕

　(1)　「A表現」及び「B鑑賞」の指導を通して，次の事項を身に付けることができるよう指導する。

　　ア　自分の感覚や行為を通して，形や色などに気付くこと。

　　イ　形や色などを基に，自分のイメージをもつこと。

〔第3学年及び第4学年〕

1　目　標

　(1)　対象や事象を捉える造形的な視点について自分の感覚や行為を通して分かるとともに，手や体全体を十分に働かせ材料や用具を使い，表し方などを工夫して，創造的につくったり表したりすることができるようにする。

　(2)　造形的なよさや面白さ，表したいこと，表し方などについて考え，豊かに発想や構想をしたり，身近にある作品などから自分の見方や感じ方を広げたりすることができるようにする。

　(3)　進んで表現したり鑑賞したりする活動に取り組み，つくりだす喜びを味わうとともに，形や色などに関わり楽しく豊かな生活を創造しようとする態度を養う。

2　内　容

A　表　現

（1）　表現の活動を通して，発想や構想に関する次の事項を身に付けることができるよう指導する。

ア　造形遊びをする活動を通して，身近な材料や場所などを基に造形的な活動を思い付くことや，新しい形や色などを思い付きながら，どのように活動するかについて考えること。

イ　絵や立体，工作に表す活動を通して，感じたこと，想像したこと，見たことから，表したいことを見付けることや，表したいことや用途などを考え，形や色，材料などを生かしながら，どのように表すかについて考えること。

（2）　表現の活動を通して，技能に関する次の事項を身に付けることができるよう指導する。

ア　造形遊びをする活動を通して，材料や用具を適切に扱うとともに，前学年までの材料や用具についての経験を生かし，組み合わせたり，切ってつないだり，形を変えたりするなどして，手や体全体を十分に働かせ，活動を工夫してつくること。

イ　絵や立体，工作に表す活動を通して，材料や用具を適切に扱うとともに，前学年までの材料や用具についての経験を生かし，手や体全体を十分に働かせ，表したいことに合わせて表し方を工夫して表すこと。

B　鑑　賞

（1）　鑑賞の活動を通して，次の事項を身に付けることができるよう指導する。

ア　身近にある作品などを鑑賞する活動を通して，自分たちの作品や身近な美術作品，製作の過程などの造形的なよさや面白さ，表したいこと，いろいろな表し方などについて，感じ取ったり考えたりし，自分の見方や感じ方を広げること。

〔共通事項〕

（1）　「A表現」及び「B鑑賞」の指導を通して，次の事項を身に付けることができるよう指導する。

ア　自分の感覚や行為を通して，形や色などの感じが分かること。

イ　形や色などの感じを基に，自分のイメージをもつこと。

〔第5学年及び第6学年〕

1　目　標

（1）　対象や事象を捉える造形的な視点について自分の感覚や行為を通して理解するとともに，材料や用具を活用し，表し方などを工夫して，創造的につくったり表したりすることができるようにする。

（2）　造形的なよさや美しさ，表したいこと，表し

方などについて考え，創造的に発想や構想をしたり，親しみのある作品などから自分の見方や感じ方を深めたりすることができるようにする。

（3）　主体的に表現したり鑑賞したりする活動に取り組み，つくりだす喜びを味わうとともに，形や色などに関わり楽しく豊かな生活を創造しようとする態度を養う。

2　内　容

A　表　現

（1）　表現の活動を通して，発想や構想に関する次の事項を身に付けることができるよう指導する。

ア　造形遊びをする活動を通して，材料や場所，空間などの特徴を基に造形的な活動を思い付くことや，構成したり周囲の様子を考え合わせたりしながら，どのように活動するかについて考えること。

イ　絵や立体，工作に表す活動を通して，感じたこと，想像したこと，見たこと，伝え合いたいことから，表したいことを見付けることや，形や色，材料の特徴，構成の美しさなどの感じ，用途などを考えながら，どのように主題を表すかについて考えること。

（2）　表現の活動を通して，技能に関する次の事項を身に付けることができるよう指導する。

ア　造形遊びをする活動を通して，活動に応じて材料や用具を活用するとともに，前学年までの材料や用具についての経験や技能を総合的に生かしたり，方法などを組み合わせたりするなどして，活動を工夫してつくること。

イ　絵や立体，工作に表す活動を通して，表現方法に応じて材料や用具を活用するとともに，前学年までの材料や用具などについての経験や技能を総合的に生かしたり，表現に適した方法などを組み合わせたりするなどして，表したいことに合わせて表し方を工夫して表すこと。

B　鑑　賞

（1）　鑑賞の活動を通して，次の事項を身に付けることができるよう指導する。

ア　親しみのある作品などを鑑賞する活動を通して，自分たちの作品，我が国や諸外国の親しみのある美術作品，生活の中の造形などの造形的なよさや美しさ，表現の意図や特徴，表し方の変化などについて，感じ取ったり考えたりし，自分の見方や感じ方を深めること。

〔共通事項〕

（1）　「A表現」及び「B鑑賞」の指導を通して，次の事項を身に付けることができるよう指導する。

ア　自分の感覚や行為を通して，形や色などの

造形的な特徴を理解すること。

　イ　形や色などの造形的な特徴を基に，自分のイメージをもつこと。

第3　指導計画の作成と内容の取扱い

1　指導計画の作成に当たっては，次の事項に配慮するものとする。

(1)　題材など内容や時間のまとまりを見通して，その中で育む資質・能力の育成に向けて，児童の主体的・対話的で深い学びの実現を図るようにすること。その際，造形的な見方・考え方を働かせ，表現及び鑑賞に関する資質・能力を相互に関連させた学習の充実を図ること。

(2)　第2の各学年の内容の「A表現」及び「B鑑賞」の指導については相互の関連を図るようにすること。ただし，「B鑑賞」の指導については，指導の効果を高めるため必要がある場合には，児童や学校の実態に応じて，独立して行うようにすること。

(3)　第2の各学年の内容の〔共通事項〕は，表現及び鑑賞の学習において共通に必要となる資質・能力であり，「A表現」及び「B鑑賞」の指導と併せて，十分な指導が行われるよう工夫すること。

(4)　第2の各学年の内容の「A表現」については，造形遊びをする活動では，(1)のア及び(2)のアを，絵や立体，工作に表す活動では，(1)のイ及び(2)のイを関連付けて指導すること。その際，(1)のイ及び(2)のイの指導に配当する授業時数については，工作に表すことの内容に配当する授業時数が，絵や立体に表すことの内容に配当する授業時数とおよそ等しくなるように計画すること。

(5)　第2の各学年の内容の「A表現」の指導については，適宜共同してつくりだす活動を取り上げるようにすること。

(6)　第2の各学年の内容の「B鑑賞」においては，自分たちの作品や美術作品などの特質を踏まえて指導すること。

(7)　低学年においては，第1章総則の第2の4の(1)を踏まえ，他教科等との関連を積極的に図り，指導の効果を高めるようにするとともに，幼稚園教育要領等に示す幼児期の終わりまでに育ってほしい姿との関連を考慮すること。特に，小学校入学当初においては，生活科を中心とした合科的・関連的な指導や，弾力的な時間割の設定を行うなどの工夫をすること。

(8)　障害のある児童などについては，学習活動を行う場合に生じる困難さに応じた指導内容や指導方法の工夫を計画的，組織的に行うこと。

(9)　第1章総則の第1の2の(2)に示す道徳教育の目標に基づき，道徳科などとの関連を考慮しながら，第3章特別の教科道徳の第2に示す内容について，図画工作科の特質に応じて適切な指導をすること。

2　第2の内容の取扱いについては，次の事項に配慮するものとする。

(1)　児童が個性を生かして活動することができるようにするため，学習活動や表現方法などに幅をもたせるようにすること。

(2)　各学年の「A表現」及び「B鑑賞」の指導を通して，児童が〔共通事項〕のアとイとの関わりに気付くようにすること。

(3)　〔共通事項〕のアの指導に当たっては，次の事項に配慮し，必要に応じて，その後の学年で繰り返し取り上げること。

　ア　第1学年及び第2学年においては，いろいろな形や色，触った感じなどを捉えること。

　イ　第3学年及び第4学年においては，形の感じ，色の感じ，それらの組合せによる感じ，色の明るさなどを捉えること。

　ウ　第5学年及び第6学年においては，動き，奥行き，バランス，色の鮮やかさなどを捉えること。

(4)　各学年の「A表現」の指導に当たっては，活動の全過程を通して児童が実現したい思いを大切にしながら活動できるようにし，自分のよさや可能性を見いだし，楽しく豊かな生活を創造しようとする態度を養うようにすること。

(5)　各活動において，互いのよさや個性などを認め尊重し合うようにすること。

(6)　材料や用具については，次のとおり取り扱うこととし，必要に応じて，当該学年より前の学年において初歩的な形で取り上げたり，その後の学年で繰り返し取り上げたりすること。

　ア　第1学年及び第2学年においては，土，粘土，木，紙，クレヨン，パス，はさみ，のり，簡単な小刀類など身近で扱いやすいものを用いること。

　イ　第3学年及び第4学年においては，木切れ，板材，釘，水彩絵の具，小刀，使いやすいのこぎり，金づちなどを用いること。

　ウ　第5学年及び第6学年においては，針金，糸のこぎりなどを用いること。

(7)　各学年の「A表現」の(1)のイ及び(2)のイについては，児童や学校の実態に応じて，児童が工夫して楽しめる程度の版に表す経験や焼成する経験ができるようにすること。

(8)　各学年の「B鑑賞」の指導に当たっては，児童や学校の実態に応じて，地域の美術館などを利用したり，連携を図ったりすること。

⑼　各学年の「A表現」及び「B鑑賞」の指導に
当たっては，思考力，判断力，表現力等を育成
する観点から，〔共通事項〕に示す事項を視点
として，感じたことや思ったこと，考えたこと
などを，話したり聞いたり話し合ったりする，
言葉で整理するなどの言語活動を充実すること。

⑽　コンピュータ，カメラなどの情報機器を利用
することについては，表現や鑑賞の活動で使う
用具の一つとして扱うとともに，必要性を十分
に検討して利用すること。

⑾　創造することの価値に気付き，自分たちの作
品や美術作品などに表れている創造性を大切に
する態度を養うようにすること。また，こうし
た態度を養うことが，美術文化の継承，発展，
創造を支えていることについて理解する素地と
なるよう配慮すること。

3　造形活動で使用する材料や用具，活動場所につ
いては，安全な扱い方について指導する，事前に
点検するなどして，事故防止に留意するものとす
る。

4　校内の適切な場所に作品を展示するなどし，平
素の学校生活においてそれを鑑賞できるよう配慮
するものとする。また，学校や地域の実態に応じ
て，校外に児童の作品を展示する機会を設けるな
どするものとする。

# 索　引

〔編著者〕

代表　山口　喜雄　　元宇都宮大学教育学部　教授　　　第1章・第2章
　　　　やまぐち　のぶお

　　　佐藤　昌彦　　北海道教育大学　教授　　　　　　第7章・第12章
　　　　さとう　まさひこ

　　　奥村　高明　　聖徳大学児童学部　教授　　　　　第3章
　　　　おくむら　たかあき


〔著　者〕（五十音順）

　　　大泉　義一　　早稲田大学教育学部　准教授　　　第15章
　　　　おおいずみ　よしいち

　　　川路　澄人　　島根大学教育学部　教授　　　　　第9章
　　　　かわじ　すみと

　　　清田　哲男　　岡山大学大学院教育学研究科　教授　第8章
　　　　きよた　てつお

　　　竹内　晋平　　奈良教育大学教育学部　准教授　　第6章
　　　　たけうち　しんぺい

　　　長瀬　達也　　秋田大学大学院教育学研究科　教授　第5章
　　　　ながせ　たつや

　　　西園　政史　　聖徳大学児童学部　准教授　　　　第10章
　　　　にしぞの　まさし

　　　西村　徳行　　東京学芸大学教育学部　准教授　　第4章
　　　　にしむら　とくゆき

　　　畑山　未央　　東京家政大学家政学部　助教　　　第13章
　　　　はたやま　みお

　　　藤井　康子　　大分大学教育学部　准教授　　　　第14章
　　　　ふじい　やすこ

　　　降籏　孝　　　山形大学地域教育文化学部　教授　第11章
　　　　ふりはた　たかし

## 小学校図画工作科教育法

2018年（平成30年）3月30日　初版発行
2020年（令和2年）3月10日　第3刷発行

編著者代表　山　口　喜　雄

発　行　者　筑　紫　和　男

発　行　所　株式会社 建帛社
　　　　　　KENPAKUSHA

〒112-0011　東京都文京区千石4丁目2番15号
TEL（03）3944-2611
FAX（03）3946-4377
https://www.kenpakusha.co.jp/

ISBN 978-4-7679-2113-6　C3037
©山口ほか，2018.
（定価はカバーに表示してあります）

プロスト／プロケード
Printed in Japan